是恒さくら
高倉浩樹［編］

災害ドキュメンタリー映画の扉

東日本大震災の記憶と記録の共有をめぐって

新泉社

災害ドキュメンタリー映画の扉

東日本大震災の記憶と記録の共有をめぐって

刊行に寄せて

東北大学災害科学国際研究所所長、教授　今村文彦

二〇一七年に文部科学省による指定国立大学の認定を受けて以降、東北大学災害科学世界トップレベル研究拠点の活動は広がっている。自然現象に加えて、人間・社会への理解を深め、さまざまな要因で発生している災害の被害やその影響を知り、予測し軽減することは、いまや国際社会の大きな課題である。われわれが目指す災害科学には、事前対策、緊急対応、復旧・復興の各段階で、将来への備えを一連の災害サイクルととらえ、各プロセスにおける事象を解明し、その教訓を一般化・統合する試みがある。そのため、東日本大震災等の経験と教訓を踏まえ、国内外の大学・研究機関のみならず多様な関係者と連携しながら、巨大災害を含む日本の自然災害への処し方そのものを刷新し、国内外の災害被害軽減に向けて具体的な問題解決方法を創出す

ることを目標としている。

災害科学の第一歩は過去を知ることであり、地域文化に見られる伝承が重要な役割を持つ。この伝承は、ある集団の中で古くからあるしきたり・信仰・風習・言い伝えなどを記録や記憶として受け継いで後世に伝えていくことである。現在、時代の変化のなかで、伝承のあり方や意義も変貌しており、伝承が古くからの記録や記憶をそのまま後世に伝えていくことに加えて、現状も踏まえ新しい内容や手法を導入して挑戦し革新していく要素も必要である。

二〇一一年大震災以降にも各地で自然災害が発生し、過去だけでなく現在の教訓も伝えきれていなかった課題がある。誰が、誰に、何を、どのように伝えていくのか？　を考え直さなければならない。そこに、本書で取り組んでいる災害ドキュメンタリーおよびその映画化の役割があると考える。正確にまたは客観的に伝えるためには記録は不可欠であるが、記録だけでは当時の体験による感情や思いは伝わらず、その事実は他人事になりやすい。防災意識の向上のためには、いかに「我が事」ととらえるかが重要であるため、記録を各個人の記憶に還元する機能が不可欠であると考える。本書には、そこへのチャレンジが試みられている。

はじめに

本書は、東日本大震災に関わるドキュメンタリー映画の東北大学における上映会の記録、ならびに作品の監督などの制作者たちと研究者たちの対話をまとめたものである。その目的は、災害研究におけるドキュメンタリー映画の意義を人文学の観点から考えるための学術資料をつくることにあるが、同時に災害ドキュメンタリー映画論となることをも目指した。

あらゆる学術、科学における研究の論証においては、分析／解釈のための資料が必要である。映画の場合、当然その作品そのものが対象になり、それ自体のみで分析／解釈もできる。同時に制作者たちがどのような意図をもって映画をつくったのか、撮影や編集、さらに上映するまでの過程は重要な資料である。本書にはこのうち後者についての資料が含まれている。人文学の研究資料について比較的共通していえることは、それが学術的価値だけでなく文化的・社会的価値を有していることである。そうした観点からすれば、この資料は、研究者だけではなく、映画関係者や芸術家、広く映像に関心のある読者にも読んでもらえるのではないかと期待している。

この本は、東北大学の災害人文学グループの研究成果の一つである。東日本大震災以降、東北大学の中では文系・理系それぞれの専門家が、さまざまなやり方で災害研究と実践活動を行ってきた。その一つとして、文化人類学・宗教学の研究者たちからなる研究チームは、無形民俗文化財と地域復興の調査等を行い、一方、日本史の専門家たちは歴史文書レスキュー活動に関わる実践と研究を行ってきた。

二〇一七年に東北大学は、指定国立大学災害科学世界トップレベル研究拠点を構築したが、そのなかで右記二つのグループが一緒になり、災害人文学という領域をつくることになった。その展開のなかでさらに社会学者や芸術家を含めた研究グループが出来上がり、同じ拠点内の医学・理学・工学などの研究者とも連携した研究活動を行っている。

災害人文学グループは、いくつかの研究課題を設けているが、その一つが「震災映像アーカイブ」である。その目的は、震災映像による地域社会の防災力を活かすべく、国内はもちろんのこと海外の記録映画の制作者・研究者との研究会、上映会の開催および情報発信を通じて、震災映像をつくる・観る・伝える文化の発展と活用の方法論を探ることである。本書はそうした成果の一端なのである。

災害ドキュメンタリー映画の上映会にあっては、例えば映画『被ばく牛と生きる』の場合、監督だけでなく、学内の農学部の家畜福祉学を研究している教員を呼んで対話を行った。主宰者として手前味噌ではあるが、大学の特色である多様な専門家の知見と映画監督との異種混交を実現したユニークな交流になったと思う。その面白さが凝縮された読み物というのが本書の売りでもある。さまざまな立場の人々にこの本を手に取ってもらい、災害ドキュメンタリー映画について関心を広げてもらいたいと思っている。

高倉浩樹

災害ドキュメンタリー映画の扉

——東日本大震災の記憶と記録の共有をめぐって

目次

第3章

ドキュメンタリー映画を通した対話から考える記憶の継承と防災

第4章 東日本大震災の映画ができるまで

第5章 東日本大震災以降、継続される記録活動

カバー・本扉写真
『廻り神楽』
©ヴィジュアルフォークロア
『被ばく牛と生きる』
©パワー・アイ
『赤浜ロックンロール』
©ドキュメンタリーアイズ
『ガレキとラジオ』
©映画「ガレキとラジオ」製作委員会
『おだやかな革命』
©いでは堂
『福島　生きものの記録』
©群像舎

ブックデザイン：藤田美咲
章扉イラスト：是恒さくら

第1章

東日本大震災のドキュメンタリー映画から記憶の共有を考える

是恒《これつね》さくら

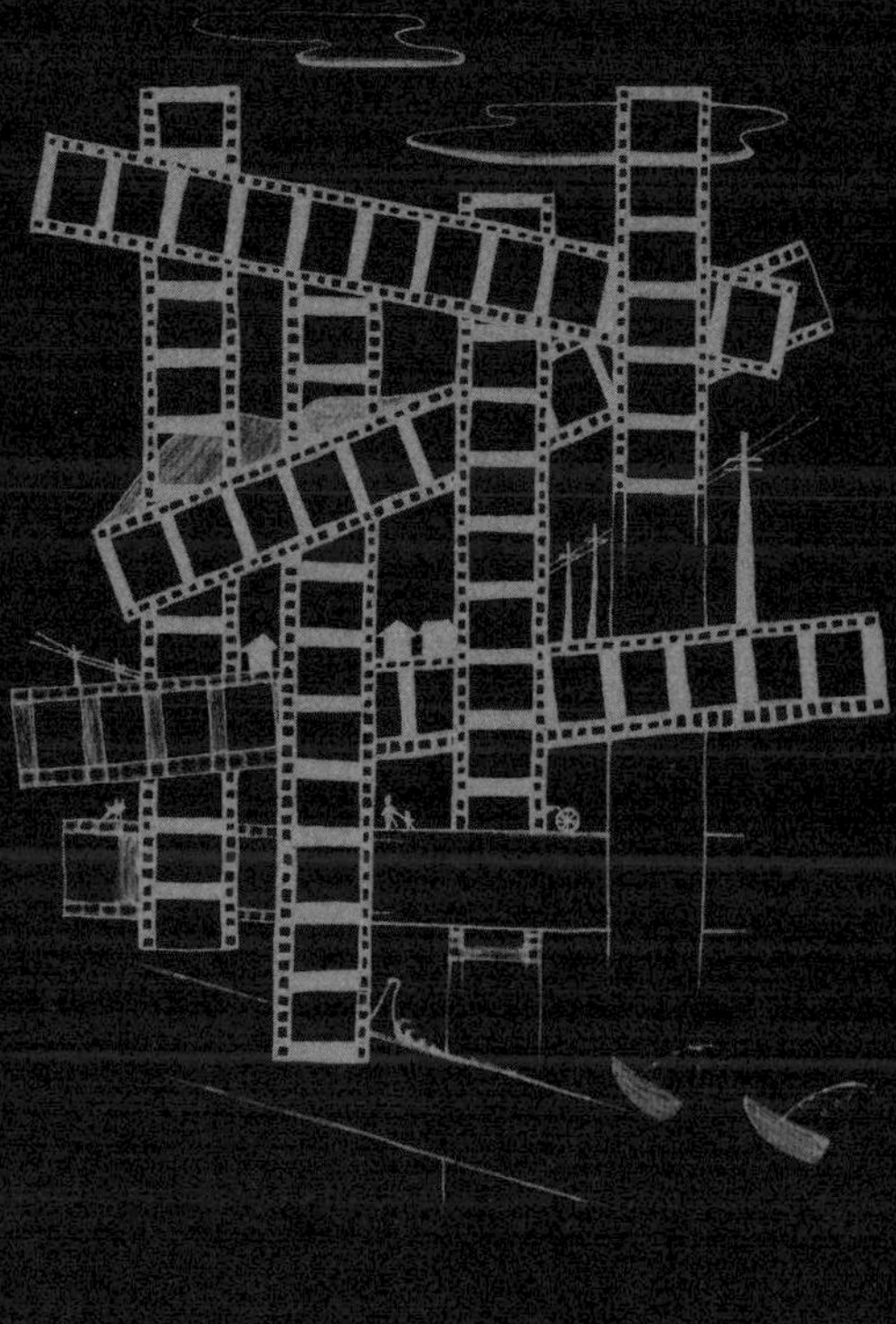

1　東日本大震災と映画

本書は、東北大学東北アジア研究センター災害人文学研究ユニットが主催、指定国立大学災害科学世界トップレベル研究拠点災害人文学領域が共催し、二〇一八年から二〇一九年にかけて開催してきた災害人文学研究会の記録集である。災害人文学研究会では毎回一作のドキュメンタリー映画を取り上げ上映し、その映画の監督や制作者らと映画の内容に関わる分野の研究者を学内外から招いた意見交換を行ってきた。筆者は東北アジア研究センターの学術研究員としてこの研究会の企画運営に携わってきた。こうした災害人文学研究会を開始した理由として、東日本大震災に関するドキュメンタリー映画が震災以降のコミュニティ形成や市民活動を進める重要な社会的な媒体となってきたことから、ドキュメンタリー映画や映像作品が記憶継承と防災意識の向上を導く可能性を考察したいという意図があった。

災害人文学研究会の準備段階には「山形国際ドキュメンタリー映画祭」の取り組みから大きな示唆を得た。認定ＮＰＯ法人山形国際ドキュメンタリー映画祭理事兼プロジェクトマネージャーである髙橋卓也氏は山形県で東日本大震災を経験し、その後、震災による被害の大きかった宮城県石巻《いしのまき》市で小学校等を会場とする映画上映会の開催に携わった。映画の場をつくる人間として、髙橋氏は映画を通した支援ができないかと考えたという。被災地での映画上映に役立ったのは、昔、日本各地で使われていた移動映写の技術だった。上映会では子どもからお年寄りまでさまざまな年代の人たちが集まり、皆がよく知る懐かしい日本映画などを鑑賞した。そこで髙橋氏は、昨今のようにＤＶＤやインターネットを通じて誰もが好きなときに場所を選ばず映画を鑑賞できるようになった技術の進歩が、映画鑑賞を個人的な体験にしてしまい、「映画が人を閉じ込めていた」ことに気づいたという。被災地での上映会のような場では、そこに集った人たちが映画を見る一つの体験を共有する。映画をきっかけに、笑いや会話も生まれていく。映画はともにある場をつくり出した。髙橋氏らの活動については、本書第2章「東日本大震災発生後、映画の現場では」に紹介する災害人文学研究会「実話からドラマへ――ドキュメンタリーの表現、フィクションの伝達 ～NHK特集ドラマ『ラジオ』を観る～」の記録を参照いただきたい。

東日本大震災の被災地で、記録映像の撮影と映画・映像作品の制作は、どれほど行われていたのだろうか。ミシガン大学教授でアジア・日本映画の研究者であるマーク・ノーネス氏は、東日本大震災は過去の大災害と比較して「最も『メディア化』が著しい震災であった」と語っている（畑 2014）。デジタルカメラやカメラ機能付き携帯電話が普及し、誰もがいつでも・どこでも映像や写真として記録を残せるようになったため、東日本大震災発生時には、大津波が迫る様子や故郷の街が破壊されていくさまにカメラを向けた人たちが数多くいた。報道関係者はもちろんのこと、映画・映像作品のつくり手である監督・制作者らも、東日本大震災の発生直後から被災地を訪れ、取材や記録活動を開始した。そうして生まれたドキュメンタリー映画や報道番組、あるいはその分類からこぼれ落ちてしまう映画・映像作品は膨大な数となる。とりわけ個人が自主制作し発表の場が少なかった作品はその存在自体が見過ごされやすい。それゆえ東日本大震災に関する映画・映像作品の全体の数を把握することは難しく、専門家の間でも意見が分かれる。例えば、「山形国際ドキュメンタリー映画祭２０１３」において、特集「ともにある Cinema with Us 2013」のコーディネーターを務めた小川直人氏は、同特集プログラムのディスカッション「震災をめぐるドキュメンタリー映画のアーカイブ」において、二〇一三年の時点で東日本大震災をめぐるドキュメンタリー映画のリスト化を試みており、二〇〇本ほどがあったと発言している。同ディスカッションに登壇したメディア論・テレビ文化論研究者の松山秀明氏は、この時点で震災関連のテレビドキュメンタリーとしてＮＨＫ・民放を合わせて二一九本があると話している（小川・松山ほか 2015）。映画とテレビドキュメンタリーを区別しなければ、ドキュメンタリーとしては二〇一一年から二〇一三年までの二年間に四〇〇本以上が発表されていたと考えられる。この見方と別に、二〇一七年一二月に森美術館で開催された「カタストロフと美術のちから展」のプレ・ディスカッション・シリーズ第二回「写真や映像で惨事を表現すること：記録、芸術性、モラル」において、アーティストの藤井光氏は「東日本大震災後二年間で約八〇〇本のドキュメンタリー系の映画が作られた」と話している（木村 2017）。また、約三〇年間にわたって映画制作を指導してきた日本映画大学教授の安岡卓治氏は、東日本大震災直後から映像制作技術を持つ多数の人たちが被災地で記録を行ってきたこと、映画ではなく短編の映像作品としてインターネットで配信されている作品の存在に触れ、「つくる人が何かを伝えたい・表現したいという意図をもってつくったものを作品と呼ぶ」として、震災を題材とした「作品」は数えきれないほどあるのは間違いないと話している（本書第4章）。

2 ドキュメンタリー映画のアーカイブと活用

数えきれないほどの作品があると考えられる、東日本大震災に関するドキュメンタリー映画や映像作品の全容の把握をさらに難しくするのが、映画や映像作品はアーカイブに適さないという事情だ。著作権があり、映画館での上映や上映会などで収入を得ることが目指される作品であることが理由にある。映画制作者にとっては興行収入や上映料が制作活動を継続するための収入となる。映画がアーカイブに入り公開され、自由に視聴しやすい状況となると、本来上映して得られたはずの上映料が制作者に渡らないことが考えられる。また、作品としてドキュメンタリー映画は修正・編集により内容が変化していくこともある。こうした背景はあるが、山形国際ドキュメンタリー映画祭は二〇一四年一一月に「311ドキュメンタリーフィルム・アーカイブ」を設立した。「東日本大震災を主題とした記録映画、およびそれらの作品に関するあらゆる情報を蒐集・保存し、災害・復興に関わる国内外の知見の発展に貢献し得る、将来にわたっての資料提供の場、思考する場となることを目的」としている。一九八九年に始まった山形国際ドキュメンタリー映画祭は、アジアでは数少ないドキュメンタリー映画の祭典として国際的に知られている。隔年で開催され、二〇一一年一〇月の映画祭から東日本大震災記録映画特集上映プログラムが継続されてきた。公募や選定により作品が集まる映画祭の性質から、東日本大震災に関する作品も映画祭事務局に寄せられた。また、海外からそうした作品への問い合わせも多く寄せられたという。山形国際ドキュメンタリー映画祭では東日本大震災に関する記録映画の作品および情報を集約し、作品が周知されること、上映機会が増えることを目指している。アーカイブ化された作品は「山形ドキュメンタリーフィルムライブラリー」にて、館内のみで個人視聴することができる。こうした活用が上映機会の創出につながることが望まれている（山形国際ドキュメンタリー映画祭事務局 2014）。

アーカイブの役割として、資料の収集・保存・利活用がある。東日本大震災の記憶の継承と今後の防災意識の向上に、アーカイブの活用が果たす役割は大きい。その方法として、東日本大震災に関する映画を鑑賞するだけでなく、その内容について理解を深める「映画を共有する場づくり」が重要となるという考えから、災害人文学研究会ではドキュメンタリー映画の上映と制作者・専門家による意見交換を一つのプログラムとして開催してきた。本書の第3章「ドキュメンタリー映画を通した対話から考える記憶の継承と防災」では、研究会の実践記録を掲載する。加えて、福島第一原子力発電所事故後に福島県で始まった、東日本大震災以降の福島・東北の状況を映画を通して考える上映会の取り組み「Image.Fukushima」に関して、その中心となって活動した映画批評家、青山学院大学文学部准教授の三浦哲哉氏との対談を掲載した。第4章「東日本大震災の映画ができるまで」では、災害人文学研究会で取り上げた作品の制作者・関係者との対談を掲載した。以上の二つの章は、個々の作品への理解を深めるとともに、こうした場づくりの実践の参考になれば幸いである。

3　東日本大震災後の市民と映画の関係

記憶の継承と今後の防災を私たち一人ひとりが担っていく課題として考えたとき、多くの人に鑑賞され、共有される映画は新たな力を生み出す。映画研究を専門とする藤木秀朗氏は「『市民』と映画のネットワーク」(藤木 2014)において、東日本大震災後の市民活動の高まりと映画の果たす役割について論じている。藤木氏によると、映画史を遡れば「映画観客」と「社会主体」を表す概念が重なっており、そこで用いられる言葉の意味や組み合わせは時代ごとに変化してきた。例を挙げると、一九二〇年代の映画観客は「民衆」と結びつく。それは軍国主義的風潮が広まった三〇〜四〇年代には「国民」に変化し、戦後の五〇年代は「大衆」となった。映画観客としての「市民」の存在は、二〇一一年の福島第一原子力発電所の事故を契機に、その後の社会運動とともに顕著となった。そして、微力であると考えられやすい「市民」は、映画上映をきっかけとするネットワークの形成により、社会運動において重要な役割を果たしていく(藤木 2014: 114)。

現代においては誰もが「市民」を名乗ることができ、市民として活動するあらゆる人が対等な関係となる。災害人文学研究会の活動を通して、東日本大震災に関するドキュメンタリー映画の監督・制作者と意見を交わすなかで、東日本大震災後はこうした市民による上映会が数多く開かれてきたことを実感した。ドキュメンタリー映画には、自己資金による個人制作の作品や、監督ら制作者の名が世間的には知られていない作品が多く、集客が見込めないため映画館で商業的に上映される機会が少ない。だからこそ制作者らは自主上映会の開催に積極的であり、上映会場と上映機材さえあれば誰でも上映会を開きやすいよう、DVDやブルーレイディスクで上映素材の貸し出しを行っている。貸出料金や貸出方法の設定を映画のウェブサイトに掲載するだけでなく、自主上映会開催の方法を丁寧に説明するページも作成・公開されている。また、集客人数に合わせた貸出料金の設定も行われており、少人数でも無理なく上映ができるようになっている。実際に開かれた上映会としては、同じ関心や問題意識から集まった市民がグループとして上映会を企画することが多い。宣伝にも費用をかけず、SNS(ソーシャル・ネットワーキング・サービス)を通じて情報が広まり集客につながりやすい。また、こうした上映会では監督ら制作者が招かれ、参加者と直接意見を交わす機会が設けられることも多いという。こうした動きは商業映画では起きにくい。『被ばく牛と生きる』の松原保氏は、完成した映画をいろいろな場所で上映し講演をした際、何人もの参加者から「これで私の考え方が一八〇度変わりました」と言われたことでやりがいを感じたと話している(本書第4章)。

藤木氏は映画と市民の結びつきが顕著になった要因として、「社会運動の歴史的展開」「福島第一原子力発電所事故の衝撃」「インターネットとSNSの発達」の三つがあったと述べる。社会運動の歴史を「市民」の概念とともに辿ると、まず一九五〇年代後半に階層的な組織のあり方への対抗として、「民主」や「平和」を理念とした市民の活動が顕在化した。続いて一九六〇年代中頃から八〇年代にかけては、行政への抵抗者ではなく合意形成に向けて努力すべき行政への参画者として「市民参加」が活発となった。一九九〇年代に入ると「市民活動」は制度化され、非営利団体・特定非営利活動法人(NPO)

が現れ、政府と市民活動は互いを補完する関係となった。二〇〇〇年代になると、イラク戦争への政府の対応への異議の表明など、それまで三〇年近く影を潜めていたデモが行われるようになり、政治的・抵抗的な「市民」像が現れる。これは、福島第一原子力発電所事故後の反原発運動と無関係ではないだろうと書いている(藤木 2014: 116–129)。

東日本大震災と福島第一原子力発電所事故に対して、多くの市民が政府による発表への不信を感じ、報道されない情報をソーシャルメディアに求めた。ソーシャルメディアを通じてネットワークが築かれ、個々の市民を結びつけた。他方のドキュメンタリー映画は元来、報道されない事実を丹念に追い、社会的・政治的問題に切り込む作品が多数である。市民による自主上映会では、ドキュメンタリー映画を鑑賞することで自分たちに関わるさまざまな問題・課題への理解と意識が高まる。藤木氏は、『市民』による映画上映はメディア、情報、人のネットワークを交差させながらそれぞれの結集・分岐の基点を成している。それは同時多発的に、あるいは断続的に様々な地域や場所で行われ広がっている」と述べる(藤木 2014: 129)。東日本大震災以降のこうした映画と市民の結びつきは、映画制作者にも影響してきたのではないだろうか。映画制作者と市民の出会いにより、完成された映画の上映だけでなく、映画制作の段階からネットワーク形成が促され、市民のネットワークそのものが映画に内在化されていく動きが見られる。

東日本大震災から数年間以上を経て発表されたドキュメンタリー映画には、被災地に通いながら、あるいは長期的に滞在することで、被写体となる住民と関係性を築き制作された作品、被災地が抱える課題・問題の記録と発信にとどまらず、その原因と解決策を俯瞰し提示するような作品が散見される。その一つの例として、災害人文学研究会で取り上げた『おだやかな革命』に着目したい。本作品は二〇一八年に公開された。本作監督の渡辺智史氏は大学在学中から民俗映像の記録を行ってきたが、撮影対象としてきた地域の人口減少といった課題に具体的に行動を起こせないことへの疑問から、見た人が考え行動を変えていくきっかけとなる映画をつくろうと、ソーシャルデザインとしての映画・映像制作のあり方を模索してきた。『おだやかな革命』は、制作過程自体が特徴的である。本作の前作として、二〇一一年に市民出資により制作されたドキュメンタリー映画『よみがえりのレシピ』があった。渡辺氏は、この作品を紹介するため訪れたコミュニティパワーに関する会議で、市民エネルギーの立ち上げに関わる人たちと出会ったことが、福島第一原子力発電所事故後の日本国内各地での自然エネルギーによる地域再生の動向をテーマとした『おだやかな革命』制作の着想のきっかけとなったと語る(本書第4章)。

『おだやかな革命』では、福島第一原子力発電所事故後に福島県で立ち上がった自然エネルギー会社だけでなく、岐阜県・秋田県・岡山県各地のエネルギー自治の取り組みと移住者を中心とした人々の暮らしのあり方を追っている。それぞれの地域でばらばらに活動していた人たちが、映画の中でネットワーク化されていくようである。本作品の上映時、研究会への一般参加者からは、「作品を通じて自分の生き方、考え方を見つめ直すきっかけをもらうことができた」、「このような動き、流れに加担したいと切に思った」という感想が寄せられた。本作品が市民にとって、自然エネルギーの取り組みの情報提供となるだけでなく、自らの生活を振り返り、活動に加わっていけるという実感をもたらしたことがわかる。映画の中の市民と、映画を鑑賞する市民とが結びついたのだ。

4 社会の媒体として映画・映像を考える

災害人文学研究会で行ってきた取り組みを参加者アンケートから振り返ると、監督ら制作者と研究者の登壇者による意見交換が三〇分では短すぎるというコメントが毎回あり、参加者との質疑応答の時間を長くしてほしいと求める声も多かった。ドキュメンタリー映画を鑑賞し話を聞くだけではない、より対等な意見交換と議論の場が求められていたのだろう。他方、映画内容に関連する分野の研究者の話を聞けることで、映画の内容について理解が深まったというコメントも寄せられた。完成から数年間の時が経っている作品については、被写体となった方々や地域の現状について質問が挙がった。ドキュメンタリー映画が事実から構成されているからこそ、作品中の出来事と現在を継続したものとして考える視点が生まれることに気づかされた。記憶継承や防災意識の育成と、さまざまな活動を担う市民の意識の向上に映画・映像作品が果たす役割は今後いっそう大きくなるだろう。その機能と可能性を考えるにあたって、災害人文学研究会で取り上げた映画・映像作品の分類と特徴を整理していきたい。

まず、災害人文学研究会で取り上げた映画・映像作品は三つの分類に分けられる。

(1) ドキュメンタリー

実在する人物、実際の出来事など事実を記録的に撮影し、制作者の視点で構成した作品である。「ドキュメンタリー映画」と「記録映画」は同義であるが、本書では、現在より一般的に使われている「ドキュメンタリー」という呼び方を使用する。災害人文学研究会で取り上げた作品では、『廻り神楽』『被ばく牛と生きる』『赤浜ロックンロール』『ガレキとラジオ』『おだやかな革命』(以上、第3章「ドキュメンタリー映画を通した対話から考える記憶の継承と防災」にて紹介)および、『福島 生きものの記録』(第5章「東日本大震災以降、継続される記録活動」にて紹介)はドキュメンタリー映画である。ドキュメンタリーは実在の人物や実際の出来事という事実をとらえているが、現実には一つの事実であっても人により異なる見方がありうる。ドキュメンタリーは、その映画や作品の制作者の視点、制作者が構成した物語による事実を見せる。

(2) フィクション

ドキュメンタリーとフィクションは相反するものと考えられがちだが、昨今、ドキュメンタリーとフィクションの境界を曖昧にする作品が散見されることから、NHK特集ドラマ『ラジオ』(第2章「東日本大震災発生後、映画の現場では」にて紹介)を取り上げた。本作は、被災地の実話に基づくフィクションであり、登場人物は役者が演じるものの、撮影は実話のとおり宮城県女川町《おながわちょう》で行われた。ドキュメンタリーの中にもフィクション性は存在しており、「(1) ドキュメンタリー」に分類した『ガレキとラジオ』には東日本大震災により亡くなった架空の人物がナレーション役として語るというフィクションの設定があるが、作品全体としては事実の記録により構成されているため、ドキュメンタリーに分類する。

(3) その他の映像作品

多くのドキュメンタリーおよびフィクションは、完成後に劇場や上映会などで上映されることを目的とした作品だが、災害人文学研究会で紹介された作品には、制作のプロセスに重きをおき、一般的な劇場や上映会以外の活用が模索される作品があった。本書第5章「東日本大震災以降、継続される記録活動」で紹介する災害人文学研究会「ファインダー越しの対話——記録が橋渡しする過去・現在・未来～上映作品『福島 生きものの記録』～」にて、青山学院大学総合文化政策学部教授の黒石いずみ氏が紹介した防潮堤建設に向き合う学生らの作品と、筆者が紹介した朗読映像の協働制作の取り組みである。

以上の三つの分類の作品群は、映画・テレビ・教育研究や芸術と異なる分野に属するものであり、総合的に比較、考察される機会は少ないだろう。本稿ではこの分類からさらに、映画・映像作品の「情報性」「表現性」「協働性」という三つの特性に焦点を当てたい。ドキュメンタリーに分類されるものには広くは報道番組などもあり、情報性の高さが顕著だ。昨今の市民による自主上映会や災害人文学研究会参加者からのコメントの傾向から、ドキュメンタリーには東日本大震災の被災地の状況や福島第一原子力発電所事故の課題について理解を深め、今後進むべき道筋を考えていくための情報性が求められていると考えられる。また、先に挙げた『被ばく牛と生きる』『おだやかな革命』『福島 生きものの記録』には研究者や専門家が登場し解説を行い、積極的な情報提供に努めている。

フィクションはドキュメンタリーとは異なる影響力を持つ。それは事実の記録には映らない人々の内面を表現し、鑑賞者の想像力を喚起する力である。こうしたフィクションの特性を表現性として考察したい。災害人文学研究会では、実話をもとにしたフィクションとしてNHK特集ドラマ『ラジオ』を取り上げた。仙台短篇映画祭実行委員の菅原睦子氏は、東日本大震災の発生から八年の時が経ったこの時点で『ラジオ』を見た感想として、「やっと、少しなら泣いてもいいのだなと思わせてくれるような作品」だったと語った（本書第2章）。東日本大震災に限らず、歴史上の自然災害や戦争を表現したフィクションは数多くつくられてきた。そうした作品では、その状況や登場人物の心情が事実そのものではなくとも、〈ありえたこと〉として容易に想像できる、一つの真実として表現されることで、鑑賞者から共感を得ることができる。そして優れた表現は、より広く深い共感を生む。東日本大震災を扱ったフィクションとしては、二〇一三年に放送されたNHK連続テレビ小説『あまちゃん』を思い出す人も多いだろう。ジャーナリスト、上智大学教授の水島宏明氏は、テレビ報道と『あまちゃん』における東日本大震災の伝え方を比較している(水島 2013)。主人公の家族や友人たちが住む三陸沿岸部の東日本大震災発生時の様子は、『あまちゃん』内では実際の津波や地震の映像の使用によってではなく、模型によって表現された。水島氏はこれを「当時の映像をあえて使わずに、視聴者の想像力に委ねて『恐さ』を表現する手法」と述べる。さらに、あらゆる出来事が映像によって記録されインターネットを通じて拡散していく現代においては、事実をとらえた映像が「リアルさを失っていく」と続ける。フィクションに顕著な「表現性」とは、鑑賞者が何を感じるか、何を思うかを制作者が想像し、アウトプットされる表現をコントロールすることにより、その効果が高められる特性でもあるだろう。

映像による記憶の継承のあり方を考える上でも、鑑賞者の想像力への働きかけは重要となる。本書第5章「東日本大震災以降、継続される記録活動」にて紹介する災害人文学研究会「ファインダー越しの対話——記録が橋渡しする過去・現在・未来 ~上映作品『福島 生きものの記録』~」で、新潟大学人文社会科学系附置地域映像アーカイブ研究センターセンター長の原田健一氏は、記録映像の持つイメージとしての力の強さに触れ、映像により鑑賞者の記憶が形づくられ固定されてしまう危険があるとコメントをしている。例えば、儀礼や伝承芸能が映像として記録される。その映像を見て儀礼や伝承芸能を学ぶ人たちは、所作を見たまま真似ようとすることがある。しかし本当に重要なのは、映像にとらえられたものとまったく同じ動きを演ずることではなく、その動きの意味を理解し、自らの想像力を働かせて所作を獲得することだ。つまり、「映像そのものではなく、映像を通した想像力」こそが、記憶と身体を結びつけていくのだ(本書第5章)。このような想像力を喚起させる作品も、単なる記録ではなく、鑑賞者への想像力に基づいた表現を取り入れることで完成されていくのではないだろうか。災害記録そのものの意義については、本書第6章にて災害人文学研究ユニットの高倉浩樹が写真・動画・映画の媒体としての違いを踏まえ、アーカイブの社会的な役割と可能性の観点から考察している。

最後に、ドキュメンタリー／フィクションの分類に当てはまらないその他の映像作品から、「協働性」について考えたい。先に紹介した黒石氏の研究室では、東京から宮城県気仙沼《けせんぬま》市を訪れた学生らが、被災した地域の日常や記憶を調べ伝える取り組みを行ってきたが、東日本大震災から年数が経つにつれ、学生らと被災地との心理的な距離が広がっていたという。活動を続けるなかで、現地で有形無形さまざまなものと触れ合い人に出会って話をすることが、地域の日常や記憶への想像力をもたらした。学生らは防潮堤建設により変わりゆく生活と風景の変化に向き合い、映像作品を制作した。さらに現地で上映会を行い地元の方々から意見を聞いたという。黒石氏は、こうした映像制作を「関わる行為の手がかりとしての映像」と話した（本書第5章）。また、筆者が美術家として活動するなかで制作した朗読映像は、かつて宮城県石巻市と和歌山県太地町《たいじちょう》を結びつけていた捕鯨の記憶と語りを、現在の宮城県石巻市の各所に有志で集まった参加者に朗読してもらうという作品だった。この二つの作品例はどちらも、他者と協働することのきっかけとして映像制作に取り組んでいる。協働性の高い作品においては、被写体が一方的に情報として切り取られ表現される存在となるのではなく、被写体と制作者との相互作用や双方の体験の共有が可能になる。黒石氏と筆者の活動の詳細については、本書第5章を参照いただきたい。

「情報性」「表現性」「協働性」とは、度合いの違いはあってもあらゆる映像・映画作品に見られる性質であると筆者は考える。映画・映像作品を社会的な媒体として、コミュニティ形成、市民活動、記憶の継承と防災意識の育成に役立てていくには、さまざまな立場の関係者がこうした特性を考えながら活動していくことが必要なのではないだろうか。例えばドキュメンタリーやフィクションにおいても、被写体や制作過程に関わる人たちとの協働は起きており、その協働のあり方が作品の表現性や情報性に影響する。東日本大震災から年月を経て発表された映像・映画作品に見られるような、地域のコミュニティや住人たちとの密接な関わりや、シリーズとして継続的に地域や自然環境の変化を追っていくような関係性も協働のあり方と考えると、そうした協働の少ない作品が独りよがりな表現に陥りやすいことは容易に想像がつくだろう。自己表現のためではなく、社会の媒体として映像・映画作品を考えるとき、他者との協働はつねに考えられるべき要素となる。

フィクションだけではなくドキュメンタリーにも表現が問われる場合がある。本書第3章「ドキュメンタリー映画を通した対話から考える記憶の継承と防災」にて紹介する災害人文学研究会「ドキュメンタリー映画『ガレキとラジオ』を観る」では、同作が撮影された宮城県南三陸町《みなみさんりくちょう》出身で宮城教育大学社会科教育講座准教授の山内明美氏から、同町で再び上映を行うなら遺族の方々の心情を想像して遺体の写真が映る場面を削除してほしいという指摘があった。映画の制作者にとっては無名の遺体であり東日本大震災の被害の現実を伝える場面であっても、同町の遺族にとっては見たくない、誰にも見せたくない場面であることは想像できる。一体の遺体は「被害を表す存在」ではなく「誰かの大切な家族」であることを誠実に想像し、表現に落とし込むことで、よりいっそう深い真実を伝えることがあるだろう。

東日本大震災の発生以降、さまざまな専門性を持つ人たちが被災地と関わりを持ってきた。その中には映画・映像の関係者も人文学の研究者も含まれる。活動内容や目的は類似するにもかかわらず、こうした専門家間の協働はこれまで生まれにくかったのではないだろうか。コミュニティ形成、市民活動、記憶の継承と防災意識の育成を目指す具体的な策を考えるとき、映画や映像の影響力は大きく、さまざまな分野の専門家が今後もその力を活用していくことが必要となるだろう。本書では、東日本大震災に関する映画・映像作品を手がかりにさまざまな立場の専門家たちが登場する。多様な活動背景と思想のあり方を知ることから、映画・映像関係者や研究者、そして市民レベルでの協働を促す道標が見いだされれば幸いである。

参照文献等

小川直人・松山秀明ほか(2015)「採録：「ともにある２０１３」ディスカッション１　震災をめぐるドキュメンタリー映画のアーカイブ」『ともにある２０１５』山形国際ドキュメンタリー映画祭事務局

木村奈緒(2017)「森美術館「カタストロフと美術のちから展」プレ・ディスカッション・シリーズ　第二回「写真や映像で惨事を表現すること：記録、芸術性、モラル」開催レポート」『森美術館ニュース』(2017/12/6)、森美術館ウェブサイト[https://www.mori.art.museum/jp/news/2017/12/682/](最終閲覧日：二〇二〇年五月一六日)

日本放送協会(ＮＨＫ)(2013)連続テレビ小説『あまちゃん』

畑あゆみ(2014)「【列島通信★山形発】保存と発信、その先へ～ＹＩＤＦＦ「３１１ドキュメンタリーフィルム・アーカイブ」開設」『ドキュメンタリーマガジン neoneo』ウェブ記事(2014/12/22)[http://webneo.org/archives/28288/2](最終閲覧日：二〇二〇年五月一六日)

藤木秀朗(2014)「「市民」と映画のネットワーク――３・11後の原発をめぐる社会運動の中で」『JunCture 超域的日本文化研究』5: 114–129

水島宏明(2013)「「あまちゃん」が描いた３・11　その見事さと対照的なテレビ報道の貧弱さ」『YAHOO! JAPAN ニュース』(2013/9/3)[https://news.yahoo.co.jp/byline/mizushimahiroaki/20130903-00027780/](最終閲覧日：二〇二〇年五月一六日)

山形国際ドキュメンタリー映画祭事務局(2014)「ＹＩＤＦＦ「３１１ドキュメンタリーフィルム・アーカイブ」開設のご挨拶」[http://www.yidff311docs.jp/?page_id=29](最終閲覧日：二〇二〇年五月一六日)

第2章

東日本大震災発生後、映画の現場では

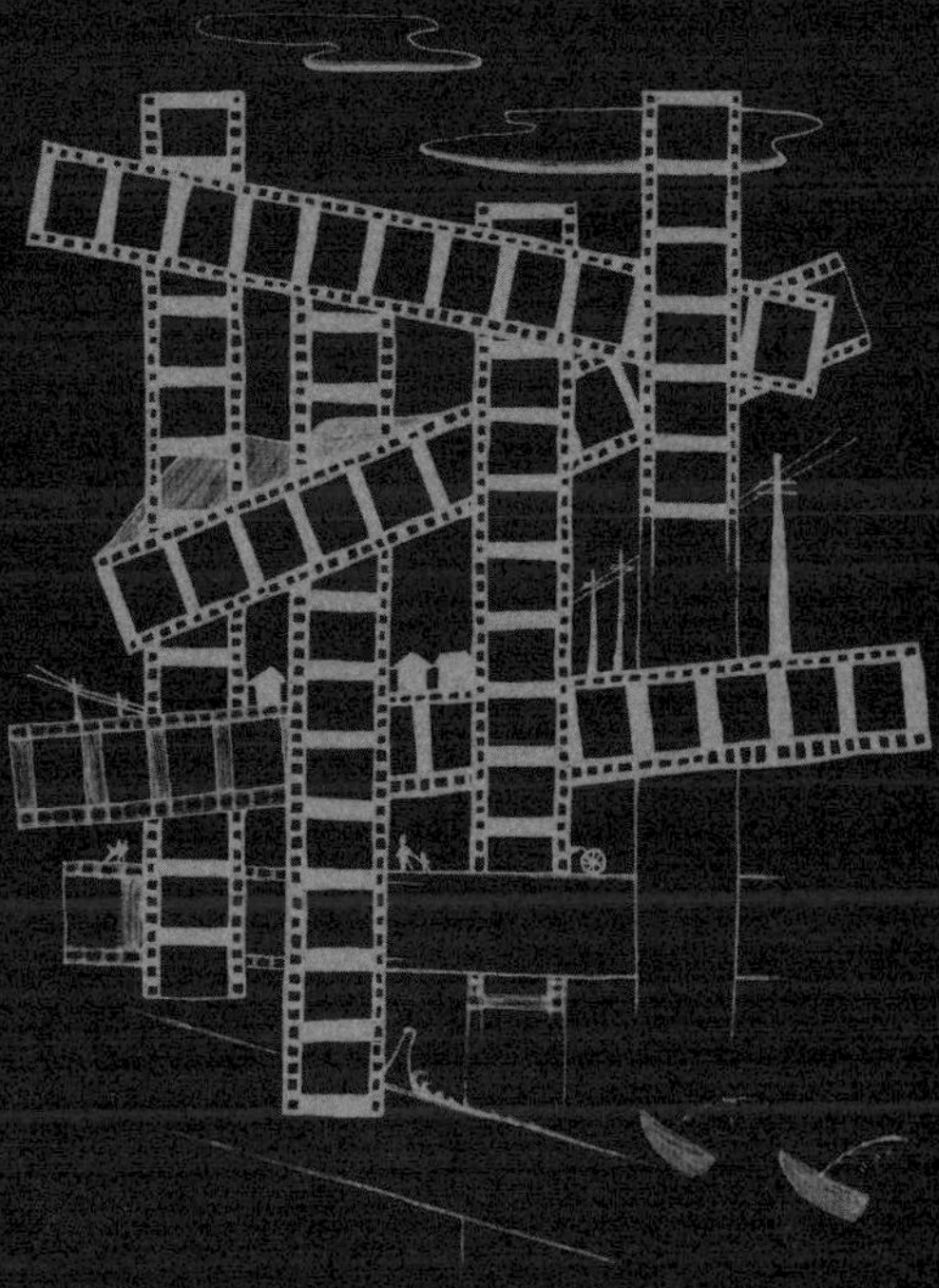

災害人文学研究会では毎回一作のドキュメンタリー映画を取り上げ上映し、その映画の監督や制作者らと映画の内容に関わる分野の研究者を学内外から招いた意見交換を行ってきた。こうした研究会を始めた理由の一つに、東日本大震災に関するドキュメンタリー映画が単なる記録にとどまらず、震災以降のコミュニティ形成、市民活動、記憶の継承と防災意識の育成を担う重要な社会的媒体となるという期待があった。東日本大震災に関する映画・映像をめぐる多様な活動を俯瞰するため、災害人文学研究会「実話からドラマへ：ドキュメンタリーの表現、フィクションの伝達 ～二〇一三年放送・NHK特集ドラマ『ラジオ』を観る～」では、東日本大震災発生直後からの映画制作活動の動向、被災地での映画の上映活動、東日本大震災以降の映像表現について、関係者らの過去の活動を振り返った。

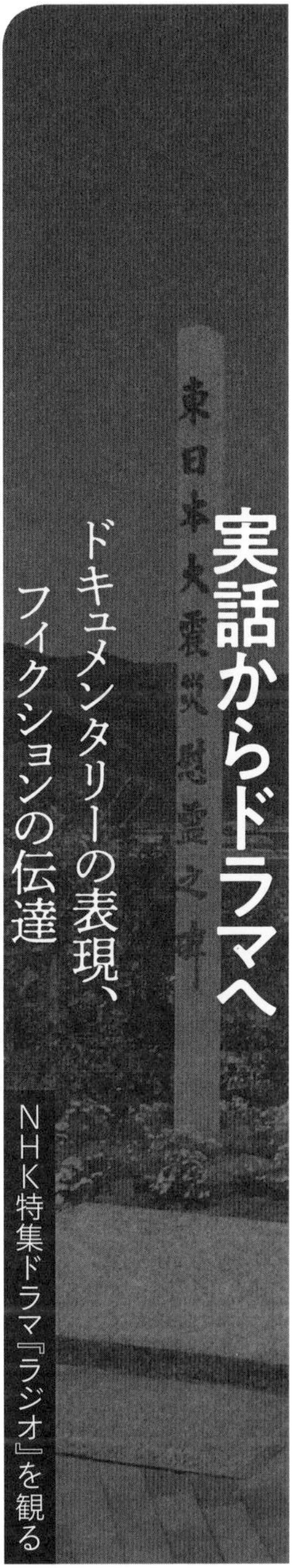

実話からドラマへ

ドキュメンタリーの表現、フィクションの伝達

NHK特集ドラマ『ラジオ』を観る

報告

『ラジオ』は、宮城県女川町《おながわちょう》で二〇一一年四月から二〇一六年三月まで開局した臨時災害放送局「女川さいがいFM」(現在は「一般社団法人オナガワエフエム」として活動)の実話と、同局で活動した高校生アナウンサーのブログに基づくドラマだ。制作はテレビマンユニオンが担当、撮影は女川町内各所で行われ、NHK特集ドラマとして二〇一三年に放送された。フィクションでありながら実話をもとにし、被災者の思いを伝えた内容が高く評価され、同年度の文化庁芸術祭テレビ・ドラマ部門大賞を受賞している。

本作の演出を担当した岸善幸氏、仙台短篇映画祭実行委

◉登壇者

岸 善幸　きしよしゆき／NHK特集ドラマ『ラジオ』演出

菅原睦子　すがわらむつこ／仙台短篇映画祭実行委員

髙橋卓也　たかはしたくや／認定NPO法人山形国際ドキュメンタリー映画祭理事兼プロジェクトマネージャー

ファシリテーター：**是恒さくら**

二〇一九年五月一七日　せんだいメディアテーク　スタジオシアター

（災害人文学研究会「実話からドラマへ：ドキュメンタリーの表現、フィクションの伝達～二〇一三年放送・NHK特集ドラマ『ラジオ』を観る～」）

員の菅原睦子氏、山形国際ドキュメンタリー映画祭理事兼プロジェクトマネージャーの髙橋卓也氏を迎え、二〇一九年度一回目となる災害人文学研究会を開催した。東北大学内外の教員、学生、市民計四〇人が集まり、作品の上映および意見交換の場がもたれた。

岸氏は制作者として、菅原氏と髙橋氏は映画を普及させる立場から東日本大震災に向き合ってきた。岸氏はこれまで手がけたテレビ番組を中心とするドキュメンタリーの制作経験から培った演出手法を持ち、本作の撮影・制作を被災地で行った。一般にフィクションとドキュメンタリーは相反するものと考えられがちである。しかし限られた撮影期間ではあったもの、被災地に身を置いた出演者たちの表情の変化、被災地への想いが表された本作には、被災者の心のありようを伝える重要な表現がある。菅原氏は、東日本大震災の影響を受けて開催が危ぶまれた仙台短篇映画祭の実行委員である。同映画祭では、震災後に四一名の映画監督に制作を呼びかけたオムニバス作品『311明日』を発表、映画を通して震災以降の日々と向き合う視座を伝えた。

髙橋氏は被災地・石巻《いしのまき》で映画の上映ボランティアを行い、かつて一般的だった移動映画のスタイルを復活させ、映画により人が集まりコミュニケーションが生まれる場をつくった。また、映像アーカイブに残りにくい震災に関する映画作品を、災害と人が向き合った記録として残してゆくことの課題と重要性について語った。意見交換は来場者にも呼びかけられ、東北各地で映像アーカイブや地域の映画・映像記録の制作や上映に携わる方々から活動の報告があった。

（是恒さくら）

意見交換採録

是恒　本日は、『ラジオ』の演出をされた岸善幸さん、山形国際ドキュメンタリー映画祭理事兼プロジェクトマネージャーの髙橋卓也さん、仙台短篇映画祭実行委員の菅原睦子さんにご登壇いただきます。

災害人文学研究会では二〇一八年から、東日本大震災に関するドキュメンタリー映画の上映と、監督や制作者の方を招いての意見交換会を開いてきました。そうして上映会を開催するなかで一般の方からいただく感想に、「フィクションとドキュメンタリーの差とはなんなのか」ということが出てきました。フィクションとドキュメンタリーは、ドキュメンタリー映画を見慣れていない人にとっては、かなり相反するものとしてとらえられている面もあると思うのです。

民族誌の映像制作の分野で最近取り入れられている手法に、「再演」があります。その手法による民族誌の映像制作では、被写体の人物が普段日常的に行っていることをあえて再演してもらい、その中で出てくる、普段意識していなかった発言やパフォーマンスを通して、表出するものをとらえていくということがされています。今回の作品『ラジオ』を見ると、この作品は事実に基づいていて、それを役者の方々が演じていて、撮影場所は実際の女川町である。これはある種、個人の実体験の再演ではないけれども、一つの町の記憶を再演して、そこで見過ごされていた感情や私たちが気づかなかったことを伝えているようだと感じました。

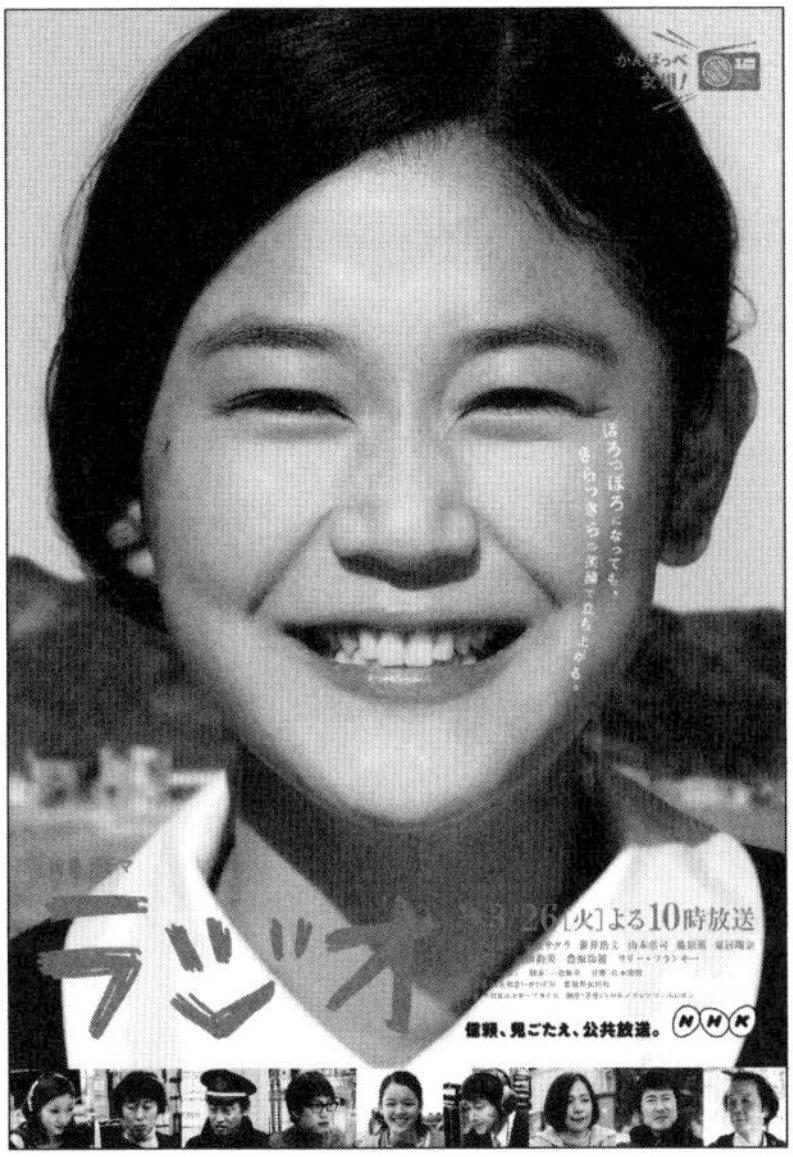

NHK特集ドラマ『ラジオ』
提供：NHK

最初に感想のようなことを述べさせていただいたのですが、災害人文学という領域が生まれたきっかけが東日本大震災でした。人文学の研究者の間で、基礎研究ではなく、災害や復興に関する応用的な研究を進めていくという行動の変化が起きました。今日は岸さん、髙橋さん、菅原さんにお越しいただいています。映画に携わる皆さんにとって東日本大震災とはどういう体験だったか、そして、そこから起きた変化をお聞きしたいと思います。では、岸さんからお願いします。

岸　よろしくお願いします。僕は山形県最上町《もがみまち》の出身で、普段は東京に暮らしています。あの日は、この作品の前に、これもNHKなのですが、満島《みつしま》ひかりさん主演の『開拓者たち』（二〇一二）という満州開拓のドラマの脚本を書いているときでした。そのとき住んでいた木造の賃貸の築三〇年ぐらいの家がものすごく揺れたのです。それで慌てて外に出たときに、あまりにも揺れが大きくて、普段「おはようございます」しか言わない人たちとものすごく近づいたのです。そこからコミュニケーションが広がっていくという、副作用的なこともあったのですが、テレビのニュースで見ていることを含めて、やはり津波というのは浮世絵の絵のようなものではなくて、非常に巨大なものすごいものであることを映像を通して目の当たりにしました。

それで、先ほど少し菅原さん、髙橋さんとも話していたのですが、あのとき、映像をつくっている人間は、何かをしなければいけないという衝動に駆られたのです。僕自身もそうでしたが、菅原さんの方ではたくさんの監督さんが賛同されて、映画をそれぞれつくられたということです。僕は普段はテレビの業界にいます。テレビ番組は放送局との受注・発注であらかじめ決められた予算の中で作品を撮りに行くのですが、あのとき、僕の周りのディレクターたちが、なぜかカメラを持ってボランティアに行きました。最初はボランティアに行くつもりで行っているのではなく、撮りに行っているのですが、いつの間にか、みんなが言うのですけれども、撮れなくなってしまった。撮れなくなった状況で、ボランティアとして関わっていたという人が、僕の周りにはすごく多かったです。

左から菅原睦子氏，岸善幸氏，髙橋卓也氏

このドラマ『ラジオ』をやるきっかけは、すべてが『開拓者たち』というドラマから始まるのですが、この『開拓者たち』もじつはいろいろな条件が合わなくて立ち消えるところまで行っていたのです。僕ら主要スタッフがあの津波を見て、「これをやらなくていいのか」と。満州開拓からソ連侵攻を受けて日本各地に開拓地を築いた人たちを、どこかで震災の被災地に重ねていた。そこから復旧・復興していく人の姿を重ねて、本当の当事者の人たちには、もしかしたらどうでもよかったのかもしれないですが、僕たちとしてはエールを送ろうという気持ちでつくったドラマ『開拓者たち』というのがあった。ドラマ『ラジオ』を女川のロケ地でつくるということになったので、僕の中では映像作家として少し点になってしまっているのですが、関わってきたつもりでつくりました。

是恒　ありがとうございます。では、菅原さん、お願いいたします。

2011年9月に開催された
「仙台短篇映画祭 11」
提供：仙台短篇映画祭実行委員会

菅原　震災の話というよりも、私はまず、ここ「せんだいメディアテーク」で毎年開催している仙台短篇映画祭という映画祭のスタッフをずっとやってきていて、普段は会社員です。ですから、震災のときは当然、会社で仕事をしていました。映画祭は毎年九月にやるのですが、だいたい前年度の冬くらいから「来年はどうしよう」という話を始めていますので、震災があったときも、その年(二〇一一年)もやるという方向でもう話は進んでいたのですけれども、実際震災が起きた後、それがどうなるかはわからない状況になりました。

　再度活動し始めたのは、何となくスタッフが集まり始めて、やはりみんなの中でやりたいという気持ちはあったのです。ただ、せんだいメディアテークは皆さんご存じのとおり、一階などは五月くらいに復旧したのですが、七階は天井が落ちてしまって一年くらい使えなかった。このシアターも使えない状況になりました。それでもどこかで何か映画祭をやれればということで、仙台市内で場所を探したりもしたのですが、なかなかいい場所がないのと同時に、作品が借りられるかどうかという問題に陥りました。当初進めていた作品は具体的にはまだ決まっていなかったのですけれども、映画祭自体はいつも九プログラムくらい考えて、海外の作品とか国内の監督の作品とかを考えていたのですが、実際に予算がつくかもわからない状況になってしまいました。

映画祭で以前から交流があり、『パンドラの匣《はこ》』（二〇〇九）という映画を南三陸町《みなみさんりくちょう》で制作された冨永昌敬《とみながまさのり》監督が、四月一日に、以前ロケを行った場所を見に来られた帰りに仙台にも寄ってくださって、冨永さんが来ているということで、小さいお店にスタッフがみんな集まっていろいろ話を聞きながら、映画祭はどうするのだろうという話になりました。冨永さんはそのときに「誰も撮らなかったら俺が撮る」といったことを言ってくれたのです。

一本でも上映できれば何とかなるかなと話しているうちに、みんなに頼んでみたらいいではないかという話になりました。それまで映画祭をずいぶん長くやってきたので、いろいろな人に関わっていただきました。私たちの映画祭は本当に小さな映画祭なので、人とのつながりが生命線のようなものです。来たゲストはみんな大切に、気持ちよく帰ってもらおうと心がけていたことで関係は続いていました。

四月七日でしたか、大きい地震がもう一回起きたのです。そのときに、気持ちが「もうやるしかないだろう」となって。知っている限り監督さんたちにメールを出しまして、「作品をつくってください」とお願いしたのです。「三分くらいの映画でいいです。それこそ三分一一秒くらいのものを。制作費は出せないのですが……、映画祭がやりたいのです」と。加えて、「差別さえなければどんな作品でもいいです」とお願いしてできた映画が『３１１明日』（二〇一二）です。四一人の監督が作品に関わってくれました。それを九月に、ここせんだいメディアテークの一階が幸い使えたので上映したのが、震災のときの映画と、私の中で一番大きい出来事でした。

是恒　ありがとうございます。では髙橋さん、お願いします。

髙橋　菅原さんたちがつくった映画は九月に仙台で上映されて、一〇月にバトンタッチで山形でも上映させていただきました。震災のとき、私は山形にいて、映画祭の助成金獲得のために山形県庁の説明会に出ていて、少し移動したところでもう大地が揺れ始めたので、これまで経験したことがないものすごいことでした。近くのわれわれの上映館でも上映中だったのですが、さすがに中止になって、みんな事務所に集まってきていたのです。

私も菅原さんも、映画の場をつくる人間です。映画の場をつくる人の生理というのがじつはあって、映画を見ていただくことで何か役に立てないのかというのは、震災の直後から本当に思っていました。そうこうするうちに、山形県内にもかなり被災者の方が入ってきて集団生活をされていました。その中で、何か映画で時間を忘れるとか、何か心のケアのようなことができないのかな、という気持ちがむくむくと持ち上がってくるのです。

ただ、被災地の方々にどのように映画を見ていただけるかというのはまったく感覚的にわかりませんでした。今日、山形からこの会場に来てくれている私の友人が、石巻の渡波《わたのは》とか湊《みなと》地区に震災直後から入っていました。あるとき、彼がそろそろ来てもいいのではないかと連絡をくれたのです。「君たちがやれる仕事が、あるいは活動が、そろそろできるかもしれないよ」ということを教えてくださって、最初は渡波地区に行きまして、その日のうちに湊小学校の避難所にもお邪魔しました。

道路の脇にはがれきがまだまだあるし、湊小学校の裏が墓地になっていますが、そのお墓の上に車が反転して何台も乗っているような状況でした。校舎の屋上に上がるとかなり見渡しがきくのですが、本当に湊小学校の避難所だけが、町としてというか、人が生きられる場所として機能しているような状態だったのです。私の友人のボランティアに入っていた人たちも含めて、いろいろな人の努力で電気がそこに引かれていて、映画が上映できるという状況がありました。

そこの自治会長さんに会わせていただいたときに、「何が見たいですか」という話をしたのです。何を見せたらいいのかもよくわからなかったし、率直に聞いてみたところ、『男はつらいよ』の四八作目（一九九五）が見たいと言うのです。四八作目はどういう中身だったかなと思って、すぐ山形に帰ってレンタルビデオ屋で借りて見たら、四八作目は最後の作品なのです。そのとき、渥美清《あつみきよし》さんは癌《がん》になってかなり痩せていて。寅さんの本当に最後の姿を見せる作品なのですが、神戸の震災の復興のためにボランティア活動をやって、炊き出しをしている寅さんが映るのです。とらやの茶の間でさくらとかおじちゃん、おばちゃんがテレビを見ていると、その炊き出しのシーンが映ります。何だか知った人がいるなと思うと、ズームアップして、それが寅さんだった。

被災地の人たちが寅さんに来てほしいと、監督の山田洋次さんにラブコールをしたらしいのです。ぜひ被災地に入って顔を見せてくれ、と。渥美さんは癌を押してそこに立って、ボランティア活動をされた。そういうシーンが入っているから、ぜひ湊小学校でやってくれということになりました。そこからわれわれの映画の活動がいろいろな展開をしていくことになります。

是恒　石巻で一緒に活動されていた方は今日会場にいらっしゃっているのですね。

髙橋　そうです。後ろにいる佐藤稔《みのる》さんです。私を呼んでくれた経緯を少しお話ししていただけますか。

佐藤　山形から来た佐藤といいます。震災の当時はちょうど仙台の勾当台《こうとうだい》公園の裏で働いていたので、三月一一日はそこで被災して、借りていた部屋はぐちゃぐちゃになりました。二日間山形に戻れなかったのです。二日後ぐらいに山形に戻って、その後、やはりこちら(宮城県)の方の状況が厳しいということで、すぐ週明けに態勢を整えて名取《なとり》市の増田中学校の緊急救援活動に行き、その後、石巻の渡波地区の中心的な避難所だった渡波小学校で緊急支援活動を始めました。

私は若いときから国際NGO活動のようなものに関わっていて、カンボジアに行ったりシリアに行ったり、エジプトで二年間ぐらい国際協力活動をしていたので、そういった現場に入って何か活動することは比較的慣れているということと、そういうことに対して力があったのだと思いますが、なかなか現場が整わないうちに入ってしまうと難しくて、髙橋さんが来るまで必死に渡波小学校とか湊小学校の電気を直すこともやっていました。一階部分が津波に洗われているので、分電盤なども消失してしまっていて、電気を直さないとその次のことができないということもありました。

映画は、若いときから髙橋さんのところの自主上映会などをやって、映画の持つ力を知っていたので、見せてあげたいという思いもあって髙橋さんを誘ったわけです。今日の映画の中にもありましたけれども、「被災地というのは映画の中の出来事ですか」という問いが、たしかにありましたね。「同情はするけれども、現場に行って実際に助けないのか」と。そんな問いを私はたしか髙橋さんに投げたはずだったと思うのです。「映画を通していろいろなメッセージを投げられるし、やれることはあるから、みんなで今助けるときだから、僕たちは仲間なので現場に行こう」と言って髙橋さんを誘ったような気がします。僕が何よりうれしかったのは、寅さんを見て出てきたおじいちゃん、おばあちゃんたちが本当に喜んだ笑顔だったことです。やはり映画にはそれだけ力があるのだなと思って、髙橋さんを誘ったことは本当に良かったと思います。女川にも行きましたし、雄勝《おがつ》や湊小学校や渡波小学校といろいろなところで上映会をしていただきまして、本当にありがとうございました。

是恒　被災直後の石巻では映画の上映会というかたちで、一つの場が提供されたのですね。

今日、髙橋さん、岸さん、菅原さんと事前にお話をしていて一つ驚いたことが、仙台市の映画館の「フォーラム仙台」が東日本大震災の約十日後には開いていて、そこに人が集まっていたという話でした。今、映画というと、映画館は高いという声もあったり、DVDを借りて一人で見る場合も多いと思うのですが、映画を通して人が集まる場を提供するということについて、東日本大震災を経て気づかれたことはありますか。

髙橋　じつは日本映画がそこからものすごい動きをするのです。日本映画の伝統に移動映写というスタイルがあるのです。要するに、映画館ではないところに映写技師が映写機を運んで、そこで映画館のように映画を見せる、地域の人たちに映画を提供する。『ニュー・シネマ・パラダイス』(一九八九)などの映画にもありましたが、フィルムを自転車で運んでいるシーンが思い出されます。けっこう日本中でそういうことが行われていて、映写技師も当然腕を磨き、機材もきちんと継承されて何十年もそういう伝統があったのですが、人が映画を見る環境を選ぶようになってきて、「うちでDVDで見られるから、いいや」となってきた。映画が人を閉じ込めていく文化にどんどんなってきていたのです。

そういう傾向がすごく強まったときに震災があって、われわれは移動映写という忘れかけていた機材と技術を持って被災地に行ったのです。そこでは当然、誰も閉じこもって映画を見ません。被災地あるいは避難所に集まって生活されている方は、本当にそこに居合わせるいろいろな方と映画を共有するのです。要するに、映画はもともと共有する文化だったのが、パソコンで見たり、今はもう携帯電話で見られるような、コンパクトに閉じられた時代になっています。人を閉じ込める、あるいは人が映画を所有する文化になってしまっていて、これが本当にいいのかなとあらためて思ったのは、被災地にわれわれが通って映画を見ていただいたときです。

皆さん、映画の場に集まってくることを楽しみにされていたと思うのです。映画を見て、見終わった後にみんながしゃべっていて、映画は終わっているのにみんな帰らないような上映会がたくさんありました。それはわれわれ映画をやる人間にとっては、ものすごい体験でした。映画とは本来、こういうものではなかったのかということをしみじみ感じました。

今日はもう一人、紹介したい方がいます。先ほど岸さんの話にも出ましたが、日本の映画人が被災の現場に行ってボランティア活動をやったり撮影をしていたわけです。映画を見せる立場の人たちが国から助成金をたくさん引き出して、二〇一一年から二〇一八年までの七年間に、岩手、宮城、福島の三県のいろいろな地域に出かけていっては上映会を繰り返していたのです。今、データを見てみると、上映会数が七二二回です。これは一か所ではなくて、いろいろな場所に出かけていって累計で七二二回で、だいたい四万人近くの方がご覧になっています。それから、上映した作品が二〇五作品です。

この二〇五作品はおそらく配給会社がタダで貸しているのです。被災者の方々に映画を見せるときに、いわゆるビジネスで映画をつくっている会社がタダで映画を提供したという歴史はあまりないと思います。あと、これだけの期間にいろいろな地域に人が入っていって映画をやることも、おそらく日本の映画史上なかったことではないかと思っています。そういう意味では、震災と映画が向き合えた、変な言い方ですが、幸せな、映画に何かができたのではないかと感じるのです。今日は、その活動で宮城をずっと担当されたNPO法人「20世紀アーカイブ仙台」の坂本英紀《ひでき》さんがいらっしゃっているので、現場の話も少しお聞きできればと思います。

坂本　こんにちは。20世紀アーカイブ仙台の坂本と申します。今、髙橋さんからご紹介いただいたように、「シネマエール東北」という活動で宮城県を担当させていただきまして、われわれは約二五〇回ほど上映活動をしています。上映をして感じたことがありますのでお話しします。

三陸沿岸の映画館がない地域がありました。子ども向けにアニメ映画の上映だったり、仮設住宅にいる高齢者の方に楽しんでもらう寅さんだったり『釣りバカ日誌』といったものを見ていただいていたのです。一つご紹介したいのは、気仙沼《けせんぬま》の大島児童館に上映に行った際のことです。大きいスクリーンでみんなで映画を見るという経験がない子どもたちに、『クレヨンしんちゃん』の映画を見てもらった際に、本編が終わってクレジットが出ても、小さい子どもたちも含めて、帰ろうとも、動きだしたりもしないのです。クレジットがすべて終わるまで楽しんでいる子どもたちを見て、本当にみんなで映画を大きなスクリーンで楽しむということを経験してもらえたのはすごく良かったなと感じています。

是恒 ありがとうございました。昨年度(二〇一八年度)、この災害人文学研究会で『おだやかな革命』というドキュメンタリー映画作品の上映を行い、監督の渡辺智史さんにお越しいただきました(本書第3章)。そのとき渡辺さんがおっしゃっていたことで、とても印象的だったことがありま

す。ドキュメンタリー映画は自主上映会で上映されることが多く、そういった自主上映会を開いてくれるのは、映画をどうしても人に見てもらいたいといった意識を持った人たちで、集まる人たちも単に映画を見に来るというよりは何かを考えたいという、何かそこだけで得られる体験を求めている方が多いそうです。ふつうの映画だと、配給は配給会社に任せて、監督自ら上映会に赴くことは監督あいさつなどを除いてはあまりないと思うのですが、ドキュメンタリー映画の場合、そういった上映会の場所自体が監督と見に来る方々との意見交換の場になったり、新たな視点を得る場になっていることも一つの財産であると聞きました。震災後の上映会の活動もですが、人と人をつなげていく映画の役割を考えさせられました。

せっかく岸さんにお越しいただいているので、映画の制作過程のことをくわしくお聞きしたいと思います。まず気になったことですが、「女川さいがいFM」の中で、高校生アナウンサーたちが「二〇歳になったら何をしたいか」とおしゃべりをしていて、そこで出てくるかれらの発言とか表情が「これは演技なのかな」と思うぐらい自然に思えます。この作品の中ではこういうセリフは一字一句、指示された

ことを皆さん話しているのですか。

岸　最初のテレビ版は七三分だったのですが、七三分版というのは脚本はしっかりあるのですけれども、映画界全体がそうかはわからないですが、いわゆるメインの役者ではない人たちの裏のセリフというのがあるのです。例えば、主人公の女の子がラジオの実況をしているときにふざけている仲間のセリフは助監督さんとか、僕もそうですが、一緒になって考えるのです。高校生ぐらいの役者だったのですが、かれらとお昼ごはんとか撮影の合間に話しているときに、役者が何に興味があるのかと、かれらが興味を持っているような話題を仕入れて、その話を「じゃあ、君はこれを話して」「こっちを話して」というようにやっていって、それがじつは、裏から表に入ってくる瞬間があります。何か感じられたのは多分そのへんのことだと思いますね。

是恒　役者自身の内面性も引き出しながら、それも合わせて一つの役になっているということでしょうか。

岸　内面性は、正直言うとわからないのです。本当にスタッフも役者もそうですが、集めてどんなに打ち合わせをしても、現場に行くと全部変わってくるのです。全部というのは、ライティングもそうだし、撮影の方法もそうだし、変わってくるのです。例えば、本当はト書きに晴れと書いてあったのに、予算の関係で曇りでも撮らなければいけない。でも、曇りにしたことによって後半のシーンは少し辻褄が合わなくなったり。話すと長くなるのですが、そういうことがふんだんに起きるのです。

そうすると優先順位というのが出てきます。周辺の人たちにどう感情の起伏をつけて起承転結に持っていくか、ということは考えるのですが、けっこう脇のこと、役者さんを「脇役」と言う人たちもいますけれども、そういうことは本当に残酷ですが、優先順位から削られていきます。そういうことがあって、脚本から削ぎ落とされていくのですが、何かが残る。何かが残るというのは、例えばこれだと、本当にスタッフがこれをつくらなければいけないと思っていたということだと思うのです。

これはフィクションの世界では驚かれるのですが、『ラジオ』は九日間で撮っているのです。これはあり得ないことなのです。予算のことではなくて、女川で実際に生活している方が隣にいるようなところで撮影しているのです。だから、夜も実際に仮設住宅は本当に音が聞こえてくる。そういうリアリティを役者自身も感じていますから、そういう切羽詰まったものと自分たちの思いのようなものが、ないまぜになっているうちに、役者さんもいろいろな脳内物質などが出てきたり、そういうこともあったかもしれないです。

是恒　撮影時期はいつ頃だったのでしょうか。

岸　放送が二〇一三年の三月二六日でした。撮影がクランクアップしたのが二月八日です。怒濤の撮影で、僕は寝られなくて一回救急車で運ばれたのです。ただ、放送日までに間に合わせるという使命感も当時ありました。

今日のテーマについて一つ思ったのですが、僕はここ八年ぐらいテレビドラマもドキュメンタリー番組も映画も、ほぼ一緒のスタッフとやっています。僕らのチームで暗黙の了解といいますか、念頭に置いて撮っているスピリットのようなものがあって、「ドラマはドキュメンタリーのように撮る。ドキュメンタリーはドラマのように撮る」ということをすごく心がけています。何か少し相いれないもののようで、じつはどこか突きつめていくと、精神だと思うのですが、似たものがあるかなと思います。

是恒　ありがとうございます。この映画がなぜこんなに人の気持ちに訴えるのかを少し理解できたように思います。時間も迫ってまいりましたので、私の方で拾えなかった話題など、皆さんからございますでしょうか。

髙橋　震災と出合って、映画の人たちがどういうふうに動いていったかというのは、その続きがあります。著作権の問題とか、映画の流通でいうと、それはビジネスになっていく可能性があります。被災地に行ってわれわれが上映会をやっているときに、けっこう監督たちが来て撮影をしていったのです。報道という腕章を付けながらもじつは映画監督だったりして、自分の軽自動車に半年ぐらい泊まり込んで映画を撮ったりしていました。ドキュメンタリー映画の監督は報道と違うので、そこの人たちとの信頼関係を大事にしながら長期戦で撮っていくわけです。そうすると、時間がかかります。たいへんだなと思いつつ、ではかれらが撮った映画はどのように報われるのか、誰が見てくれるのか。つくっている人たちは多分、それを確定しないままに、カメラを回しているわけです。

そのときに、では映画祭として何をすべきか。菅原さんも同じ気持ちを持たれたと思うのですが、自分たちの映画祭を開放しよう、そこで上映できるようにしようというのが、具体的に私の現場で始めたことです。当然、新しい企画になるわけですから予算もないので、片っ端から助成金の申請をして数百万円のお金をつくって、公開の場を設定したのです。それが非常に多くの観客の方に評価されて、年が明けるぐらいのときにアメリカの友人の映画評論家からメールが来て、アーカイブをとにかくつくらないといけないのではないかと言われました。

仙台で、おそらく東北大学だったと思うのですが、震災についてのアーカイブをつくるべきだという国際的な討論会があったはずです。それに私も駆けつけて聞いてみると、映画の「え」の字も出ない。例えば一般の方がカメラで撮った写真のことや、新聞、当時発行されたチラシのことは話題になるけれども、映画は一切出てこないです。なぜかというと、映画は権利者がいてビジネスで活用するという構想がある。公立図書館がそれを買うこともおそらくできないのです。

では、それを集められるのはどこかというと、映画祭なのです。映画祭には黙っていても作品が届きます。それを監督たちに「映画は時と場所を超えられる。それをわれわれで保存して守るから、作品を寄せてほしい」という話をして、東日本大震災の震災アーカイブをつくりました。今、英語のデータなどもつくって世界中に発信して、「こういう作品が見たいのであれば、ぜひ連絡ください」といった活動をしています。あれから世界中でいろいろ災害が起きていますね。おそらく同じように記録を撮ったりしている人たちが生まれて、そこから優れた作品も出てくる可能性があります。それをやはり国際的なネットワークという視点で、災害と人間が向き合った記録は世界中にじつは蓄積されていくのではないかという気がしています。

ですから、映画にいったい何ができるのかということにも次から次に課題が出てきていて、それに岸さんはつくることで向き合い、菅原さんやわれわれは人に伝えるという仕事がまだまだこれからあるなという気がしています。

菅原　今日はどうもありがとうございます。八年前に上映した『311明日』という映画に四一人の監督が参加してくださったのですが、震災時につくられたとは思えないくらいコミカルな作品や、中には残酷なシーンも描かれた作品など、いろいろな作品が混ざっています。私はそれでいい、それがいい映画だと思いました。というのは、一律に絆とか思いやりとか――もちろん思いやりを持ってつくってくれた作品なのですが――、そういう作品ばかり集まったらどうしようかと少し思ったのです。

結局あのときは、もちろん私たちもですが、日本中にいた人がおそらく映像を見たりして、みんな震災に遭っていたのではないかという思いがあったのです。仙台というところに少なからず来たことのある監督さんたちだったので、こちらにどういう気持ちのものを届けようかと思って、すごく向き合ってつくってくれた作品だったのではないか。それがどういうかたちになるかというのは、つくる人それぞれの考えがあって、それぞれの考えでつくってくれた作品だからすごくいい映画だと思います。タダでつくってもらったくせに、いい映画だと自分で言うのは変なのですが、すごい財産だったのです。

今年も九月にまた映画祭をやるのですが、いろいろな監督からまず映画祭をやめてほしくなかったということを言われました。一回休んでしまうとなくなってしまうし、次にやるときはもうそのかたちではできないかもしれないので、絶対、まずは続けてほしかったと言われて、そのために作品をつくってくれたことがうれしかったです。

私たちの映画祭に来る監督は本当に若手です。今でこそすごく有名になった人もたくさんいます。濱口《はまぐち》竜介《りゅうすけ》さんとか真利子《まりこ》哲也《てつや》さんとか劇場作品を撮られている監督がいますが、かれらと会ったのはかれらが大学生だったり二〇代の始まりだったときで、その頃からの付き合いになっているので、若い可能性のある監督の作品をずっと上映してきた映画祭なのです。そういう監督たちの映画は、劇場ではなかなか、かからなかったのです。だから、映画祭がなくなると自分たちの映画を上映してくれる場所がなくなってしまうということを、そのときすごく言われました。

四一人の監督に私はすごくいろいろなものをもらっていたので、その人たちがどんどん立派になっていく上で、撮っていく人もいますし、新たな監督が生まれてきているということもある。やはり映画祭はやめなくてよかったなとそのときすごく思いました。それは今も思っていて、今年もやれるということが本当によかったなと思っています。

去年くらいから新しい二〇代のスタッフに移って、私は後ろでただ見ている感じになるのですが、当時まだ一〇代だった若いスタッフが、『311明日』を上映したいと言っています。あらためて見たいということで、仙台の映画祭では八年目にして再度上映というかたちになります。きちんとみんな答えを持ってつくってくれた作品なので、監督に「八年経ってこんな意見が出ました」と言えば、きちんと答えてくれると思いますので、ぜひお時間があれば見に来ていただければと思います。

あと今日、私は岸監督の映画を見て、やっと泣いていいのだなと思いました。やはりなかなか泣けなかったのです。八年経ってやっと、少しなら泣いてもいいのだなと思わせてくれるような作品で、この機会にこうやって見せていただけて本当にうれしかったです。ありがとうございました。

第3章

ドキュメンタリー映画を通した対話から考える記憶の継承と防災

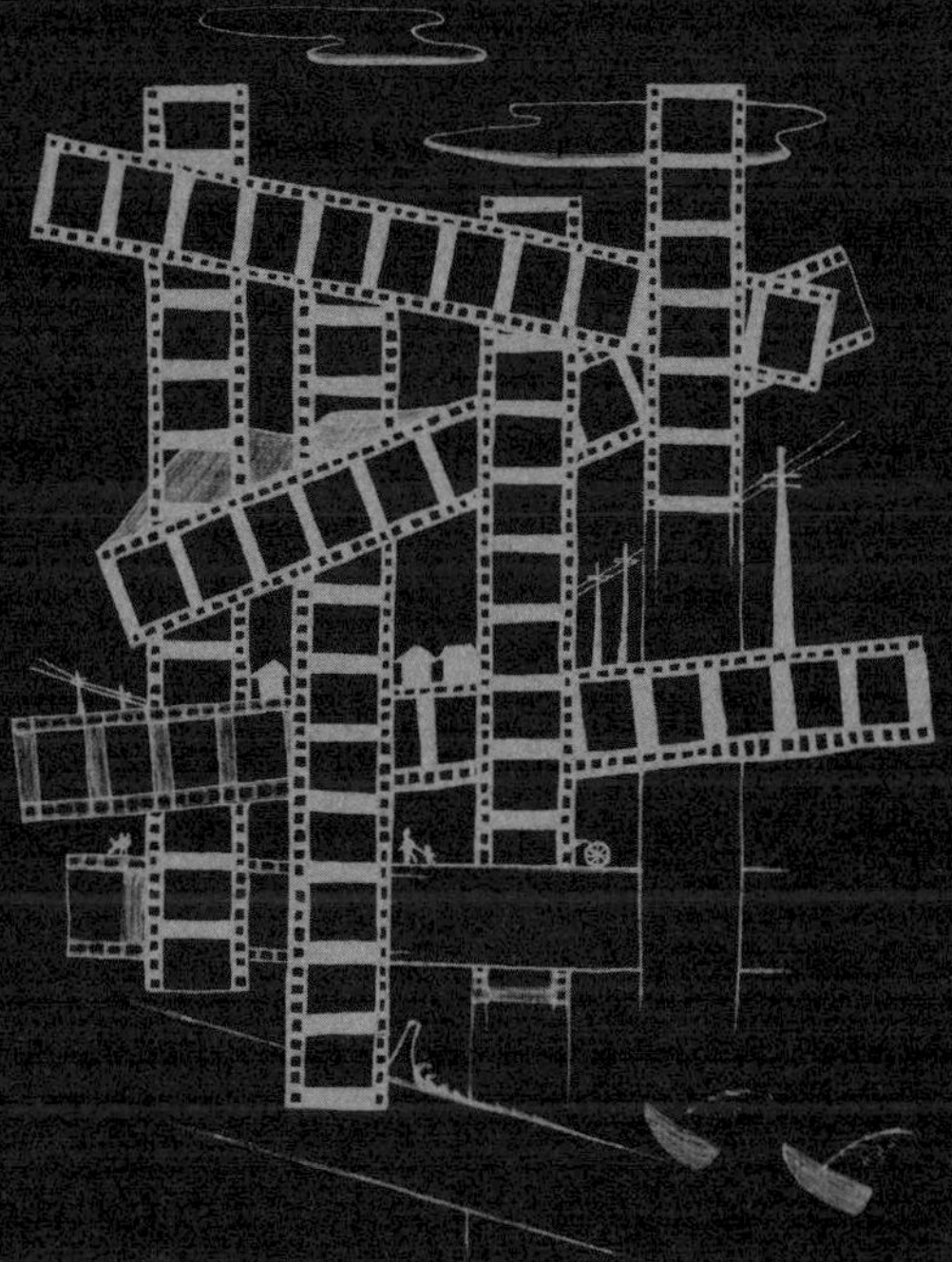

アーカイブ化が難しいドキュメンタリー映画を記憶の継承と防災に活用する方法として、映画を鑑賞するだけでなく、その内容について理解を深め他者と共有する「場づくり」が重要となる。本章では、災害人文学研究会として行ってきたドキュメンタリー映画の上映と、制作者・専門家による意見交換の実践記録を掲載する。また、こうした場づくりの先行例として、福島第一原子力発電所事故後に福島県で始まった、東日本大震災以降の福島と東北の状況を映画を通して考える上映会の取り組み「Image.Fukushima」を紹介するため、その中心となって活動した映画批評家、青山学院大学文学部准教授の三浦哲哉氏との対談を掲載する。

『廻り神楽』を観る

◉登壇者
遠藤 協 えんどうかのう/『廻り神楽』共同監督兼プロデューサー
北村皆雄 きたむらみなお/同作エグゼクティブ・プロデューサー、構成
ファシリテーター:**小谷竜介** こだにりゅうすけ/東北歴史博物館主任研究員、
東北大学東北アジア研究センター客員准教授

二〇一八年一〇月二一日　東北大学川内北キャンパス講義棟B棟一〇一室

報告

『廻り神楽《かぐら》』(二〇一七)は岩手県宮古《みやこ》市に伝わる国指定重要無形民俗文化財の「黒森神楽《くろもりかぐら》」の神楽集団についてのドキュメンタリー映画である。黒森神楽では黒森神社の権現《ごんげん》様《さま》(獅《し》子《し》頭《がしら》)を奉じ、北は久慈《くじ》から南は釜石《かまいし》まで、岩手県三陸沿岸の一五〇キロメートルにおよぶ地域を巡ることから、『廻り神楽』というタイトルがつけられた。津波常襲地域にありながら三四〇年以上続いてきたこの芸能は、厄払いや家内安全、供養、新築祝いなど、沿岸地域の生活に関わるさまざまな願いに応えてきたという。

東日本大震災の大きな被害を受けることとなった岩手県沿岸部において、神楽衆は震災直後から人々を元気づけ、亡き人の魂を慰めるため巡行を続けてきた。本作はその神楽衆を追い、震災から六年を経た生活の変化を描き出している。

上映後の意見交換ではまず、北村氏が一九八一年に設立し、遠藤氏が参加する映像制作会社「ヴィジュアルフォークロア」について紹介があった。「映像で民俗を伝える」ことを趣意とする同社は、被災地を撮影地とした本作においても、震災についての映画ではなく、あくまで民俗学的視点から人々の精神的な支えとして神楽をとらえることを試

みたという。日本民俗学を専門とする小谷氏も交えて、亡き人に捧げられる神楽念仏や、東北地方で信仰される「オシラサマ」と権現様の関わり、黒森神楽の巡行形態の特殊性などについて活発な意見交換が行われた。

本作内では黒森神楽の巡行地に伝わる民話が効果的に朗読される。この表現の意図について、遠藤氏は明治三陸大津波(一八九六年)の十数年後に民俗学者の柳田國男《やなぎたくにお》が『遠野《とおの》物語』(一九一〇年)を編んだことに触れ、一〇〇年後には昔話となるであろう現在の神楽衆の姿を、三陸沿岸部で途切れなく続いてきた文化の延長線上にあるものとして表したと語った。

震災に触れながら震災を主題としない本作は、岩手県沿岸部の人々の暮らしと精神文化の根源にある風景を記録として残し、後世に伝える映画である。地域社会の文化的復興に映画が果たす役割への示唆を与える研究会だった。

(是恒さくら)

意見交換採録

遠藤　仙台での上映は今日が初めてです。最近、「仙台セントラルホール」が惜しまれつつ閉館して、こうしたインディペンデントなドキュメンタリー映画を仙台で上映することが難しくなっています。今回こうした機会をいただき、たくさんの方に足をお運びいただき感謝いたします。

小谷　東北大学東北アジア研究センターの客員准教授で、東北歴史博物館の学芸員をしております小谷と申します。本日の意見交換のファシリテーターを務めます。どうぞよろしくお願いいたします。『廻り神楽』は事前に一度拝見していて、今日あらためて見ながら思ったんですが、会場にお越しいただいた中で黒森神楽を実際にご覧になったことがある方ってどれぐらい、いらっしゃいます?

遠藤　挙手されているのが三名ぐらいですね。

小谷　ごくわずかですね。ということは、皆さん今日初めて黒森神楽をご覧になったということですね。私が黒森神楽と最初に出合ったのは二〇〇一年の一月です。重茂《おもえ》半島の石浜《いしはま》(宮古市)という集落の個人のお宅で行っていた神楽を拝見しました。仙台から日帰りで行ったので、お昼に仙台を出て夕方に宮古に着いて神楽を見て、その日のうちに帰ってきました。神楽はだいたい夕方五時、六時ぐらいから始まって、そのときは多分夜一〇時ぐらいまでやってました。この映画では、鉦《かね》の音がシャンシャンシャンシャン鳴っているのが印象深いと思うんですけども、あれを四、五時間ぐらい天井の狭いふつうの家の中で聞いていると頭が朦朧《もうろう》としてくるんです。朦朧としてきたところで山の神が出てくるんです。まさに霞の中から山の神が出てくる感じで、それがすごく印象に残っています。

『廻り神楽』では、大槌町《おおつちちょう》浪板《なみいた》の「居酒屋えびす」をやっている平野君のお母さんのところで行われた「山の神」のシーンの演出がとてもいいなと感じ、ぐっときました。そこに限らず、全体として黒森神楽の様子をとてもよく表現している映画だというのが正直な感想です。鉦の音や神楽師の美しい歌声が素敵だというのももちろんですが、神楽念仏をやり、それから船祝いをやり、柱固めをやるという、そういう地域社会との結びつきまで神楽の全体がよく表現されていると思いました。単に舞台で神楽を見る、家や部屋を舞台にしながら神楽を見るということだけではなくて、地域の暮らしに対してもいろんな役割があるということが、非常にコンパクトにまとめられていると感じました。

今日はまず最初に「ヴィジュアルフォークロアって何？」ということをうかがいたいと思います。制作会社としてドキュメンタリー作品をつくられているなかで、どういう位置づけで作品をつくられているのかということ。それから、この『廻り神楽』ともう一つ、雄勝法印神楽《おがつほういんかぐら》という宮城県の神楽を題材として『海の産屋《うぶや》』（二〇一八）という二作のドキュメンタリーを前面に推していらっしゃるというところです。この二作というのは、まさに東日本大震災の被災、津波被災地の真ん中にあって、神楽自体も大きな被害を受けましたし、神楽をやっている神楽師さんたちの家族も大きな被害を受けながらも、非常に頑張って震災後も活動している代表的な二つの神楽と言ってもよいと思うんですね。

映画『廻り神楽』
提供：ヴィジュアルフォークロア

どうしてそこを対象に選ばれて作品をつくられているのか、そのあたりのことについてお聞かせいただければと思います。

北村　ヴィジュアルフォークロアの代表の北村です。会社は一九八一年につくりました。映像で民俗をやろうということで始めて、沖縄から東北、そこから広げてアジアまでに限った地域を扱ってきました。今までかなりの数をつくっておりますけれども、たまたま二〇一二年、震災の次の年に雄勝法印神楽を撮影しました。立浜《たちはま》という、四六軒の家のうち一軒を残して全滅した集落の漁師たちのお話です。その人たちが自分の生活がままならないなかで、生活よりも祭り、神楽を復活させるんだと言って、何もない浜辺に小屋を建てて、そこで神楽を一日やったんです。そのときに、震災から一年目であるにもかかわらず、漁師の人たちが「私は海を恨んではいない」「海は友達みたいなもんだ」と。自分の親戚、周りの人たちが亡くなったにもかかわらず、そういうふうにおっしゃっている漁師さんを見て、これはすごい人たちだなと思ったわけです。

それを撮影して、震災から六年目、遠藤君たちが『廻り神楽』を作品にしたいということで、制作してくれないかと頼まれまして、引き受けました。ただ、引き受けるにあたって、震災の映画っていうのは、この会の最初にも話があったように数百本もあるという。そうしたものとは違う、一つの民俗的な観点の入ったものをちゃんと一緒につくろうということで始めました。神楽、祭りという形のものが、本当に東北の人たちの精神的な支えになっているということを、私どもの関わった人たちの漁村を見てつくづく感じております。

遠藤　『廻り神楽』でご覧いただいた黒森神楽というのは、非常に広い範囲を廻っています。映画の冒頭で説明していますが、北は久慈から南は釜石まで、二年に分けて北と南を廻っている。

小谷　真ん中が宮古ですね。宮古から北に行く年と、翌年は釜石、南の方に行く年、と交互になっています。

遠藤　旧南部藩《なんぶはん》領の沿岸部をほぼ覆うようなかたちで、おそらく三四〇年は廻っているといわれています。権現様の古さからするとひょっとしたら七〇〇年ぐらいではないかという見方もできるわけです。これほど長く広く廻っている人たちは、他に比べるものがなかなかないというのが特徴です。

私自身は茨城県の出身で、震災前までは黒森神楽と全然関わりがなかったのですが、私の恩師で、黒森神楽研究の第一人者である神田より子先生が震災以前からずっと宮古に通っていました。神田先生から、「宮古で震災の調査を行うのであなたも参加してください」とお呼びがかかって。当時は「何をやってもいいわよ」と言われたのですけど、非常に困りました。

左から小谷竜介氏，遠藤協氏，北村皆雄氏

紆余曲折があったのですが、有名な国指定重要無形民俗文化財である黒森神楽の動向もずっと気になっていて、宮古市の震災の記録事業の枠組みでは扱いきれない大きな存在だなという心残りがありました。これはやはり映画として残さなければいけないのではないかと思って、北村さんに相談してスタートしました。

最初申し上げたように、やっていることが非常に大きくて、広いんです。岩手は芸能王国なので、本当に津々浦々の村々にたくさんの芸能者がいて、震災以降も皆さんそれぞれに活躍しているのですけど、それと比べてもやはり黒森さんの活動は際立っていて。それを映画にしたかったのです。

小谷　この映画を見ると、全体として黒森神楽を伝えようという意図がはっきりするわけで、黒森神楽という神楽自体とともに、神楽師という人間にも光を当てながらつくっていかれましたけども、作品としてつくっていく上では、どこに一番力点を置こうと考えられていましたか。

遠藤　単純に神楽映画にはしたくなかった。かれらのやっている舞や儀礼が素晴らしいので、それを撮っていればそれはそれで成立するのですけど、僕たちがやる仕事ではないと思っていました。

この映画にオシラサマが出てきますね。オシラサマが家にあって、その家が神楽宿になると、オシラサマを外に連れ出して権現様と一緒に遊ばせるわけです。こういったことは、オシラサマに限らず、例えば個人の家で権現様を持っている場合は遊ばせるとか、虎舞《とらまい》の頭と遊ばせるとか、行く先々で権現様は神々と遊ぶのですよね。だから黒森神楽の道行き、廻っていく道々には、たくさんの神々や精霊がぴょんぴょんと飛び跳ねている世界があるのではないかと感じました。まさにそのような世界を神楽衆が廻っているということを、映画としていかに表現するかが大きな課題でした。

しかも、かれらの廻っている道というのが——「いつもどおりがいいんだ」と神楽衆の田中さんが繰り返しおっしゃっているのですが——、全然いつもどおりの道行きではないのですね。あれは希望を述べているにすぎなくて。やはり災害もあり、変化があって、いつもどおりにはいかないような道をずーっと歩んでいます。かれらが行く先々でどういったことを感じながら神楽を続けているのかということも、描きたいと思っていました。

北村　僕はエグゼクティブ・プロデューサーとして撮影を手伝いに行って、あれは最初のところかな。石浜に行って、びっくりしたのはやっぱり神楽念仏でした。つまり死者を相手にするということ、これは何なんだろうと思ったんです。東北の死屍累々とした被災地で、神楽念仏があることで、この人たちは亡くなった村と人々にコミットしている。その姿にすごく感動したんですね。

ふつう、神様は生者と向かい合い、仏教的なものが死者と対峙しているんですけど、そういうかたちではなくて何かもっと違ったもの、もしかしたら神仏習合、ある種の修《しゅ》験者《げんじゃ》のもつ東北の宗教的なスタイルが神楽念仏として絡み合っていると思うんですよね。小谷さんは、神楽念仏というものをどういうふうにお考えですか。

小谷　その方面は専門ではないんですけれども、私がフィールドにしている雄勝法印神楽も墓地でやる神楽があるんです。かれらは神楽念仏っていう言い方はしないんですが、供養の神楽を墓地でやるんです。それから新築のうちでは当然、神楽をやるんです。私も、二〇年近く雄勝に通いながらも一度しか見たことがないんですが。そういうことを考えていくと、とくに地域社会と結びついた神楽っていうのはそもそもそういうもので、宗教行為全体、法印という宗教者とか山伏《やまぶし》というような人たちがやっていた時代の名残と言えます。

ただ、私の中では二つあって。雄勝と黒森の共通項の一つが、スーパースター軍団として年に一回やって来る人たちであり、やって来たときにすべての祈りごとを叶えてくれるというところです。それはきっと同じだろうと思っています。

もう一つこれは、あの映画の中でもよく出ているなと思ってたんですけど、彼は専業の宗教者じゃないんですが、そういう役割を担っている崇高な人かと思うと必ずしもそれだけではなくて、いわばロックスターであり、アイドルなんです。年に一回やって来るアイドル公演みたいな感じで、おばちゃんたちがキャーって言っている。ちょっと下品な話を交えるんですが、神楽を受け入れる地域社会には、神楽師を泊める宿っていうのがあったのですね。昔の神楽衆が泊まり歩いていた時代は、どこどこの家はどの神楽師を泊めるっていう感じで全部決まってたっていう話を聞くんですね。雄勝の仁夫《たねお》さんという、もう亡くなった方ですが、若い神楽師が「仁夫さんって若い頃すごいモテたっていうのは本当ですか」って聞いたときに、にやっと笑ったっていう。何も教えてくれないですが。今ふうにいえば、モテモテのアイドルという感じであり、そうかというと自分たちの願いも叶えてくれる。単純に楽しませてくれるだけでもなければ、重々しい宗教者でもないという、この両面が神楽であり芸能っていうものなんだろうっていう存在でもあります。まさに両面ですよね。最後のシーンは神楽念仏で終わるんですけど、それまでのシーンにたくさん出てくるのは本当にアイドルチックな、コンサートを待ちわびる漁師たち、という構図。ウキウキしながらワカメを刈ってる姿とか、面白いなと思って見てたんです。

今日あらためて見ていて思ったのは、合間、合間に入ってくる昔話っていうのには原典があるんですか。

遠藤　編集をどうしようかと考えていたときに着想を得たのが、柳田國男の『遠野物語』でした。学生時代以来、久しぶりに読んだのでとても面白かったんですね。柳田が『遠野物語』を編んだのが明治四三(一九一〇)年です。明治二九

（一八九六）年に沿岸を襲った明治三陸大津波の一四年後にあたり、津波の話も収載されています。映画の中でも引用しましたが、津波で亡くなった妻の姿を浜辺で見た男の話です。亡くなった妻を追いかけていくと、かつて妻が心を通わせていた男と一緒にいて、あの世で夫婦になっているという。そして悲しそうな顔をして消えていくという話です。死者にも感情や未練があって、あの世で現世と同じように暮らしていると感じさせる儚《はかな》い一編です。遠野と三陸沿岸は、峠一つ越えたらたどり着くという土地柄で、地続きの文化圏です。黒森神楽衆はそんな土地柄を歩いているわけです。まさに今、かれらがやっていることは一〇〇年経ったら昔話になるのではないか。現代の海の遠野物語をやってみようと思い、チャレンジしたアイデアでした。

そこで、沿岸部に伝わる昔話であるとか、黒森神楽にまつわるエピソードを散りばめながら、精霊たちが今も息づく、いや、震災後にむしろ活性化しているのではないかという世界を、映画に描こうとしました。

小谷　土地土地のいろんな黒森の神様が、土地土地のいろんな神様と楽しんでるんだっていう、遊んでるんだっていうのが、昔話の伝え方を狙ってるのかなと思ったら、まさにそういう感じなんですね。北村さんから見て、映像的にはああいう表現はありなんですか。

北村　僕はこの映画で構成にも絡んでいて、この映画はただ巡行を追っていただけでは平板になってしまう、そこを防ぐにはどうしたらいいか、一集落、一集落訪ねる間にやっぱり昔話を入れるべきではないか。何か洪水神話を入れるとか、言い伝えられた民話なんかに災害に関わるものはないのか？　それを作品の中に組み込むといったいろんな工夫が必要じゃないかなというふうに思っていたんです。だから、オシラサマなんかも、じつは編集の段階でかれらは省いてしまっていて使ってなかったんです。僕は「なんでこれは使わないんだ」って怒りまして。それを入れてもらった。映画の中で、権現様とオシラサマとが一緒に踊るシーンがあるじゃないですか。訪れる権現様と家のオシラサマが避け合わないで共存しているのがほほ笑ましい。これですよね、廻り神楽が受け入れられてきたのは。今日久しぶりに見て、この『廻り神楽』はよくできているなというふうに、しみじみと、ちょっと自画自賛も含めて、あるいは若手の共同監督たちへの励ましも含めて、そういうふうに思っています。

それと東北の神楽というのは、この黒森神楽も同じだと思うんですが、明治期の廃仏毀釈、さらに修験道そのものが禁止され、ものすごく変わったと思うんですよね。黒森神楽なんかでも、かなり日本書紀や古事記を入れた形のものになっていると思います。雄勝の神楽の場合には、悪魔払いとか自分たちの住んでる場所を清めるという形が一七九〇年代に出ている神楽の資料にある。つまり、それが今の神楽にも反映されているわけです。

　新しく記紀神話に塗り替えたものも、修験の悪魔払い的なものも残しているし、修験の行そのものの思想がうかがえる。修験の行には、一度仮に死んで生まれ変わるというような「擬死再生」という要素は非常に強くあるんです。僕は羽黒修験《はぐろしゅげん》の行に三年ほど通っていました。修験の絡んでいるこの雄勝法印神楽にしても『廻り神楽』の黒森神楽にしても、やっぱり村そのものを清める、生まれ変わらせるという、そういう要素が強いなということをつくづく感じています。それを幕末から明治の変革期があっても、むしろ、それを乗り越えて生き続けているというふうに感じましたが、どうでしょう。

映画『廻り神楽』より
©ヴィジュアルフォークロア

小谷　そこの話を私にさせると長くなります。なので、最後にもう一つ。最初におっしゃった、震災ものの映画ということと、ありきたりなものにしたくないということ。これは私も、東日本大震災のいろんな現場と関わってると、たまに思うんですね。「もう震災はうんざりだよ」というのがあって。

　そういうなかでこの映画は、最初に言ったとおり、震災前にこういう構成の、こういう主題の映画をある程度ドラマチックにドキュメンタリー映画としてつくることって全然難しくなかったと思うんですね。今回の映画でも、東日本大震災のことをあえて強調するようなシーンであったりとか、家を壊すところであったりが入ってきて、もちろんそこには一定の効果もある。その中で、震災前から続いているもの、いつもどおりにやっているものと、いつもどおりではなくなっているなかで、平野君の家が神楽宿になったりというようなことが行われている。実際問題として、東日本大震災というのがこの映画の中で占めるウェイトはどれくらいですか。

遠藤　私自身は学生の頃は民俗学と文化人類学を学んでいました。しかもどちらかというと社会学寄りの人間です。学生の頃は民俗芸能などにまったく興味がなかった。神田より子先生に学んではいたのですが、芸能研究とかは全然していなくて。興味が出てきたのは震災以降なんですね。とくにこの黒森さんと出会って、芸能というものが現実に存在する困難と非常に結びついているということを目の当たりにして、そこから俄然、面白くなってきました。

映画『廻り神楽』より
©ヴィジュアルフォークロア

この映画は去年、二〇一七年の一月ぐらいに撮影していたのですが、震災から六年経っているんですよね。「このタイミングでなんでわざわざ撮るの?」ということをいろいろな人に言われたのですけど、結果からいうとタイミングはベストだったと思っています。というのは、本当に奇跡的にですが、いろいろな節目に立ち会えました。七回忌ということもありましたし、平野さんが自ら神楽宿を始めるとか、津波に耐えた田中さんの実家が堤防工事で壊されるということもありました。高台移転が目に見えるかたちで進んだのもあのタイミングだったと思いますし、津波直後の生々しいタイミングでは撮れないものがたくさん写り込んできたんですよね。

黒森神楽が人々の願いの変化を、柔軟によく受けとめているということもあります。かれらは、たくさんの儀礼や舞いを伝えているので、その時々の要求にちゃんと応えられるのです。実際、沿岸部の人たちのニーズは毎年変わっています。六年目には六年目のニーズがあって、かれらはしっかり応えていました。その瞬間に立ち会えたことが今回の映画としてはとても大きかったし、奇跡的だったと思います。

小谷　それは明らかにこの映画で表現されていますね。もう一方で、その部分がもうちょっと前面に出てもまた違うし、この映画が作品として残ったときに、七年目というのが今はすごく大きいけれど、一〇年後、二〇年後に、その七年目の意味というのを映画からどれだけすくい取れるか、ということもあるかもしれない。

お時間が来ましたので、最後に一言ずつ頂戴してこのセッションを終えたいというふうに思います。

遠藤　この映画はなかなか不親切なつくりになっておりまして、非常にわかりにくいところもたくさんあるかと思います。しかし、パッと見てスッと理解できるようなことを黒森神楽衆がやっているわけではないです。非常に難解なこともやっているので、後から編集で気づかされたこともたくさんありました。驚いたのは、かれらは場面場面で歌や舞を使い分けながら、願いを込めているということでした。今も人々の願いを細やかに受けとめながらやっておられます。そんな黒森神楽を、機会があったらぜひ生で見ていただきたいと思います。

北村　雄勝法印神楽では『海の産屋』という映画をつくりました。この作品はもう少し芸能そのものの中に入り込んで、それと現在の立浜での生き方とを重ねた、たいへん神話的な作品でもあります。できたら、『廻り神楽』と一緒に見ていただけたらと。そんな機会が皆さんの前で展開できたらうれしいなというふうに思います。今日は本当にありがとうございました。

『被ばく牛と生きる』を観る

◉登壇者
松原 保 まつばらたもつ／『被ばく牛と生きる』監督
小倉振一郎 おぐらしんいちろう／東北大学大学院農学研究科陸圏生態学分野教授
ファシリテーター：**是恒さくら**

二〇一八年一一月一三日　東北大学川内北キャンパス講義棟B棟一〇一室

報告

『被ばく牛と生きる』は、福島第一原子力発電所事故後に国から通達された家畜の殺処分命令に反し、被ばくした牛たちを生かそうとした畜産農家の活動に密着したドキュメンタリー映画である。経済的負担、精神的苦痛や葛藤を抱えながらも、居住制限区域で暮らし、あるいは仮設住宅から通い続けて「被ばく牛」の世話を続けた畜産農家を五年にわたって取材している。先祖代々畜産を続けてきた農家にとって、牛は家族にも等しい存在であり、故郷の象徴である。食肉として経済価値がなくとも「原発事故の生き証人」として牛を生かし続けることで、世界で他に例のない「低線量被ばくの大型動物への影響」の研究に貢献し、研究者との協働により人類の未来の安全を守りたいという思いを伝えている。

上映後の意見交換では、東北大学農学部で放牧、飼料作物の生産、家畜の行動、家畜の福祉を研究対象とする小倉氏に、被ばく牛の現状と課題について意見をうかがった。動物愛護法によりペットは避難させられるが、家畜は避難させられない。家畜の全頭避難が困難である要因として、放射性物質により汚染された家畜を受け入れることへの地域の不安と、受け入れ先の確保を困難にするほど日本の畜産の規模が拡大している（一戸あたりの飼育頭数の増加）との説明があった。松原氏からは、被ばくした牛を放射性物質に汚染されていない水と餌で飼えば、飼い直すことは可能であると伝えられた。小倉氏はまた、動物福祉の観点から殺処分の問題を指摘した。松原氏からは、餓死させるよりは安楽死させる方がいいと、殺処分の同意書にサインせざるを得なかった農家の複雑な心情が伝えられた。

災害という非常事態下で明るみになった現代社会における人と家畜の関係を見つめ直し、災害に強い生産システムの構築の必要性や動物福祉という、原発事故後のより良い社会のあり方へ示唆を与える研究会であった。（是恒さくら）

映画『被ばく牛と生きる』
提供：パワー・アイ

意見交換採録

是恒　まず、松原監督におうかがいします。この映画制作のきっかけはなんだったのでしょうか。

松原　私は東京で六年ほど映像の仕事をしておりました。三〇年ほど前、私が二五～二六歳で最初にこの世界に入ったとき、この映画の中にも出ている「相馬野馬追《そうまのまおい》」という馬のお祭りを撮影に行って、度肝を抜かれたんです。日本にこんな素晴らしい祭りが残っているんだなと。その記憶がずーっと鮮明に残っていて、東日本大震災の原発事故が起こり、相馬野馬追が開催されないかもしれないということをニュースで見て、これはぜひとも記録をしなければいけないという思いが立って、大阪から福島に行きました。最初からこの映画をつくろうということはまったく思ってなかったんです。

『被ばく牛と生きる』をつくる前に、相馬野馬追を追った一時間のドキュメンタリーをつくっています。英語版だけですが、アジアの二〇か国で放送されました。被ばくした牛の問題は相馬野馬追以上に大きく根深いものだと考えながら、自分の使命を一つ終えたんですが、そのまま自分の故郷大阪に帰ってもう福島に来ない、ということはできませんでした。被ばく牛の問題をもっと多くの人に伝えたいなと思いながら、いろんなテレビ局にアプローチしたんですが、あまり良い反応はなかったので、最終的には自分で大阪から通い続けるしかなかった。これは結果論なので、もう仕方がないかなというところです。

是恒　続きまして、小倉先生に農学者の立場からこの映画をご覧になってのお話をうかがいます。本作の中で語られている、家畜としての経済価値のためではなく、世界に他の例のない低線量被ばくの大型動物の例として、この牛を生かし続ける、研究の対象として命を生かし続ける価値を見いだすということへの可能性について、お話しいただけますでしょうか。

小倉　小倉振一郎と申します。私の研究室は、大崎市の鳴《な》子《こ》温泉にある東北大学農学部の附属農場、現在は「フィールドセンター」と言います。畜産、主に牛の研究をしていますが、とくに広い場所で牛を放牧したり、牧草や飼料作物を生産したり、家畜の行動や健康と福祉について研究対象にしています。本作『被ばく牛と生きる』に岩手大学の岡田啓司先生が出ておられましたけども、じつは震災前から私も岡田先生の動物病院に、研究用の分析、血液サンプルの健康チェックなどをお願いしたことがあり、お世話になりました。その後、震災があり、私自身、放射線が農業・畜産にどう影響するかというのはまったくの素人でしたが、避けては通れないということで、正義感というか、これは

左から小倉振一郎氏，松原保氏

逃げてはいけないと自分を奮い立たせ、一つひとつ取り組んできておりました。

研究者の立場からということなんですが、ちょっと言葉が出ないですね。震災があって一年近く経った二〇一二年の一月に、私も「エム牧場」の入口あたりを訪れたことがあります。その後も何度か福島県の浜通りを訪れたことがありますが、本当につらいですね。それこそ臭《にお》いとか、温度とか、その場の空気が映画を通じてよみがえってきました。私は長い間、そういうところで仕事をしているからなのですが、言葉がないというか、胸が痛む思いで見ておりました。

ペットは許されるのになぜ牛は避難できないかということは、現代畜産が抱える問題でもあります。もちろん全頭避難できればいいんですが、例えば一頭二頭とか数頭であっても、どこか引き取ってくれる場所があれば一時的な避難はできます。ただ今回の問題は、放射性物質の汚染があるということがそれを難しくしています。例えば、汚染の高いところで飼われていた動物を別の場所に移す場合、低線量の場所の農家に対して「避難したいから動物も一緒に受け入れてもらえませんか」と言っても、受け入れる側としては、汚染されている動物を何とかしてあげたいけど、受け入れても大丈夫だろうか？　と心配になるから、断るでしょう。じつは宮城県内でもそういうことがあって、汚染の高いところから低いところにできるだけ持ち込まないでくれ、というふうになってしまう現実があります。

それからもう一つ、データをお伝えしようと思っていたことがあります。今の日本の畜産は、簡単に全頭避難ができないぐらい規模拡大が進んでいます。今日は農学部の授業の資料を持ってきたので紹介しますと、例えば乳牛ですと、映画の中でもありましたが、昭和三〇(一九五五)年の日本全国の農家数は二五万戸です。一戸あたりの平均飼育頭数が一・七頭ですから、たくさんの小さい酪農家があったのです。飼っている頭数は少なかった。ところが平成二六(二〇一六)年には、酪農家は全国で一万七千戸、一戸あたりの飼育頭数が平均で五五頭です。北海道だけで言うと、一戸あたりおそらく一〇〇頭、家族経営で一〇〇頭規模はふつうなのです。そういうところで何か災害があって、牛一〇〇頭をどこかで預かってほしいと言っても、そう簡単にはいきません。もう一つ例を紹介します。例えば、卵を産ませるニワトリで言うと、今、全国で三千戸しかなく、一戸あたりの飼育羽数は六万九千羽です。一つの農家で、です。それを移すのは、ほぼ不可能に近い。

わが国には動物愛護法という法律があり、災害があったときには必ず飼育している動物も配慮し、避難させなければいけないとしており、具体的な方法や実施計画は都道府県が定めなさい、ということになっています。宮城県でも実施計画が定められていますが、そこではペットは考慮されていますけれども、産業動物については私が見る限り、明記はされていないですね。ここはすごく大きな問題です。いかにして災害に強い生産システムにしていけるか。ただ、原子力災害は誰も想定していなかったし、当然、対策も立てようがなかったということで、このような悲惨な状況になっているように思います。

松原　私が現地で取材したときには、殺処分に反対している農家さんは、望みを持っていました。被ばくした牛に半年間きれいな水と汚染されていない餌を与えると、セシウムに関しては九八パーセント以上は自然排出されると。

小倉　そうですね、はい。

松原　ということで、食品安全基準の一〇〇ベクレル以下に必ずなるんです。もちろん、セシウム以外のストロンチウムは骨に定着するので抜けないのですが。そういうことから、牛たちが被ばくしても、線量の低いところに移してきれいな餌ときれいな水をやれば、もう一回ふつうに飼えるのではないか。もしくはその世代の牛が駄目でも、産まれた仔牛は大丈夫なのではないか。殺さずに生かしていれば、自分たちがかわいがってきた牛を生かせる。畜産・酪農家の方は牛をずっと改良してきた歴史があるので、そういうことをすごく大事にしていらっしゃる。だからむげには殺せないっていうのが、かれらが反対をしてきた一つの理由ですね。途中から変わっていったとも思いますが。

小倉　今おっしゃったこと、私も同じように受けとめています。やはり、なぜ殺処分しなきゃいけないのかと納得できない状況です。私が所属するフィールドセンターでも低線量の汚染を受けています。まだ解決していないのです。本学の佐藤衆介教授が岩手大学の岡田先生と同じチームで一緒に活動していた経緯もあり、佐藤教授が動物の汚染を、私はどちらかというと草の汚染を調べています。どのぐらいの期間で牛の体内から汚染が浄化されるかを調べたら、およそ二か月でした。放射能フリーの餌で二か月も飼えば、もうほとんどなくなるのです。松原さんがおっしゃったとおりです。
だったらなおさら、なぜ？　ということなんです。ペットと異なり、食料としてみなされるかどうかという違いが、安全性も含めた見られ方の違いなのかなと思いますが、でも、浄化というんですか、放射能フリーに飼い直すことができる。殺さなくてもいいのでは、と思いますね。

松原　当初、ほとんどの農家さんは殺処分に同意していくんですけど、その同意した理由というのが、餓死するぐらいだったら安楽死させてあげた方が牛にとっていいだろう、と。これが当初の動機だったんですよ。ところが、途中から野良牛となって元気に生きていると。逆に、畜舎で飼われているよりかは元気な姿で丸々と太って、おいしい水を飲んで、余りある草を食べて。そういう牛までつかまえてむりやり殺処分をする。そういうときに農家さんたちは次の段階として、村や町に迷惑がかかるんだからこれは仕方がないっていう気持ちで同意していくんです。「同意をする」というのは、あくまで持ち主が同意書にサインをしないと国は勝手に処分できないんです。反対農家さんは、サインという行為自体を非常に怒ってらっしゃいました。もしも、原子力災害でこういう予期せぬことが起こって、国に食品の安全を守るという大義名分があるのであれば、口《こう》蹄疫《ていえき》とか鳥インフルエンザのときのように臨時の法律をつくってでも強制処分したらいいんじゃないか。せめてそうしてほしい、残酷な決断をさせないでほしいと。自分が死刑執行書にサインをするという行為をすること自体、自身の矜持《きょうじ》を折られてしまう。もう二度と立ち上がれない。国がそれを代行して、「国がやったんだからあきらめてほしい。次の新しい道を歩んでください」と言ってもらった方が、どれだけ次の新しい道に歩めるのか。そう、おっしゃっていました。

小倉　私もそう思います。今、口蹄疫のことに触れられたので、私の個人的な意見になってしまうかもしれませんが、口蹄疫発生時になぜ動物を殺すかという理由をご存じの方はいらっしゃいますか？　日本は口蹄疫の清浄国であることで、例えば韓国・中国・台湾といった口蹄疫汚染国からの安価な畜産物の輸入を拒否できるのです。ですからわが国の畜産業が守られている、という前提があります。だから口蹄疫が発生したら即清浄化をしないと、日本は貿易上の有利性を保てないというところがある。大きくとらえればそうして産業を守っているんですが、でもじつは口蹄疫は治るのです。治るのになぜ殺さなきゃいけないの？　ということです。以前、宮崎県で五万頭の動物が殺処分になりました。県の畜産がほぼ壊滅してしまいました。私は宮崎に若い頃おりましたので、ものすごく心が痛んで、心配で心配でしょうがなかったのです。

今回も松原監督がおっしゃったように、放射性物質フリーの餌で数か月飼えば、また出荷もできるし、安全性の検査もすれば大丈夫なはずなのに、なぜ殺さなければいけないのかということで、これは私の研究室で取り組んでいる動物福祉の問題、すなわち動物も生きとし生けるものであり、意識がある存在として、殺処分は問題ではないかということを訴え、働きかけているところです。

松原　やっぱり生き物を経済動物として見てしまうから、口蹄疫の問題もそうなんですけども、多額の治療費をかけてまで養う意味がなくなってしまうわけですよ。今の世の中を見ると明らかに、「経済、経済」と。お金でしか物事の価値を測れない世の中になってしまった。行きすぎてしまっていると思います。新聞を最近賑わすような防衛費、イージス・アショアは二千億を超えるそのお金の一千分の一でも、この被ばく牛の研究費に回せないのだろうかと思います。牛の低線量被ばくのように、今まで誰も実地で研究していなかったことに対して、なぜ、一億円のお金も一千万のお金も国は出せないんだろうか。そんな国っていうのは、本当におかしいんじゃないのか。これはわれわれ日本人だけじゃなく、世界の人類のために役立つような研究です。低線量被ばくを受けたときにどうすればいいのかという道筋を一つ与えてくれる、はっきり言って絶好の機会だったんです。

その機会をなぜ、つぶすのか。研究をすることによって悪いデータが出る、風評被害が出る、それが福島にとってマイナスだと。つまりは組織を守るためなんです。人の命を守る、生き物の命を守るんじゃなしに、福島県という組織、町という組織、そして東電という組織を守るための施策だと私は思っているんです。

小倉　低線量被ばくの影響は、今お話があったように、ほとんどわかっていないのです。私としても、当時の私の研究室としても、それを明らかにすることは大事なことだと思っています。補足的になるかもしれませんが、農水省は政府としての主張を一貫させるためだと思うのですが、低線量被ばくの影響に関して研究費を認めず予算をつけなかったのですけれど、日本学術振興会の科学研究費補助金というボトムアップ型の競争的研究費では、放射性セシウムの動物への影響についての研究課題が、当時はけっこう採択されていました。研究者の間では大事な取り組みだとみなされていたということです。今でも研究課題が残っているかもしれません。

それから、経済動物ということで思い出しました。映画を見ていて、とくに震災直後というか翌年の部分でしょうか。いくつかの農家さんの映像が出ていましたけれど、生かすことは大事だと思うんです。でも、どんなかたちでも生きていればいいというわけではありません。できることなら餌と水がちゃんと与えられて、病気やけがにもならないこと。病気やけがになったら治療してあげて、怖いとか不快だという苦痛、苦悩から解放されて、できるだけストレスがなく、快適で幸福な状態であればあるほど良いのです。それは福祉レベルが高いといえる状態です。けれども映像を見ていると、けっこうストレ

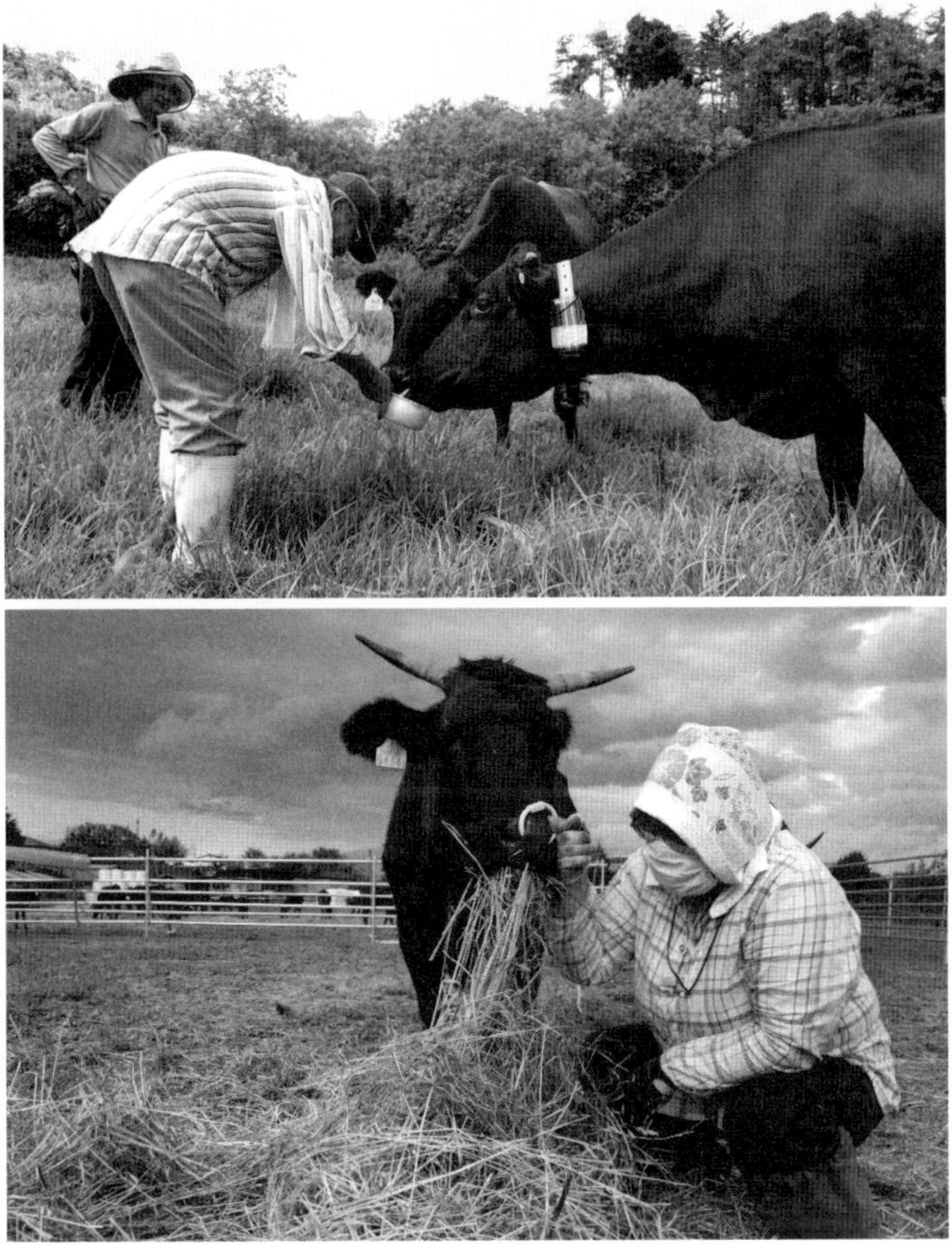

映画『被ばく牛と生きる』より
©パワー・アイ

ス行動が映っているのが印象に残っています。一番目についたのは、餌がないのにベロベロベロベロ、舌を出している牛が何頭かいたことです。おそらく震災直後、餌が十分に与えられず、わずかな餌でどうにかこうにか命をつないだことで、おそらく口を使って餌を食べる時間も少なかった。だから動物たちは強いストレスを受け、たいへんだっただろうという状況がすごくわかりました。それから、やはり、けがをしている動物がいましたね。腰のあたりが擦りむけて肉が出ていたり、すごく痩せていたり、というものです。

それはもちろん仕方がないことですし、それをできるだけ改善しようと思って、農家さんも本当に頑張られているのがわかるのですが、私は、たいへんだということを訴えるため、悲惨な状態を見せるために動物をあのままの状態にしておくべきではないと思います。動物目線でとらえるならば、少しでも早く良い状態にしてほしい。ずいぶん時間が経つので、生き残っている動物がより良い状態で飼われて今も生きて元気でいればいいなというふうに願いますけども、どうでしょうか。

松原　そうですね。私が二〇一五年に撮影を終えたときには、まだ七〇〇頭生きていました。ところが現在は五〇〇頭を切ったぐらいじゃないでしょうか。やっぱり環境が良くないというのと年齢もあるんで、もうこの先どんどん減る一方ですね。帰還困難区域にある山本さんの自宅で農林水産省の役人が言ってましたけども、きれいな土地に新しい牛を入れてもらいたいというのが、ベーシックな考え方。農業をやっていらっしゃった方が何年もかかって耕した土地の土の表層一〇センチメートルを取ると、もういい農業なんてできないんですよ。

そういうことを知らずにか、知っててわからないふりをしているのかはわかりませんけども、一〇センチの表層の中にものすごい栄養があるわけですよ。そうなるまでに何十年もかかっているわけです。それを、セシウムがあるから表層を取って新たな土を入れる。それで農業を再開してください、っていうことを平気で言える役人たち。農家からしたらばかげたことを言うなと。農業はそんな簡単なものではないということを、牛飼いさんだけじゃなく、ほとんどの農家さんはわかってるんです。

でも国は、新しくなって土も入れ替えたんだから、これで再開してくださいっていうようなことを、平気で言ってしまう。この無知というか、現場を知らないというか。そんなことはできないんですよ。牛を自分の手で、原発事故で殺してしまったから、新しい牛を買ってきて新しくやり直せばいいんじゃないですかと、そんな簡単に割り切れますか。割り切れませんよ。自分がずーっと愛して飼ってたペットが死んで、翌日もう、次のペットを買いに行こうなんていう気は起こりますか。

やっぱり命のあるものを育てる、それを商売というかビジネスにするっていうことに対して、みんな非常に複雑な思いも持ってらっしゃるし、命の尊厳というものに対してすごい深い洞察を持ってらっしゃる仕事だと、私はまったく畜産・酪農を知らない人間でしたが、この撮影を通して勉強させていただいたことだと思ってます。

是恒　本日はありがとうございました。国からの発表ですとかメディアで扱われている言葉、その背景には私たちの知らない事実がたくさんあって、その中で生きていらっしゃる農家さん一人ひとりの物語をこうしてドキュメンタリー映画として伝えてくださることで、私たちがこれから先の動物と人間の関係とか、社会のシステムのあり方を考えるきっかけをいただいたと思います。

『赤浜ロックンロール』を観る

◉登壇者
小西晴子 こにしはるこ／『赤浜ロックンロール』監督
坂口奈央 さかぐちなお／東北大学文学研究科博士課程後期課程
ファシリテーター：**福田　雄** ふくだゆう／東北大学東北アジア研究センター災害人文学研究ユニット助教

二〇一八年一二月四日　東北大学川内北キャンパス講義棟B棟一〇一室

報告

赤浜《あかはま》は、「ひょっこりひょうたん島」のモデルである蓬《ほう》莱島《らいじま》で有名な岩手県大槌町《おおつちちょう》の一地区である。『赤浜ロックンロール』は、この赤浜を舞台として、そこに生きる二人の人物を中心として展開される。中心人物の一人である阿部力《つとむ》は、震災直後に誰よりも早く漁業の再開に向けて動き出した漁師である。「漁師は水揚げしてなんぼ」と海で稼ぎ食っていくことを決意する。もう一人の主要人物である川口博美も赤浜に生まれ育ち、浜での生活をよく知る人物である。震災後、川口は「赤浜地区の復興を考える会」の代表として、国が提示した防潮堤建設案に反対する。本作品は、三陸沿岸地域において自然とともに生きることは、いかなることなのかを見る者に問いかける。

上映後の意見交換では、小西氏と坂口氏が壇上にあがり、作品の経緯やその背景、赤浜に生きる人々のさまざまな思いや、現在の姿について理解を深める時がもたれた。小西氏は、当初ボランティアとして入った赤浜で、防潮堤を築いて海を遠ざけようとする自身の先入観を覆され、人々の生活と知恵を映像として記録するよう動機づけられたという。小西氏と同様に、坂口氏も赤浜に生きる人々の価値観や生きざまに魅了されたという。このほか、性別や世代によって異なる生活感覚や震災遺構に対する考え方、死者と生者との関わり、漁業法改正を含む今後の動向などに関し、両名からコメントがあった。

その後、参加者との意見交換では、コミュニティの「復興」や「再生」をどのように考えればいいのか、また被災地における外国出身者との共生のあり方といったテーマが論じられた。

（福田　雄）

意見交換採録

福田　初めに小西監督から、この映画を撮ることになった背景やきっかけ、大槌町にいつ頃から入られて、どのくらいの期間、撮影をされたのかについて、お話しいただければと思います。

小西　ボランティアで大槌町に入ったのが二〇一一年の八月。映画を撮るつもりはありませんでした。そこで私はいろんな人に出会えて、大槌に魅了されてしまったというのが実情です。もう一つは、「防潮堤をつくるんでしょ。またこの津波来たら怖いでしょ」と思っていたのが、この映画に出てくる人によって、ことごとく私の先入観が覆されていって。本当にシンプルな知恵を教えられたというのがありました。二年ほど経ち、この人たちの持っている素晴らしさと知恵を映像に残したいと思って、映画にしようと思ったのがきっかけです。

福田　ありがとうございます。基本的なことをお教えいただきたいんですが、「赤浜地区の復興を考える会」とは、どういう団体なのですか。

小西　二〇一一年のたしか八月ですね。小学校の体育館で皆さんが寝泊まりしているなかで、この町は沈んでいってしまうんじゃないかと。がれきの中で陸の孤島になってたんです。それで、この地域を再生させなきゃいけないと、皆さんが声かけをして、自主的に地域をどうするかと考える話し合いを、体育館の二階でしたんです。そういう、コミュニティの自主団体です。

その自主団体が復興計画を立てるんですが、高さ一四・五メートルの防潮堤をつくる国の計画を拒否。すると今度は、防潮堤の代わりのような高さ約一一メートルの道路建設の案が出てくる。そして、最終的に「復興を考える会」と川口さんは復興協議の場から外されました。国に逆らった見せしめのようなかたちで。川口さんは今、ほとんど公の

映画『赤浜ロックンロール』
提供：ドキュメンタリーアイズ

活動はしていない感じです。この映画を撮った期間、二〇一五年二月までの四年ぐらいは、川口さんと阿部さんの頑張る姿があったんですが、その後の状況は川口さんにとっては厳しいものになっています。

福田　川口さんの団体と、映画の主要人物である阿部さん、復興を考える会との関わりはどういったものなのでしょう。

小西　阿部さんと川口さんは、当時あまり仲が良くなかったんです。二人のツーショットを撮りたいなと思って、ずっと構えてたんですけど、残念ながら撮れませんでした。すれ違っても声をかけない感じで、二人とも同じ地区に住んで、もともと漁師の家系なんですけど。

福田　お互いの関係もありながら、防潮堤への反対という立場においては同じ態度をとられている。そういうことから映画の中で主要な人物として取り上げられたということなんでしょうか。

小西　防潮堤が一つの視点の切り口なんですけど、基本的にはこの人たちの持っている浜の知恵というか。川口さんも阿部さんも、ご先祖様を大事にし、後の世代のために頑張っている。決して自分だけのためではないという考え方が二人は共通していたので、お互い防潮堤に反対してたんだと思います。

基本的には防潮堤の映画というよりは、私が教えられたかれらの知恵や考え方を描きたかったんです。というか、自分の浅はかさを思い知らされたんですね。効率とか、そんなことばっかり優先していた考え方がぶち壊されたので、それを描きたかった。三年前の映画なんですけど、今思うと登場人物が多すぎました。一〇分ぐらいカットすればよかったかなとか、そんなことばかり思って今日は見ていました。

福田　ありがとうございます。それでは、社会学の立場から大槌町でずっと調査されている坂口さんにお話をうかがっていきたいと思います。坂口さんは、大槌町といつからどのように関わりを持って、現在どのような調査をされているのか簡単にお教えいただけますでしょうか。

坂口　私はもともと、調査で入ったわけではないです。前職で報道に携わっていました。東日本大震災で、大槌町は町長が犠牲になりました。二〇一一年の七月から、町長選を取材するところから大槌町に入りました。その後、前職の会社を辞めるんですが、そのきっかけはやっぱり小西さんと同じように、大槌の人たちに非常に魅了されたことです。今も大槌の人たちには「私はあなたたちのせいで会社を辞めたんだからね」というふうに言うぐらい、本当に、何に魅了されたのかっていうと、やっぱり人間らしいんですよね。生業として、漁業とともに生きてきただけじゃなくて、海に対しての価値観に共有されたものがあるところが、とても面白い町だなと思いました。

その後、研究者の道を歩むんですが、最初はまさにこの映画で題材にされている防潮堤について修士論文を書きました。その後、今は博士課程で震災遺構のことを調査しています。

両方に共通するのは、外野がとやかく言うことに私は非常に反論したい、正直むかついている部分があります。そこで生きていく人たちだからこその考え方や価値観、文化や経験値があります。それゆえの考え方、ものの見方っていうのを、もっと大切にすべきじゃないかというところから研究をしてきました。

写真：左から坂口奈央氏，小西晴子氏

福田　そのように調査をされてきた坂口さんの目から見て、この映画はどのように受けとめられたのでしょうか。

坂口　じつは私、何年か前に映画館で見ていました。タイトルのロックンロールというあたりから、すごく赤浜をよく表しているなと思っていました。始まる前に小西さんともお話をしてたんですけど、漁村部って隣の地域と仲が悪いんですね。仲が悪い、競い合うとか。それゆえに漁村を、川口さんは部落という言葉を使ってましたけど、部落、集落ごとの個性であったり、ものの見方だったりがあります。とくに私が大槌に行って思うのは、漁業者じゃない人ほど漁業者っぽい考え方をするということです。そのなかで、赤浜らしい二人だなと私も見ていたので、やっぱりこの二人を取り上げたくなるよな、というふうに思っていました。

福田　ありがとうございます。お二人にお聞きしたいんですけども、この映画のタイトルが『大槌ロックンロール』じゃなく『赤浜ロックンロール』で、より小さいというか、限定された人の集まり、集落という感じがします。大槌町にはその他にも吉里吉里《きりきり》とか安渡《あんど》とかさまざまな浜浦があるんですけれども、その中で大槌特有の魅力とか人々の気質といったものを、お二人の視点から教えていただきたいんですが、いかがでしょうか。

小西　私はたまたま大槌に行って、たまたまこの二人と知り合いになりました。なので、他の地域の人はあまり深くは知らないので、そんなに比較できないです。

坂口　どういう漁業をやってきたのかというのが、ものすごく浜に反映されていると思います。震災前の漁業のあり方だけでなく、三陸沿岸で言えば昭和五〇年代頃まで盛んだった北洋サケ・マス漁という遠洋漁業がありました。年に二回しか、お父さんたちは帰ってこないので、オカ(陸)にいるのは女、子ども、お年寄りだけでした。そういったなかで、女性たちというのがどう生きてきたのか、どうやって生活してきたのかっていうあたりが、とくに震災の後、「この地域をなんとかしていかなきゃいけないんだ。食っていかなきゃいけないんだ」という考えになったときに、漁業を通じていろんな人たちと助け合っていた時代に得た価値観や経験をもとにして、まちづくりを考えていくところにすごく通じている部分があると思っています。川島秀一先生という民俗学の先生が、「かつての漁撈集団がよみがえった」というような表現をされていますが、私は、大槌町はそういう場所だと思っています。

福田　女性たちのことが話題に出ましたので、お二人にお聞きできたらと思うんですが。例えば、赤浜地区の復興を考える会で集まっている面々は男の人が中心でしたよね。一方、そうじゃない、浜の漁師たちを支える女性も赤浜にいらっしゃると思うんです。男女の防潮堤への考え方とか、震災後の生活に対する考え方とか、そうした観点から、映画を撮影する、または調査するなかで感じたことがあればお教えいただきたいです。

小西　復興を考える会にも女性がいます。小豆嶋映子《しょうずしまえいこ》さんという、会の事務局をやっていらっしゃる方がいます。もともと網元の娘さんで、彼女の物語はテレビ番組でつくっていたので、映画ではあまりフィーチャーしていないのですが。阿部さんのお母さんの京子さんも出てきます。「働いても働いても楽になんなかった」っていう彼女の言葉がすごく印象に残っています。あと、「今の大槌は復興の産業で潤ってるけど、巨大な防潮堤をつくるのは税金の無駄遣い、維持費もかかるし、将来の大槌を考えればペケだ」っていう言葉があって、もう本当に端的に本質を突いていて。京子さんの言葉から賢《かしこ》さを思いました。

京子さんは、大槌の上映会では「女優京子ちゃん」って言われていました。この映画は男がいっぱい出てくるので、ちょっと登場人物が多すぎたなって思っています。もうちょっと京子さんにフィーチャーしてもよかったかなと思いますが、魅力的な女性たちに私は会いましたね。ただ、やっぱり男の世界と女の世界が分かれていると、先ほど坂口さんもおっしゃっていたので、そのあたりの話を聞きたいです。

坂口　震災以降の調査では、赤浜は防潮堤のことでも非常に有名になったんですが、もう一つ震災で注目されたのは、民宿の上に観光船「はまゆり」が乗り上げた光景でした。誰もが見たインパクトの強い光景です。この観光船は震災から二か月後に撤去されるんですが、その復元のあり方、意味づけをめぐって、じつは復興を考える会の中で対立が起きました。

先ほど小西さんから、川口さんのその後のお話がありましたが、私の見方は少し違っています。川口さんはやっぱりあのとおりなので、半ばちょっと独断と偏見で進んでいくんですね。じつはそれで年月が経つにつれて、地域内から不満の声があがっていきました。それはやはり、非常時から平時に変わっていくタイミングを表していたんじゃないかと思います。

　その中の一番大きな事例が、その観光船「はまゆり」をめぐる問題でした。じつは、京子さんも含めた地元の赤浜婦人会の母ちゃんたちは、この観光船を復元させることが雇用創出にもつながるし、観光の目玉にもなると初期から訴えていました。でも川口さんたちは、そこを見せ物にするなんてとんでもないと。川口さんは震災で家族三人を亡くされていて、赤浜の一割、九四名の方が亡くなっているのです。ただし、鎮魂という意味で観光船を復元させることには賛成でした。

　結論は同じなんだけれども、その過程の考え方が違うので非常に対立しました。川口さんが残念だったのは、婦人会の主要メンバーを排除したんですよね。そういったことから、婦人会の主張に対して一部の住民たちも「ちょっと、どうなんだ?」って言ってた人たちもいたんですけれども。たとえ地域の中でも二割弱の人しか漁業者がいなかったとはいえ、やっぱり漁村部、助け合って生きてきた。とくに赤浜地区は遠洋漁業が盛んな地域でしたし、その前は突きん棒漁とか、明日は我が身という世界だったわけです。生と死っていうのが日常生活のリズムの中に織り込まれていたわけで、だからこそ互いに助け合ってきた地域だけに、排除だとか対立が起きてしまうと、「いやいや、それはまずいんでねえの」っていう声があがったというところはありましたね。なので、川口さんがその後、表舞台から一歩引いてるというのは、地元の母ちゃんたち、そこで生活してきた人たちの論理が大切にされた部分があったのかなとは思っています。

映画『赤浜ロックンロール』より
©ドキュメンタリーアイズ

福田　ありがとうございます。もう一つ、この映画の中で、明示的ではないですけど非常に重要な登場人物がいたと思うんです。それは亡くなった方々です。迎え火のモチーフも何回か出てきましたし、灯籠流しも出てきました。浜で生きてきた方々の先祖という遠い死者もいますし、震災で亡くなった死者もいらっしゃると思うんです。川口さんの語りの中で、「翔也ちゃんの遺体が出てきません。じいじ、この赤浜を守ってくださいね」というようなことをおっしゃっていました。亡くなってしまった翔也ちゃんの思いを引き継いで防潮堤に反対するとか、この浜をつくり上げていく。亡くなった方も今の浜において非常に重要な登場人物であると思うんですが。その点はいかがでしょうか。

小西　私は申し訳ないと思いつつ、とにかく不思議な心の落ち着きを覚えました。かれらは、ご先祖様が霊になって帰ってくるときに「ここにいるから迷わないで帰ってきてね」という意味で、毎日お墓で松の枝を燃やします。なんて言うか、自分のちっちゃい頃は、西の空に夕日がぽっかり浮かんで、草っぱらで遊んでたんだけど、カラスが鳴くから帰ろうみたいな、そういう子ども時代だったんですけど、それがすごい思い出されてきて。何か自分の中の眠っていた原始的なエモーションが戻ってきた感じでした。

だから多分、私の原体験、文化的なバックグラウンドにあるような気がするんです。そのへんを文化人類学者に聞いてみたいですけど。眠っていたものを呼び起こしてくれた、私の中にやっぱりあったもの、その原点みたいなものに対するリスペクトですね。それを描きたいと思っていて。それが成功してるかどうかっていうと、もっと直したいなとかいろいろ思っちゃったんですけど。でも、あの世とこの世の近しさっていうか。人間がすべてをコントロールできるっていう傲慢さとは別の精神世界というものを、三陸では思い起こさせていただいた。今までの効率主義へのアンチテーゼとしてもつくりたいと思ってたんです。

福田　ありがとうございます。坂口さんはいかがでしょう。

坂口　東日本大震災の特異性って、行方不明者が多いことだと思うんです。それゆえに震災以降も、ある意味、特別なものの見方が出ていると思っています。

そのなかで赤浜だけに限らないんですが、大槌のとくに浜の方では、震災前まで葬儀が特別な意味を持っていました。昔ながらの歩く順番があり、先頭から誰が何を持つのかっていうのが何十年間変わらずにきていた、というお話があります。粛々と亡くなった方たちを受け入れるとともに、ちょっと「えっ?」と思ったのは、葬儀の中で、あるものを盗む人たちがいるんですよね。塔婆《とうば》であったり、持ち物の中に「竜の頭」というのがあって、それをこっそり盗む漁師さんがいました。これは豊漁になるという言い伝えから、ある意味、盗むということは暗黙の了解という部分もあったようで、いつの間にか戻っているということがたびたびありました。

というふうに、どこか人が亡くなるということを――先ほども生と死というのが日常生活の中に織り込まれていたという話をしましたが――、抗《あらが》うことなく受けとめて、いかにして生きていくのかっていう知恵が葬儀に表れているわけです。福田さんがおっしゃった、亡くなられた犠牲者の人たちが登場人物というのは、まさにそのとおりだなというふうに思いました。

福田　この後は、会場の方々の質問を受けたいと思います。小西さんはこの映画の次の作品をつくられているそうですが、この映画以降の町の変化、現在の姿、そして未来の大槌の見通しについてどういう状況なのか、小西さんと坂口さんから少しお話しいただけますか。

小西　二〇一五年の三月にテレビ番組を一本つくり、今年（二〇一八年）の三月にテレビ番組を一本つくりました。一つの視点は地方自治のあり方です。二〇一〇年度の大槌町の一般会計予算は歳入の方はだいたい六六億円で、そのうち自主財源である町税が一〇・六億円ぐらいあったんです。六分の一ぐらいが自主財源。ところが二〇一七年度に関しては五四五億ぐらい、八倍強ぐらいの歳入規模になったんです。ですが、自主財源は九・七億だったと思いますが、震災前に戻ってない。基本的にお金はいっぱい入ってくるんだけど、自主財源になるようなかたちで仕事に還元されてないという現実があります。なので、そのお金どこ行っちゃったの？　というと、東京に行っちゃったのが一つの現実です。もう一つの視点は、「中央の一律の計画に乗るといいことばっかりじゃないから気をつけようね」というものです。「住民頑張れ」という。復興計画によって徐々には進んでいるんですが、なかなか復興が進まない現実を描いたかたちのものです。

ちょっと皆さまのご意見もうかがいたいと思っているのは、漁業法が改正になるだろうということです。漁協に優先的に与えられた漁業権が、その漁協が適切かつ有効な管理がされてないと認められるときは企業に与えられるとか、企業にも平等に与えられるということに改正されるそうなんですね。そうすると、浜の生活というものに企業の論理が入ってくる。漁師さんが体を張って愛情を持ってワカメやコンブを育ててるのは、効率の悪いことなんですけど、やっぱり本当に好きだしお金になる。そういう世界に資本の論理はなじまない。また、資本が参入してもし立ち行かなかったら、会社が倒産した後、浜をメンテナンスする人がいなくなる。浜の生態系とか精神文化というものが、そうでなくても防潮堤で分断されそうなのに、さらに追い討ちをかけるんじゃないかと、とても不安に思っています。

福田　ありがとうございます。では、坂口さん。

坂口　じつは、大槌って岩手県の被災した沿岸の中では唯一、非常にいい話があって、出生率が上がってるんですね。これをどうとらえていくかという部分はあって。そのために大人が頑張んなきゃいけないというなかで、どう食っていくかというところが、大槌町民の人たちもそれぞれ危機感を感じている部分です。けれど、なかなかそれが実行性を伴っていかない。旧庁舎の話になれば、未来の人が考えればいいなんていう、どこか無責任な話も出てきてしまうこともあります。

映画『赤浜ロックンロール』より
©ドキュメンタリーアイズ

いろんな社会課題が、やっぱり災害から七年半経ってしまうと大きくなって、どんどん変化していっているなかで、どう向き合っていくのかというのが、震災前に大槌町で蓄えられてきた経験値がいかに生きるのか、試されるのかなというふうにも私自身は感じています。

福田　ありがとうございます。この機会に会場の皆さんから、小西さんあるいは大槌のことをよくご存じである坂口さんに、何か質問等ございますでしょうか。

参加者1　僕自身、岩手県の陸前高田《りくぜんたかた》という被災地出身で、質問したいのですが。川口さんが言ってたとおり、自然をないがしろにしては復興はないということと、あと、人工物ができても意味がないなっていうことをおっしゃっていたんですが、僕自身が考える復興、これができたら復興だっていうものは、津波でいろんなものが流されて、人が流されて。なくなってしまったコミュニティの再生というものがなければ復興ではないと思っているのですが、小西さんと坂口さんのお二方に、どうなれば復興が完成したといえるのか、どう考えているのかっていうことを聞きたいと思いました。

小西　難しい質問ですね。どうしたら復興といえるのか、やっぱりコミュニティが再生してほしいなと思って、ずっと追っています。だから、まだ、ずっと撮影をしようと思ってます。そのコミュニティの再生のために何が必要なのかっていうのは、今、頭をぐるぐる回っててわかりません。一緒に考えましょう。

坂口　私は三年前から大槌町で、元気なご近所づくり事業の地域アドバイザーをしています。そこで安渡と赤浜を主に担当しているんですが、そのなかで心がけているのが、大槌の場合は各浜ごとに震災前は小学校がありました。学生の数は少なかったけれども小学校があった。その小学校があったことでPTAがあって、いわゆる町内会はない地域が多かったんですけれど。その地域を担っていく主体となる五〇代、六〇代以上の世代の次の世代、ある意味リハーサル期間となるような組織がPTAだったわけですよね。それが今はまったくなくなって、子どもたちもいないという状況にあります。それをそのままにしていいわけはなくて、そこで生きている世代、例えば三〇代、四〇代とか、ある程度、例えば安渡や赤浜で生まれ育って地域のことも知ってて、「もう一回あの賑わいを取り戻したいよね。何とか頑張っていきたいよね」っていう人たちに……。地域づくりなんて、けっこうおこがましいと私は思っていて。

地域づくりというよりは、なにげないこと、例えばごみを捨てるときのなにげないルールを、一緒に「そうだよね、ここ気をつけようよね」って、そのなかから互いに顔がわかって、何かあったときに「あそこの家でたいへんらしいから、ちょっと手伝いに行こう」とか、そういう小さな関係性を一日単位でどうやって積み重ねていけるかというところだと思うんです。

三陸沿岸の出身とさっきおっしゃっていましたが、被災地域の人たちほど、震災前のおんなじ状況に戻したがるんですよね。でも、それって実質的には無理なわけです。なぜならば人口が流出してしまっているからです。であれば、今ある状況のなかで、震災前に大切にしてきた伝統芸能とか文化だったり、それらを少しずつ細々とでも互いにその良さを分かち合えたり。映画の中に何度も出てきた蓬莱《ほうらい》島《じま》っていうのがあります。蓬莱島はじつは、漁師さんたちが海に出航するときと戻ってきたときに必ず船をそこに寄せて、日本酒を振りかけて「無事に戻ってこれますように」、また戻ってきたときは「無事帰ってこれました。ありがとうございました」という場所です。そういう一つひとつの地域資源と呼ばれる、大切にしているものの意識が、どうやってつながっていけるのかというところが、私は、地域づくりの一番大事な部分なのかなというふうに思っていました。

福田　ありがとうございます。ほかに質問のある方、いらっしゃいますか。

参加者2　私は個人的な研究テーマが外国人との多文化共生なんですが、実際に現在、災害地域、被災地域では人口が流出して、その穴埋めになっているところがおそらく外国人人材とかで、例えば水産加工工場が外国人の実習生を雇っている状況があると思うんですね。それが大槌町の場合はどうなっているのかを、もしご存じであれば教えていただけますか。

坂口　私もその話は聞いていました。ただ、今の大槌って個人漁なんですよ。要は、例えば、定置網は漁協でやりますし、集団でやる業っていうのがあまりない状況なんですよね。なので外国の方を雇った漁っていうのは、実質、大槌では私はあまり聞いてないです。ただ、気仙沼なんかだと外国の方たちが入っている。船の上でそのまま生活しているというのは聞いていました。ただ、その問題として大槌でも漏れ聞こえているのは、今の社会問題と同じですけれども、非常に安い賃金で雇われているっていう話です。

福田　ありがとうございます。本日は、お二人の意見交換も含めていろいろ勉強させていただく機会となりました。

『ガレキとラジオ』を観る

◉登壇者
山国秀幸 やまくにひでゆき／『ガレキとラジオ』エグゼクティブ・プロデューサー
山内明美 やまうちあけみ／宮城教育大学社会科教育講座准教授
ファシリテーター：**福田 雄**

二〇一九年一月一五日　東北大学川内北キャンパス講義棟B棟一〇一室

報告

『ガレキとラジオ』は東日本大震災によって大きな被害を受けた宮城県南三陸町《みなみさんりくちょう》で、防災・避難情報を届ける災害ラジオ局として一年間限定で活動した「ＦＭみなさん」を追ったドキュメンタリー映画である。本作のエグゼクティブ・プロデューサーの山国秀幸氏と、南三陸町出身で三陸沿岸部の農漁村をフィールドとする宮城教育大学社会科教育講座准教授の山内明美氏を招き、二〇一八年度七回目となる災害人文学研究会を開催した。東北大学内外の教員、学生、市民計四六人が集まり、映画の上映および意見交換の場がもたれた。

「ＦＭみなさん」のスタッフは自らも被災したラジオ未経験の町民ばかりだった。「被災地だからこそ、この町にはもっと笑顔が必要」と、町のためにできることを考えたスタッフらは、町民へのインタビュー、子どもたちのクリスマスイベント、震災で結婚式を挙げられなかった人や思い出の写真を失ってしまった人のための門出の式を次々と企画し、町の再生のために動き始めた。震災によって多くのものを失いながらも、前を向き歩み続ける人々の活力をとらえたドキュメンタリーとして、今なお南三陸町内外の人々の心を打つ映画である。

上映後の意見交換では、まず山国氏から映画がつくられたきっかけと登場人物の現在の状況が伝えられた。震災直後から震災に関する映画が数多くつくられると予想し、何十年後にも鑑賞され記憶の風化を防ぐ前向きな内容の映画にしたいという制作意図があった。映画の完成後に南三陸町で行った町民向けの上映会は喜ばれたという。

南三陸町出身の山内氏は、本作が撮られた時期と比べ、現在の町の人々は元気をなくしており、本作により震災直後の風景を町の人たちに思い出してもらいたいと語った。ただ、遺体の写真が映る場面が含まれており、遺族を含む町の人たちが本作を今後鑑賞する上で扱いを検討してほしいと伝えた。

本作ではナレーターが「死者」として語り、作中では娘と孫が行方不明となった女性の存在が印象的である。死者の存在を映画に登場させたことについて山国氏は、ナレーターが死者を代弁し前向きな思いを語ることで町の人たちに安心をもたらせ、被災地以外の人たちに震災の状況をわかりやすく伝えるため、家族が見つからない女性を登場させたと語った。

（是恒さくら）

意見交換採録

福田　本日の登壇者お二人を紹介いたします。山国さんは、さまざまな映画のプロデューサーとして、最近は原案も書かれて精力的に活動されている方です。最近では介護をテーマとした映画を制作され、各地で自主上映会を開かれています。山内先生は宮城教育大学で社会学を専門とされ、この映画の舞台である南三陸町のご出身です。本日は研究者として、教育者として、そしてまた作品の舞台の町の出身者として、この映画についてお話をお聞かせいただけたらと思っています。

では、まず山国さんからお話をうかがいます。この映画をつくることになったきっかけ、そして実際にこの映画を南三陸町の皆さんはどういうふうに受けとめられたのかということ。そして、この映画が撮られたのが二〇一二年で、完成されたのが二〇一三年。そこからもう六年が経とうとしている。つくられたときと現在と、時間が経つなかで、今この映画をどのようにとらえられているのか。過去、現在、そして未来、そのような時間軸の中でお話しいただけたらと思っております。

山国　山国です。この映画は二〇一一年、震災があった日にちょうど僕はこの映画の制作をした博報堂という会社で打ち合わせをやっていました。別の映画の打ち合わせをしていたんですが、震災が起きた結果、その映画が中止になってしまった。ちょうどその流れで博報堂のCMをつくっている梅村（太郎）さんという監督がすぐに南三陸に入ってて、帰ってきて僕に、ぜひ映画をやりたいと。僕はプロデューサーという仕事なので、映画をつくるお金を集めるんですね。なので、何とかつくる費用を集めてほしいという依頼があって。僕はそのときは非常に迷いました。おそらくこれから震災をテーマにした映画はたくさん出てくるんじゃないかな、というような思いがありましたし、この映画で一儲けするみたいにとらえられるのも何か嫌だなというような思い、それから僕自身が非常に陽気な人間ということで、重いものを自分でつくるのはちょっと嫌だということもあったので、悲しい側面だけではなくて前向きな映画をやりたいという話を、監督としていました。

　そのなかで監督が、何十年経っても色褪せないような、子どもたちが一〇年後、二〇年後、三〇年後見たときに「ああ、こういう町だったな」って前向きな気持ちになるような映画をつくりたいと。ギャラもいらないという話があって、ノーギャラで博報堂の全力を注ぎますというお話があって。僕はそれに感銘を受けて、じゃあ、やりましょうと。この映画で僕は儲ける気はないと。なので、とにかくかかった費用が全部回収できたら、それ以外は町に還元しようということで、そういう思いでやって、結果的にナレーションが役所広司さんなんです。役所さんはボランティアなんですね。ノーギャラで参加をされましたし、「MONKEY MAJIK」っていうアーティストもまったく無償で楽曲を提供してくださった。映画を通じた復興支援と

映画『ガレキとラジオ』
提供：映画「ガレキとラジオ」製作委員会

して、いろんな気持ちの部分と経済的な部分をちゃんと還元できるようにという思いで、この映画をつくりました。

一年ぐらい撮影に行って、最初はこのラジオ局ではなくて、いろんな南三陸を撮ってたんですが、そのなかでこのラジオ局に着目をして。ラジオ局のスタッフの目を通した南三陸町を撮った方がいいんじゃないかってことで、途中で『ガレキとラジオ』っていう名に変わったんです。最初は『一歩』という映画の名前だったんですね。それが『ガレキとラジオ』ということでやって。本当はクリスマス、年末で撮影を終える予定だったんですが、年末が近づいたとき、三月三一日でラジオ局が閉じるという話が出てきて。これはもう、最後まで撮りきらないと意味がないよねということで、三か月間延びたんです。その間のお金の問題とか、スタッフは三か月間ずっと南三陸町に張りついてましたんで、その後の予定もみんなくるっちゃったんですけど、結果的に、みんなで協力し合って三月三一日まで撮りました。

映画が完成した当時、僕らは何が一番怖かったかというと、もちろん南三陸町の方々に見せたいですが、被災地以外の方々に見てもらって、広めてもらって、風化を防ぎたいとか、支援に回りたいとか、いろんな思いがあったんです。出来上がって早々、映画でも出ていたホールで南三陸町の町民向けに映画上映をやったんです。僕は、そのときはもう本当にドキドキしてたんですけど、結果的に皆さんにすごく喜んでいただいてて。死者がナレーションという設定も、役所さんのキャラクターもあるんだと思うんですけど、非常にあったかい気持ちになれたとか、「僕はこの

左から山内明美氏，山国秀幸氏

町が大好きだ」っていうセリフはやっぱり、町に住んでる方からすると共通の思いだと思います。南三陸町の皆さんに、映画が良かった、ありがとうということをおっしゃっていただいて、すごく肩の荷が降りたんです。本当のところはどうだったかは、つくり手側がいましたので本音のところはわからないんですけど、その場ではそういうコメントをいただきました。

それから映画を公開して一年後ぐらいは、どんどん上映会が広がっていったんです。ボランティアで行った経験がある方とか、いろんな団体が主催者になられて、会場を借りて地域の方を呼んで、映画を見て東北を思おうということで広がっていったんですが、やっぱり一年ぐらい経っていくと、だんだん減ってきました。現実的にはこの映画は今、一年に数回ぐらいしか上映されないです。主催者の方々が以前はたくさんいたんですけど、やっぱり上映をするためには会場にお金を払って、上映料を払って、とやらなきゃいけないという状況のなかで、お客さんが集まらなくなっていったんです。

復興支援の映画を、やっぱり一般の方々はなかなか見に行きたいという流れにはならなくて。主催者はいるんですけど、見たいお客さんがいない。そうなると赤字になってしまうので、二回、三回と繰り返して開催することができなくなってしまう。本当に今日なんかは珍しくて、だいたい3・11が近づくと数か所でやるということで続いているような状況です。僕らも思いを持ってつくったのはいいんですけど、なかなか現実的には広がるということが八年経ってできてないなというところですね。

あと、僕はいろんな本音があって、ちょっと話せば長くなるんです。報道の騒動(編註:本作の演出手法を批判する報道をめぐり議論が起こった)がきっかけで現地の方々と仲良くなったという経緯もあって。じつは昨日は南三陸に行ってきて、映画に出ているおばあちゃんに会ってきました。今日は町長とお会いしてきたんですけど、できるだけ機会があれば現地に行って、お話を聞くぐらいしかできないなと思いつつ。震災の映画、災害の映画をそのまま災害の映画として広げるのは難しいと思ってはいるんですけど、自分たちが関心を持っているテーマに災害のことをのせていくということで何かできないかってことを、被災地に入るとすごく思います。今後は何かそういうことを、映画づくりとしてはやれたらなというふうに思っているところです。

福田　ありがとうございます。本日上映したブルーレイの映画の後には、出演者の方々の現在の状況も収録されている部分があります。出演者の方々の現在についても少しお聞かせいただくことは可能でしょうか。

山国　つながってる方は一部なのと、僕はプロデューサーとしてドキュメンタリーに関わるのは初めてだったんですけれど、ドキュメンタリーの生々しさと言うんですかね。映画の後半では、役所さんのナレーションで「南三陸町の人たちは頑張っていくだろう」というすごく前向きなコメントにはなってるんですけど、やっぱりこの映画を撮った後、皆さん元気なときと、そうでないときの波がありました。

僕は二年前に和泉（博文）さんにお会いしたんですけど、そのときはすごく元気でした。それから一年経ったときに、たまたま知り合いが南三陸町に行くので和泉さんに会いたいと言ってるから、和泉さんに「どうですか？」っていう話をしたら、もう今はそんな気持ちになれない、と。いろんな事情があったりするので、今はそんな、映画を見てよろしく、みたいなことは言えないと。映画公開が終わったときはものすごく元気で、たくさんの方が行って、みんな和泉さんと写真撮ったりしてたんですけど。やっぱり、人生って生々しいなということをすごく感じました。

映画に出てくるおばあちゃん、幸子《さちこ》さんもともとは仮設に住まれていて、映画に映ってるのは八〇世帯ぐらいある仮設住宅だったんです。それが二年前に一軒家を建てられて、そこに引っ越しされたんです。僕は、そこに昨日行ってきたんですけど、非常にきれいな一軒家で広くて、「よかったですね」って言うと、ちょっと元気がなくて。二年前お会いしたときの仮設では、みんなおばあちゃんちに集まってワイワイやってたんですけど、一軒家になると全然そういう機会がない。一軒家が五つぐらい並んでるんですけど、そんなに交流はなくて、「みんなが違うところに行っちゃったから、もう、ほとんど一人でいるのよ」っておっしゃってます。一人でいると暗いことをいっぱい思い出すから、何かやっていればあっという間に時間が経つからと、ひたすら造花や人形をつくってるっていうことをおっしゃってます。

見える景色がどんどん変わっていくんですけど、気持ちの部分はやっぱりまだ引きずっておられる方がたくさんいる。昨日二時間、幸子さんとしゃべったんですけど、後半は亡くなった娘さんとお孫さんの話で涙ぐまれて。やっぱり心の中はまだまだ癒えてないなという感じがすごくしております。

あともう一人、平形《ひらかた》(有子《ゆうこ》)さんという女性は長野県の上田市の教育施設で働いています。彼女は非常に強くて、いつも元気をもらってるんです。本当にいろんな方がいるし、元気な人も波があったり、工藤(浩典)さんというリーダーの方も、終わった後はもう全然元気がなくて、インタビューを撮りたいという話もしたんですけども、そんな気持ちじゃないと。でも、今は「なんで撮りに来ないの?」って言ったりするんですね。僕ら自身もそうだと思うんですけど、人生の波があるなかで、皆さんそれぞれ苦労したり、悲しい思いを思い出したりしながら、一生懸命生きてるんだなということを、すごく思います。

福田　ありがとうございました。では続いて、南三陸町出身である山内先生から、研究者としても教育者としても、さまざまな観点があるかと思うんですけれども、この映画についての感想や学ぶべきことをお話しいただけたらと思います。

山内　山内と申します。どうぞ、よろしくお願いします。

最近、私はこういうところに来るときに必ず申し上げるんですが。私は南三陸出身なんですけれども、私の実家は入《いり》谷《や》地区っていう津波が来ない山あいにあって、家族も存命しております。ですから被災当事者として語るってことはできないということを、まずお話ししておきたいと思います。この映画を見せていただいたのは今日が二回目です。南三陸でも上映会をされて、たくさん人が来て、みんなで話題になっていた作品です。

今、あらためて見ると、今日の会場には南三陸にお越しになった方がどれぐらいいるかわからないんですが、たいへんに被災地が激変しております。今は、盛り土が一〇・六メートルあります。防災庁舎なんか見下ろすばかりのような状況になっておりまして、津波の後の南三陸の風景が「ああ、こんなだったよな」ということをもう一回思い出すという映画になっています。

「FMみなさん」が活躍していた時期というのは、あのベイサイドアリーナは、初期の頃は避難所になっていて、ホールの方は可動式の椅子が動くんですけども、遺体の安置所になっていて、線香の匂いがしてたんです。しばらくは役場も仮設が建つまでは、あそこに仮設の庁舎があって役場の人たちが常駐してたりして、とにかく情報を得るためにはあそこの体育館の中に向かうというようなことになっていました。

　そこで「FMみなさん」のラジオが流れていると、ほっとしたというのを私自身も覚えています。何しろ、音は防災無線がまず直後は壊れていて、厳密に言うと一つだけ無線があって、それはトランシーバーが一〇個だけ、震災の前年に一〇億円かけて防災アンテナを付けたんですね。それがなければたいへんだったんですが。役場と消防署と消防団がいるんですね。トランシーバーは消防団の団長と七人の副団長が各家に分散して持っていて。地震のあった直後は余震が毎日で、とにかくみんながどうしてるかって情報が欲しいような時期で、映画で皆さんが話していたように、とってもありがたいことだったんですね。今見ても思い出すことが多くて、むしろ、南三陸の皆さんにもう一回見てもらうと、「ああ、こういう状況だったよな」となるんじゃないかと。山国さんがおっしゃったように、今、この頃よりもみんな元気をなくしているということは、ある意味で真実です。これから時間が経つにつれて本当にしんどくなってくるなということは、私も切実に感じているところです。

　出身者として言うと、星幸子さんの亡くなった娘さんは私の高校の同級生でした。見つかってないんですね。それから「FMみなさん」で頑張ってた芳賀《はが》(淳《あつし》)君も同級生です。それぞれ今、一生懸

映画『ガレキとラジオ』より
©映画「ガレキとラジオ」製作委員会

命に仕事もしてるんだけれども、この直後は事業所はほとんど再開してませんので、とにかく人手も足りないけど仕事もないっていう状態になってて。今、ようやくぽつぽつ立ち上がってきたけれども、ちょっとまだ自分たちの生活を再建できるっていうような状況にはありません。トラックの運転手をされてた和泉さんは、今、被災地のいろんな工事現場でお仕事されてると思いますけれども。

そういうふうに南三陸に行くと、例えば震災直後だったら高台移転するために遺跡の発掘をしてる現場があったり、そこでは知ってるお母さんがあるとき、仕事をしてて。次の週にちょっと漁師さんのところで話を聞こうと思って行ったら、おんなじお母さんがそこでカキむきしてたり。さらに学生を連れて合宿所でフィールドワークのために行ったら、そこで今度はごはん炊きをしてるとか。同じお母さんですよ。だからもう必死ですよ、みんな。子どもを育てるためにいくつも仕事をかけ持ちしてるという状況で、今、本当に生きるためにみんな必死でやってるということです。

ただ、一方で、町のサイズが非常に大きくデザインされてしまって、これで大丈夫なんだろうかっていうようなことも、みんな不安に思ってたり。たくさんいろんな材料があるなというふうに思っています。私は専攻の社会学から、被災地の課題に向かっています。この前の一二月には、学生たちと一緒に南三陸に、調査の前々準備ぐらいですけれども行ってきました。非常に長い時間かかりますね。自分が生きてる間に解決がつくようには思ってないんですけれども、関わっていきます。

福田　ありがとうございます。私自身も、この『ガレキとラジオ』を大阪で二〇一三年に見まして、また今日二回目を見たんですけども、一つ疑問があります。ラジオ局の皆さんを中心に描かれてきた映画なんですけども、星さんは必ずしもこの映画の中ではそこまで深くラジオと関わっている感じではなく、あともう一つ、ナレーターの役所広司さんですね。星さんとナレーターがなぜこの映画に必要だったのかということを、疑問に思っていました。

おそらく何か理由があると思うんですね。それはやはり、震災を語れるのは誰か、という問題であって、つまり、星さんと話していた方が「遺体は見つかった」っていうことはやっぱり語れないというふうにおっしゃる場面があったと思うんですけども、生きてる人、遺族であっても語れることと語れないことがある。震災を本当に語れる人はやはり、亡くなった方々であるから、それを代弁する人が必要なんじゃないかといろいろ考えさせられたんです。星さん、そしてナレーターを入れた意図があればお教えいただけたらと思います。

山国　死者の代弁をする、ということで、じつは役所広司さんは大反対したんです。これは冒瀆《ぼうとく》じゃないか、ということをすごくおっしゃって、僕もすごく悩みました。この映画は監督が二人いるんですけど、その監督からのアイデアが出てきたんです。なので、すごく迷ったんです。ただ、映画としてわかりやすくしていかなきゃいけないと。ドキュメンタリーをご覧になっている方はおわかりかと思うんですけど、この『ガレキとラジオ』という映画はドキュメンタリーなのかという議論があって。僕らは震災被災地の生々しいものを届けるということではなくて、普段ドキュメンタリーをご覧にならないような、どちらかというと、そんなに問題意識が高い方じゃない方々にご覧いただきたいという思いがありました。そのなかでわかりやすくするためには、亡くなった方を代弁するということがいいんじゃないかという側面と、やっぱり町の方々に、なんて言うんですかね、安心してほしいというか、亡くなった方々が多分こう思っているんじゃないかなと代弁することで、南三陸町の方々にあったかい気持ちになってもらう、安心してもらう側面もあるよねってことで、すごく議論をして、最終的には役所さんも納得されて、この設定にした経緯があります。なので、震災を死者が語る、代弁するということだけではなくて、いろんな側面からこういう設定にしたのです。

星さんは途中から加わりました。リスナーがどういうふうにこのラジオを聞いていたのかを取り上げていくべきだと話すなかで、何人か候補の方々がいて同時に追いかけてたんです。そのなかで、ご家族のご遺体がまだ見つかっていない、消化しきれない思いを持たれている星さんは、取材した方の中ですごく印象深くて。現地のカメラマンと監督含めて、星さんを取り上げていきたいという流れで登場してもらいました。

福田　ありがとうございます。この映画が「あの日、僕は死んだ」と始まって、最後が「この先ずっとみんなと生きていく」と、死者が生きていくという宣言をするんですが、それはやはり、亡くなった方がこの町の未来においても重要な存在として描かれたのかなというふうに感じました。山内先生の方から、この点で気になったことなどございますでしょうか。

山内　一点だけなんですが。今後、もう一回南三陸で上映を、ということを先ほど申し上げたんですが、やっぱり、ちょっときつい場面があるんです。南三陸の警察署の中の場面で、遺体の写真のところですね。それはやっぱり、遺族で自分の家族があそこに写ってる状況って、やっぱりしんどいなというのが率直なところです。もしＤＶＤにされるときは、そのところは検討していただきたいということは、ちょっと思っておりました。あと、この時期のみんなの気持ちとか、今もうみんな仲間がばらばらになってきてて、もう一回やっぱり当事者たちも見返してみる時間が必要かもしれないなというのをつくづく、拝見して思い返させていただいたなと思います。

映画『ガレキとラジオ』より
©映画「ガレキとラジオ」製作委員会

山国　そうですね。ご遺体の写真の場面は、じつはすごく議論をしました。僕はすごく反対をしたんです。監督が絶対出したい、ということだったんですね。やっぱりつくったときと今とはもう全然状況が違うので、結論から言うと、僕はもうあのシーンは隠した方がいいなと思っています。当時の監督の思いは、どろどろしたところを描いてない映画なので、何かファンタジーみたいな終わり方をするのは嫌だということをすごく言ってて。あそこだけが震災の生々しさを強調したので、どうしても入れたいということで。じつは大げんかをしたところでもあります。多分ですけど、今、監督が見ると、僕と同じことを言うと思います。今はもう、あのシーンをカット、もしくはモザイクをかけると言うんじゃないかと思います。

福田　ありがとうございます。ドキュメンタリー映画を見るなかで何度も思わされたことですが、本当に生《なま》ものであって、震災直後に見たときと、五年後、一〇年後に同じ映画を見たときというのは、やはり受け取られ方も、そこからの想像力とか、癒しといったものも、どんどん変わっていくだろうと考えさせられました。本日はどうもありがとうございました。

『おだやかな革命』を観る

◉登壇者
渡辺智史　わたなべさとし／『おだやかな革命』監督
土屋範芳　つちやのりよし／東北大学大学院環境科学研究科研究科長、教授
ファシリテーター：**是恒さくら**

二〇一九年二月五日　東北大学川内北キャンパス講義棟B棟一〇一室

報告

『おだやかな革命』は、東日本大震災の原発事故後に福島県で立ち上がった会津電力と飯舘《いいたて》電力、岐阜県、秋田県、岡山県の再生可能エネルギーの実践などいくつもの事例を取り上げ、エネルギー自治とこれからの時代の「豊かさ」を問うドキュメンタリー映画である。本作監督の渡辺智史氏と、東北大学大学院環境科学研究科研究科長、教授の土屋範芳氏を招き、二〇一八年度八回目となる災害人文学研究会を開催した。東北大学内外の教員、学生、市民計五一人が集まり、映画の上映および意見交換の場がもたれた。

渡辺氏は大学在学中からビデオカメラを携え農村に赴き、民俗映像として記録していた。農村の人口減少や高齢化といった課題を知り、「ソーシャルデザインとしての映像制作」から、映画を見た人の行動を変え社会課題を解決することに可能性を見いだし、映画制作を行っている。過去には山深い温泉郷の一年を追った映画や、地域に固有の在来作物を題材とした映画を制作・発表してきた渡辺氏は、東日本大震災の原発事故を考察し、エネルギー自治をテーマとした本作の制作に取りかかった。エネルギーを象徴とし、自分たちの生き方、経済、環境を「自治」していくストーリーを描くことを目指したという。

土屋氏は地質学を専門とし、温泉や地熱を研究、社会へ実装する応用研究を進めてきた。火山や温泉の多い日本は資源としての地熱が豊富であり、資源量は世界第三位でありながら、地熱発電は日本の電力の〇・二パーセントしか賄っていない。また、東日本大震災が起きた二〇一一年の三月時点で地熱に関する日本の国家予算はゼロになっていた。原発事故を受けて予算がついたものの、大規模な地熱発電所は今なお整備されておらず、地熱は地域のエネルギーとして日本社会でほとんど認められていないという（本研究会開催後の二〇一九年五月に、秋田県湯沢市で認可出力四万六千キロワットの山葵沢《わさびさわ》地熱発電所が運転開始した）。土屋氏は、東日本大震災以前の一五〇年間で日本では電力の供給源が大型発電所に集約され、全国一律のネットワークが築かれたが、震災によりそのネットワークの危うさが明るみになったと語った。また、今後はエネルギーの社会システムが変わっていくとの予感から、本作が伝えるエネルギー選択に期待を寄せた。

（是恒さくら）

映画『おだやかな革命』
提供：いでは堂

意見交換採録

是恒　まず、渡辺監督におうかがいします。『おだやかな革命』制作のきっかけはなんだったのでしょうか。

渡辺　前作にドキュメンタリー映画『よみがえりのレシピ』（二〇一一）があります。在来作物とその種を守る人たちの話ですが、この作品を完成させた頃に東日本大震災が起きました。『よみがえりのレシピ』のテーマは「種の自治」、つまり自分たちで自分たちの食を何とかしていくということでした。その後、どういう映画をつくろうかといろいろ検討していくなかで、東日本大震災をあらためて考え、エネルギー自治をテーマに一本映画を撮ろうと考えたことからです。

是恒　続いて土屋先生におうかがいします。地熱資源の活用プロジェクトにも関わっておられるということですが、まずは『おだやかな革命』をご覧になっての感想と、この映画から私たちが学べることは何かということをおうかがいできますでしょうか。

土屋　私はもともと地質学を専門としています。地質学の一つの応用として、社会への実装という意味で、温泉とか地熱の研究をずっと前からやってまいりました。非常にエポックメイキングなことなんですが、二〇一一年の三月頭の段階で、地熱に関する日本の国家予算はゼロになったんです。三月っていうのは国の予算案が出て審議しているちょうどそのときなんですが、東日本大震災が起きる前に編成された二〇一一年度予算ではゼロになっていた。そこに東日本大震災が起きて、原発事故が起きて、いったいどうするんだと言って、一気に予算がついてくるわけなんです。現状は、もう七年八年経ってもまだ一つも地熱発電所の大規模なものはできていません（編註：二〇一八年度時点。二〇一九年五月には四万キロワットを超える地熱発電所が運転開始している）。地質学をベースにしながら地熱とか温泉を考えてきたんですが、基本的にはそれは地域のエネルギーであることは間違いないわけです。でも、それがなかなか世の中に認められなかったし、広まらなかった。その最後、二〇一一年の段階で予算もなくなってしまったという状態になったのはなぜなんだろうか。

左から土屋範芳氏，渡辺智史氏

今になって、渡辺監督がつくられた『おだやかな革命』を見ると、ある種の生き方の選択というのは、われわれはずっとやってきたと思うんです。その一つとしてエネルギーを選択したいという気持ちが人々の中にできてきた。それを可能にするようなことも少しずつ何か出てきたかなと。私はそのお手伝いをできればと、映画を見て思っています。

是恒　土屋先生から渡辺監督にお聞きしたいことはありますか。

土屋　エネルギーって難しいテーマだと思うんです。先ほど前作の映画のお話もありましたが、エネルギーの問題になぜ関心を持ったのかをお聞きしたいと思います。

渡辺　この映画のテーマに至るまでに伏線がありました。ある映画を見たんですね。東日本大震災の後に『幸せの経済学』(二〇一〇)という海外のドキュメンタリー映画が上映されていました。それは、今の気候変動や経済危機は、多国籍企業が経済活動をしていくなかで矛盾が生じて起きていると。それに対抗する、違う道の選択として地域経済、ローカル経済を自分たちで取り戻していく、つくり直していこうという映画だったんです。エネルギーってすごく社会的なインパクトが大きいと思います。

自分たちでエネルギーをつくって使っていこうという「自治」の動きというのは、地域経済を自分たちでつくっていこうというストーリーだと見直しました。それでこの映画を企画しました。エネルギーはあくまで一つの象徴で、映画の中身は自分たちの生き方、経済とか、環境も含めて自分たちの身の回りのものをどういうふうに「自治」していくのかというストーリーになっています。

是恒　『おだやかな革命』では主に水力発電と太陽光発電が扱われています。土屋先生におうかがいしたいのですが、地熱には今後、どのような可能性があるのでしょうか。

土屋　この映画を見て非常に残念だったのは、地熱が出てこなかったんです。太陽光と風力とバイオマスが出てきて、「あれ、温泉が出てこないぞ、地熱が出てこないぞ」と思ったんです。地熱発電って、多分、皆さんどこかで話は聞いたことがあるんじゃないかと思うんです。日本は火山もあるし温泉もあるから、地熱資源としては世界で第三位の資源量を持っています。

一方で地熱発電は日本の電力の〇・二パーセントしか賄ってません。ほとんど賄ってないのが地熱発電です。資源量が三番目なのに、今、日本の地熱の発電量は一〇番目になっている。エネルギーをそんなに使っていない国々は、自分たちの国のエネルギーを自立させたい、石油は輸入したくない、自分たちのお金を外に出したくない。そうすると、自分たちのところにあるエネルギーとして地熱があって、それで国を興していきたい。そういう思いを持っているんです。ある意味、小さな国の方がエネルギーの自立が進んでいるという現実があります。

日本はなかなか、そこは進まない。その理由を話すとても時間が足りないんですが、そういう意味では非常に悔しい思いをしています。世界ではそうでない国が増えてきている。それは小さな国、エネルギーをそれほど使っていない国です。今日のこの映画と同じで、小さな地域、つまりエネルギーの需要がそれほど大きくない地域の方が、じつは先端をいける世の中になりつつあるというのが、この映画を見ての率直な感想です。

是恒　渡辺監督にお尋ねしたいのですが、例えば今後のテーマとして地熱に関することもリサーチをして、映画をつくっていくこともあるでしょうか。

渡辺　地熱の現場はじつはリサーチに行ってないんです。別府で市民電力をやってる方とか、温泉組合の方とか、本では見ていました。昔、温泉の映画も撮ったことがあるんですけども、とにかくすごいエネルギーなんですよね。八〇度とか百何十度っていう温度の温泉が自噴して、それを押さえつけないと本当に吹き飛ぶぐらいの勢いでどんどん出てるような地域が、日本中たくさんあるんですね。それがたった数パーセントしか使われてないっていうのは、本当にもったいないと思います。

一方で、温泉を取材したのでよくわかるんですが、温泉組合は強い自治力と権限を持っていて、観光業と密接で、エネルギーに使用することのリスクをとても心配している。その中で発電に踏み切るってたいへんなことだと思います。良い意味で自治がしっかりしているのが日本の温泉街、温泉組合だと思います。そこがどう発電に踏み切っていくのかというのは、すごく興味があります。

是恒　今後の映画制作にもつながっていくといいなと思います。今お話しいただいたのは、渡辺監督の過去の作品で、『湯の里ひじおり――学校のある最後の一年』(二〇〇九)という、山形県の大蔵村《おおくらむら》の肘折《ひじおり》温泉のドキュメンタリー映画ですね。渡辺監督は山形県鶴岡市で「いでは堂」というクリエイティブチームの代表をされています。これまでの、ある地域に寄り添った作品、あるいは伝承野菜のような特産物のことを映画として作品化していく仕事はどういった思いでやってこられたのでしょうか。

渡辺　大学時代からビデオカメラを持って農村に入って、一八年ぐらいドキュメンタリー映画の仕事に携わっていま す。どういう思いかとあらためて聞かれるととても答えるのが難しいんですが。大学時代に農村にビデオカメラを持って入っていたときは、茅葺《かやぶ》き屋根の集落を取材していました。とても美しい風景と暮らしがあるんですが、仕事がないのでどんどん人は離村していく。当時は民俗映像だったので、記録することが第一命題でした。地域の課題に対して、こちら側から何かできるとは思っていなかったんです。でも、今は『おだやかな革命』であるとか『よみがえりのレシピ』を撮影して上映しながら、いろんな課題や皆さんの思いを共有して、実際に行動に移せると信じてこの仕事をしてます。昔はアーカイブをつくることが目的で、例えば人が離村していくのはとても寂しい、わびしいと思いながらカメラをじっと向けていたんですけど、具体的には何も行動を起こさなかった。でも今は、そういうスタンスの映像制作だともったいないと思っています。お客さんとの距離も、身近にこういう上映会ができて、プロジェクターがあればどこでも上映できますし。映像をつくるのもビデオカメラとパソコンがあればできます。自分が共有したいテーマを映画上映後にトークするなど、誰しもが映像によってアクションを起こせます。見て終わりではなくて、見た後に何か行動をしていくような映像を考えてつくっています。

是恒　東日本大震災以降、エネルギーに対する意識が、東北だけじゃなくて日本全国で変わっていったと思います。そういうなかで、どう行動していったらいいかということのヒントが『おだやかな革命』にはたくさん詰まってると思います。土屋先生、いかがでしょうか。

土屋　エネルギーの観点から言うと、去年は戊辰《ぼしん》戦争から一五〇年でした。あの明治維新が日本の歴史の中の一つの革命と言っていいのかどうかはわかりませんが、一つの転換点であったとする。一五〇年間、この国はエネルギーでどういうことをやってきたかというと、集中的に大きな発電所を造って、全国一律のネットワークにして、全国津々浦々どこでも確実に電気が届くという社会をつくろうと一生懸命頑張ってきた。それはある意味、一つの完成形までいったんだと思います。

二〇一一年の東日本大震災のときに、それが非常に危うい幻想で、危うい技術の上、危うい社会ネットワークの中で動いているということを、われわれは思い知らされたわけです。そういう意味ではもう一つの、それが「おだやかな革命」という言い方になるのかもしれませんが、今までわれわれが築いてきたエネルギー社会システムというのが、多分だんだん変わっていくという予感を私自身は持っています。

先ほど監督が言われたように、映画館に行かなくてもプロジェクターで映画が見られる時代になっている。分散型エネルギーという言葉もいろんなところで聞いているかと思うんですけれど、そういうことができる技術とかシステムっていうのも少しずつ少しずつ出来上がってきて、それを何となく押さえつけている既存勢力というのもあって。何となく芽が出てきているのかなと思います。東日本大震災でがらりと変わるかと思ったら変わらなかったんだけど、変わりつつある。そういう意味では、おだやかに移行しつつあるのかなと思います。

ただ一方で、世界を見るとまったく違う流れがあることは申し上げておく必要があります。今、七〇億人ぐらいが地球にいますが、十数億人は電気のない生活をしてるわけです。かれらは少しでも新しいエネルギーが欲しいと思っていて、多分われわれとは違った感覚を持っている。サブサハラアフリカでは一一億人ぐらいが電気がない生活をしていて、インドネシアも二億数千万人の三分の一は二四時間電気が使えない生活をしている。そういう国がある一方で、われわれは違った感覚、価値観を今、持ちつつある。それをきちんと認識をする必要があると思います。食料問題でもまったく同じことが起きていて、例えば飢餓がある地域と、日本のように売れ残った「恵方巻」を捨てちゃう国とがある。そこをよく認識しておく必要があると思っています。

是恒　ありがとうございました。会場からの質問を受けたいと思います。

参加者1　エネルギーに関する課題を考える参考にさせてもらいました。これから僕たちも行動に移していきたいと思います。『おだやかな革命』に出てくるような人たちがどんどん増えて、自然からエネルギーを供給できることが広がっていく。時間はかかるかもしれないけど、それを大切だと思って広げることで、幸せな人が増えると思うんです。そこが『おだやかな革命』のゴールなんでしょうか。

岐阜県石徹白に設置された小水力発電
（映画『おだやかな革命』より）
©いでは堂

渡辺　全国各地で、大規模な発電所だけではなく、先ほど土屋先生がおっしゃった小規模分散型の発電所がどんどん増えてきています。ただ一方で、私の関心はエネルギーの話というより、地域がどう生きていくのかとかという暮らしの選択についてです。この映画で伝えたいのは、価値観の転換です。自然エネルギー会社がたくさん生まれれば世の中がすべてうまく収まる、ということではないとは思うんです。

例えば再生可能エネルギーでも、森を乱開発するような事業も一方であります。山形で今、巨大な発電所が建設されていて、六〇〇ヘクタールの森を皆伐して二〇〇メガワットの太陽光発電所が建設されています。二〇年後に誰が責任を持つのかわからないような状態になっている。それはやっぱり地域の人が森の面倒を全然見なくなって手放してしまったとか、リゾート開発で余ってた土地が目をつけられてそうなっている。自治が弱まっていることが、深刻な問題として地域に、あるいは日本社会全体の中で現れてくるのかなと思ってます。それをどう変えていったらいいかというと、もちろん政府や行政が

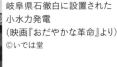

法律と条例で変えられる部分もあると思うんですが、埋まらないところはやっぱり「自治」していくしかないと思います。その一つの方向性をこの映画で感じ取っていただけたらと思っています。

参加者2　映画がつくられてから何年か経っています。登場人物の方々に大きな変化があったのか、教えていただきたいです。

渡辺　大なり小なり、変化は各地で生まれています。例えば石徹白《いとしろ》(岐阜県郡上《ぐじょう》市)では今、小水力発電所が完成して、その売電収益でいろんな商品開発を始めています。また、耕作放棄地を耕して若い新規就農者が使えるように整備しています。そのような地域に暮らしている人たちの姿勢に惹かれた移住者が、少しずつですけど増えてきています。

　最近、石徹白に居酒屋ができました。名古屋からUターンで移住してきた夫婦が居酒屋を開いています。若い方がゲストハウスをつくったり、賑わいが生まれてきてますね。最終的に地域がどうやって元気になっていくのかというプロセスとして、やっぱり顔の見えるかたちで人の魅力が伝わって、その人をめがけて人がやって来るという流れが生まれて、石徹白が変化してるのかなという感じがします。西粟倉村《にしあわくらそん》(岡山県)も同様に、人口減から少しずつですけど、微増に転じています。今までは移住者が起業をしてたんですけど、最近はもともと住んでいた人たちが移住者に刺激を受けて起業し始めています。映画に出てくる牧(大介)さんも言っていたのが、地道に自立して、仕事や生き方を転換していく人たちを、一人ひとり大切に時間をかけて育んでいくことの成果が少しずつ出てきてるのかなと思ってます。

参加者3　渡辺監督にお聞きします。この映画はどのくらい広まっているのでしょうか。それから、今回の上映会が企画されたきっかけは何だったのでしょうか。

渡辺　映画館で見た方だけで、だいたい一万三千人ぐらいです。あとはこういう自主上映会のスタイルですでに一〇〇か所ぐらい上映してますので、一年半近くかけて二万人ぐらいの方に見ていただいています。このペースで何とか五万人を目指したいと思ってます。

　今年は「おだやかな革命サミット」というのを東京で企画して、一〇〇人ぐらいの小規模なイベントをしたりしながら、自主上映会をしてくれる方を全国でつなぎつつやっていこうと計画しています。中山間地域を中心に、小規模な上映会を一〇年ぐらいかけてやっていくのもいいかなと思っています。石徹白のような場所での小規模上映を積極的に地道にやって、何とか一〇万人を目指せたらいいなとは思ってます。

高倉　東北アジア研究センターの高倉です。この研究会の主催者の一人です。去年の一〇月から毎月一回、震災に関する映画を大学の中で見て議論をする機会をつくっていきたいと考えて開催してきました。なぜ大学の中で映画会を開くのかということについては、今日、渡辺監督がおっしゃったことの中に答えがあります。つまり、記録ということをどういうふうに考えていくのか。先ほどの民俗映像の話と同じですが、研究者は現地の人たちに何ができるかということとは別に、何が起きているのかということを、科学的、客観的に記録していけばいいというスタンスを持っています。映画監督だけじゃなく、研究者の記録も同じような側面を持ってるんです。

ただ、震災の映画を私も見るようになって、渡辺監督のアプローチではないんですが、記録するだけじゃなく、記録したことを通して何らかの働きかけをする、何らかの社会的な作用をつくる。そういうものが映画の中にはあるなと思いました。研究者が記録をすることの意味を考える上でとても示唆的だったんです。映画監督が映像で記録するアプローチのさまざまなあり方を知ることによって、研究者自身も社会に働きかけるようなことができるのではないかと思います。

とくに今日ゲストで来ていただいた土屋先生は地質学、そして工学の先生で、社会へのアプローチが比較的明確にあると思うんです。一方、人文系はどうしても引っ込み思案というか、社会との接点を明確に出すことを得意としてきていない研究者が多いと思うんですね。そうでない人もたくさんいると思うんですけど。映画監督と接することによって、自分たちも新しい実践の仕方を学び、そして提示することができたらと思って、こうした上映会を主催しています。

特別対談

東日本大震災後に映画を観るということ

三浦哲哉

みうらてつや

映画批評家，青山学院大学文学部准教授

聞き手：**是恒さくら**

2019年2月25日
神奈川県鎌倉市

「Image.Fukushima」は、福島第一原子力発電所事故後に福島県で始まり、その後、全国各地で開催された上映会の取り組みだった。個々の映画が伝える視点を交換することで、東日本大震災以降の福島、東北の状況を考える場であった。上映された作品は東日本大震災に関するものに限らず、青森県の六ヶ《ろっか》所村《しょむら》の核燃料再処理工場、山口県祝島《いわいしま》の住民による原子力発電所建設計画への反対活動、水俣病、ヨーロッパの再生可能エネルギー政策についてなど、さまざまなテーマの映画が上映された。原発事故後の福島に起きていることを歴史の上に見据え、世界が抱えるさまざまな課題と人々の行動を知ることで、福島が抱える問題と向き合う道筋を探る場と時間をつくり出した。Image.Fukushima の中心となって活動された映画批評家、青山学院大学文学部准教授の三浦哲哉氏に、Image.Fukushima で行ってきた活動と、「東日本大震災後に映画を観る」ということについてうかがった。

是恒　Image.Fukushima の活動は、どのような効果があったのかを教えてください。

三浦　上映イベントの規模は基本的にはそれほど大きなものではありませんでした。東日本大震災後の二〇一一年八月から開催を始めて、最初の一、二年はそれなりの数の観客に集まってもらえましたが、会場は席数が数十から百ぐらいのスペースばかりです。実行委員会は地元福島と東京のメンバーが集まって立ち上げ、それぞれの意見や作品の候補はなるべく排除せず、多様な作品を上映しました。

「効果」に関して言いますと、テレビにおけるそれとの違いを意識していました。新しい情報を周知するということについてはやはりテレビがその役割を担っているし、ドキュメンタリー映画の効果は量的にとても小さいと思います。映画はつくるのに時間のかかる「遅いメディア」でもあります。それでも、映画の上映会にしかできないこともいくつかあったように思います。その一つは、作品を見るためにさまざまな観客が直接集まり、交流が生まれることです。

Image.Fukushima 実行委員会には、いろいろな仕事、いろいろな立場の人たちが集まっていました。配給をしている人もいれば、ドキュメンタリー映画の作家もいる。僕のような研究者もいれば、雑誌編集者もいる。あとは福島県の映画館主や市民運動に関わる方々、地元のカフェの経営者もいました。カフェというのは地域文化にとって貴重な空間です。観客の皆さんにも、本当に多様な方々がいて、その間でお互いの視点がどのようなものかを教え合うような機会になったのだと思います。

是恒　Image.Fukushima を立ち上げたきっかけは何だったのでしょうか。

三浦　東日本大震災の後というのは本当に特殊な時期でした。放射性物質が降り注ぎ、これが果たして危険なのか危険じゃないのか、どの程度と判断すべきなのか、ということがしばらくの間、ほとんどわからなかった。僕は高校を卒業する一八歳のときまで福島にいたのですが、地元の友人と話をするにつけても、事態の異常さに気づかされないわけにはいきませんでした。ＳＦのようだという言葉もよく聞きました。日常の自明性が根底から揺り動かされる経験だったのは確かです。このような出来事は当然、映画の撮影対象になるだろうと思いました。私は映画研究者でしたので、ただ外から傍観するだけではなくて、なにかしら現場へコミットしたいと思いました。

　すると、同じように考えていた人が周囲にも数多くいたことがわかりました。半ば無力感とセットでしたが、この状況下で「映画に何ができるのか」という問いが盛んに口にされていました。私たちも福島の近くでこの問いにどう答えられるかを模索したいと思ったのです。そんななかで、まずは過去のドキュメンタリー作品をもう一度見返すことにとても意味があるように思われました。原発事故については、「前代未聞」とか「想定外」と言われましたが、でも見ようによっては戦後の災害史、あるいは公害の歴史の反復という側面もあります。例えば、日本の記録映画の巨人である土本典昭《つちもとのりあき》の『原発切抜帖』（一九八二）を上映し、それを現在進行形で撮られつつある福島の光景と並べてみたらどうか、というような発想が生まれたのです。あるいは、水俣をめぐる作品群と並べてみる。福島出身のドキュメンタリストである亀井文夫《ふみお》が原爆投下後の長崎でカメラを回しているので、それを今の福島で上映してみる、とかです。

2011年8月に福島で開催された「Image.Fukushima」vol.1
提供：イメージ フクシマ実行委員会

　そういうことをしていると、例えば、水俣在住の人から声がかかるということもありました。土本典昭さんの奥さんともやりとりがあり、ぜひ自分たちが過去に水俣でつくった映像を役立ててほしいと言っていただきましたが、そういうたぐいの交流も生まれました。とても貴重なことでした。福島の問題を考えるときにゼロからスタートしないで済むというか、しかるべく過去の出来事を参照することで、いま起きていることをなんらか照射することができるように思えたのです。Image.Fukushima のvol.2(二〇一一年九月)は東京で開催されましたが、福島の出来事を起点に、歴史の記憶と照応させるという試みをさらに広げようと試みました。「ユーロスペース」という渋谷のミニシアターも全面的に協力してくださって、世界各地の原発事故や公害をめぐるドキュメンタリー映画の傑作を集めるだけでなく、チェルノブイリを予見したといわれるアンドレイ・タルコフスキーの『ストーカー』(一九七九)とか、あるいは炭鉱町を舞台に故郷喪失の物語を描く名作『わが谷は緑なりき』(一九四一)などを上映しました。そうするとますます、福島の出来事が決して孤立したものではなく、いろいろな土地で起きた出来事とつながりがあったということに気づかされました。

福島では、「フォーラム福島」という映画館が拠点になりました。ここの会員の方たちが、とても濃い映画ファンばかりで、この人たちがいなかったらイベントはできていなかったと思います。震災以前から、地域の映画文化はこうして支えられていたのだな、というようなことも、このイベントをきっかけに知ることができました。

また、Image.Fukushima のもう一つのコンセプトとして、原発事故のあった福島とその外の土地を行き来し、両者の視点の違いを具体的に確かめ合うということを試みました。福島でつくられたドキュメンタリー映画を東京や宮城や金沢で上映し、福島の方々をゲストに呼んで、いろいろな質問をぶつけてもらう、というようなことです。そうすると、やはり「まったく想像と違っていた」というようなリアクションになるものなのです。いわゆる「被災地」をめぐる一方的な想像が独り歩きしていたということは非常に多くあったのだと思います。

震災から数年すると、何本もの貴重な作品が生まれていました。例えば『相馬看花《そうまかんか》』(二〇一一)は、とくに見せたいと思う作品でした。これはテレビにおける報道などとは明らかに異なるスタンスでつくられています。監督の松林要樹《まつばやしようじゅ》さんは、「人間」を撮ることを目標に掲げたと言っていますが、何か新情報を得ようとしてカメラを回すのではなく、この地方で生きる方々の人間性に惹かれてカメラを回していることが観客にも伝わってきます。松林監督は、相馬地方に腰を落ち着けて、半年ぐらいずっと住み続けてつくったそうです。そうすると、周囲の方と交流が深まり、行動範囲が広がっていく。そうこうするうちに、偶然が偶然を呼び、いつのまにか相馬地方の最もディープな部分がカメラに映し出されていく、という驚くべき作品です。カメラに写るひとが本当にみんな魅力的なんです。時間をかけたことの成果でしょう。報道カメラマンがやって来て、「ではしゃべってくださいい」と言う場合とはまったく違うわけです。『相馬看花』のような映画は、ものごとを見るときの「視点」とは何か、ということを再考させてくれる点で貴重な映画だったと思います。単にさっと通り過ぎて、場合によっては消費してよしとする「視点」と、そこに定住する者の「視点」の違いを浮かび上がらせる作品でした。

Image.Fukushima では、被災地でつくられつつある貴重な作品の上映の機会になればいいとも思っていましたが、『相馬看花』のほかには、舩橋淳《ふなはしあつし》監督の『フタバから遠く離れて』の第一部（二〇一二）および第二部（二〇一四）も重要でした。私自身はとくに第二部に感動しました。福島市で、監督を囲んでのトークイベントをしましたが、盛況でしたし、有意義な意見交換ができたと思います。それから濱口竜介《はまぐちりゅうすけ》さんの『うたうひと』（二〇一三）を東京で初めて上映したのもこのイベントでした。

映画館でイベントをしたことの効果をもう一つ挙げると、映画祭で起きることと近いのかもしれませんが、ひとが移動する、ということがあります。つまり、福島県外から会場のフォーラム福島へ、それなりの数の観客が来ていました。映画館のイベントに参加して地元の方と交流し、街の様子を直接見て、沿岸部などにも足を伸ばそう、というようなかたちです。

是恒　Image.Fukushima は東京、金沢でも開催されたのですね。

三浦　はい。東京には私も住んでいたので開催しやすかったですが、金沢は「シネモンド」という映画館と、金沢21世紀美術館という場所にとても深い関心をもってくださった方が何人もいて、複数回イベントを開催することができました。金沢は、地域文化をどう育んでゆくかということをめぐって、もともとさまざまな取り組みがなされていたところだということをこのとき知ったのですが、そういう人たちと福島の人たちとで交流ができたのはとても面白いことだったと思います。「脱原発」という論点も当然、共通する関心だったのですが、それだけではなくて、例えば哲学者の國分功一郎さんをお呼びして、原発事故以後に「スローライフ」をどう考えるか、などというテーマでトークをしたのも貴重でした。

こういう具合に、企画者としてはとても手応えを感じていたのですが、震災から時間が経つにしたがって、新しく来場する方の数はみるみる減っていきまして、もうこのようなイベントは役割を終えたのかなと思いました。

是恒　Image.Fukushima を見に来られる方々はだいたい固定のメンバーでしたか。

三浦　初期とそのあとではかなり違いました。震災直後のとくに福島市は、街全体が異様な空気でしたから、普段から「社会問題」に関心を持っている層に限らず、とても多様な方々がイベントに来ていたという印象でした。「左」も「右」も関係なく、街中の酒場とか喫茶店で、見知らぬ者どうしの間でいきなり討論会が始まるような雰囲気だったのです。完全な躁状態というか、いま思い出すと、ほとんど夢のような感じさえします。それが時間の経つのにしたがってだんだん落ち着いていって、もともとシネクラブに通っていたような人たちに戻っていく感じでしょうか。一般的に、このあたりが地方における上映イベントの難しいところなのかもしれませんが、もともといたコアな層以外にどう広げていくかという点では苦労しました。

是恒　ドキュメンタリー映画は一般市民の方にはそこまでなじみがないという印象があります。

三浦　たしかにそうかもしれませんね。実際はドキュメンタリーと言っても多様だと思うのですが、一般的な認知としては「社会問題」を告発する、というスタンスの映画だととらえられることはそれなりに多いような気がします。地方都市のドキュメンタリー映画の上映会は、実際、そういう告発系映画にかこつけた「市民集会」のような雰囲気になることも多いのだと思います。本音を言うと、僕はそういう映画はあまり見たくないのです。社会悪を告発する、という筋立てが最初からはっきりしている映画というのは、自分こそが正しいという主張を押しつけるという点ではメインストリームの作品とあまりスタンスにおいて変わらないですよね。もちろんそういうドキュメンタリーは一部ですし、偏見からドキュメンタリー映画が遠ざけられているのだとしたらもったいないと思います。

是恒　ドキュメンタリー映画では被写体の個人個人のストーリーや、その人がどのような経験を経てその人なりの考えに至っているかというとてもパーソナルな部分につくり手の焦点が当てられているように思っています。じつはそういうものに、例えば人類学のような研究者が見る客観的な視点より説得力があるのだと思います。

三浦　そのとおりだと思います。優れた映画作家は、一般化しえない、特異なし方で世界をとらえるのだと思います。

是恒　印象に残っている作品では、小森はるかさんの『息の跡』(二〇一六)があります。

三浦　『息の跡』はみんな絶賛していました。岩手県陸前《りくぜん》高田《たかた》市が舞台の話ですが、津波の直接的な被害を受けた場所の特殊な感じが記録されていたと思います。津波によって、それまであってあたりまえだと思っていた多くのものが消滅してしまいました。「現在」だと思っていたものが一気に「過去」になってしまうかもしれない、というような、そんな不思議な時間感覚があったのではないかと思います。自分たちの日々の暮らしや習慣や儀礼といったものを、いつ消えてもおかしくないものとして見ざるを得ないというところがあったと思うのですね。『息の跡』は、そんな時期の被災地の、まさにいつ消滅してもおかしくない場所で生きているたね屋さんの話です。彼はたね屋の仕事をしながら、自分の被災体験を、なんと英語、中国語、スペイン語三か国語で書いて、しかもその改訂作業をえんえんと、いつ終わるともなく続けています。そうこうしていると、彼のたね屋が建っていた場所はすべて震災後の区画整理で居住不可能になってしまい、その建物も取り壊さざるを得なくなる。映画に映されていたこのたね屋さんの生活の場は、すべてこの地上から消滅し、ただたね屋さんの書いた文章とこの映画『息の跡』だけが残される。初めて見たときは、あまりのすごさに、ただ呆然とするほかありませんでした。そしてまさに映画として撮られる意味のあった作品だと思います。この作品も長期取材の結果ですね。取材というより、小森はるかさんはパートナーの瀬尾夏美さんとともにこの街に居着いて、数年の間、同じ街で人生をともにしたそうです。だから、たね屋の佐藤さんの暮らしの独特のリズムが、とても親密な距離から記録できたのだと思います。長期取材は、震災後のドキュメンタリーの傑作の条件という気がしますが、それでいえば我妻和樹《あがつまかずき》監督の『波伝谷《はでんや》に生きる人びと』(二〇一四)もいいですね。彼はもともと民俗学を学んだ方だそうですが、そういう視点がはっきりしています。

是恒　Image.Fukushima のトークセッションでは、どのような話題が出てきたのでしょうか。

三浦　話題は、映画に関わる具体的なことから出発することが多かったのですが、共通するテーマもありました。イベント名はそこから来ているのですが、「想像」がそれです。Image.Fukushima というタイトルには、じつは「福島のことを想像しましょう」という意味を託していまして、つまり、「イメージ」は動詞の命令形でして、ですからピリオドがあるのです。福島であっても他の被災地であっても、人はその土地をなんらか思い描こうとするとき、先入観に縛られないわけにはいきません。それは当然のことです。けれども、その一歩先にドキュメンタリストのカメラとともに入っていって、より深くというか、より精細に想像しようと試みる、ということが全体のメインコンセプトだったのです。

それから映画のセレクトに関してですが、私は基本的に映画評論家なので、映画として面白いものをセレクトしたいという思いは一貫してありました。土本典昭は、水俣や原発関連のドキュメンタリーで知られる作家ですが、やはりぬるい映画は一本もない人で、見れば絶対に面白い。このイベントにおける映画のセレクトは、多分それなりに評価されていたはずで、どの映画も映画としての強度を持っている。つまり、先入観を打ち破るような発見の体験をもたらすものが、セレクトの基準でした。ですから、気づきを与えるという映画の力とトークセッションで、自分たちがまだ想像したこともない何かに触れる可能性を模索することは、連動していたはずです。

是恒　ドキュメンタリー映画の評価軸というか、何が良い作品とされているか、というものはあるのでしょうか。

三浦　人類学とも通じるようなところもあると思いますが、その土地に内在するまなざしをドキュメンタリストは獲得しようとするというか、それに接近しようとするわけですね。中央が地方を搾取する、というのが一般的にひとが陥ってしまいがちな映像制作および映像受容のあり方だとすると、それをいかに突破するかというのがドキュメンタリストの課題です。記録映画の偉大な先駆者だったロバート・フラハティは、『極北《きょくほく》のナヌーク』(一九二二)を撮ったとき、カナダのイヌイットたちの暮らしの只中に入っていって、かれらの暮らしぶりを親密な距離からとらえたいと願ったと語っています。往々にして、一方的にまなざされる対象だったひとたち、搾取される対象だったひとたちにまなざしを返す、ということが目指されていたと言えるかもしれません。また、それが達成されたときにはじめて、ドキュメンタリー映画は観客に驚きと発見をもたらす映像になるということだと思います。

震災後のドキュメンタリー映画の課題も、東北にまなざしを返すことにあったと言えるかもしれません。でも、それはやはりとても難しいことで、自分のもともと持っていた主張を追認するためにカメラを回すたぐいの映画が大半を占めていたようにも感じます。そういう映画は上映しても僕は意味がないと思っています。それに対して、小森さんの映画は、たね屋の佐藤さんのまなざしであの土地を見ることを観客に誘いかける映画だし、我妻さんの映画もそういう貴重な作品でした。

是恒　『波伝谷に生きる人びと』の我妻さんももともと通っていた場所だし、小森さんも陸前高田に住んでいた。その体験が強いですね。

三浦　土本典昭の有名な言葉で、その土地に住めるか、その土地の嫁をもらえるか、その土地で死ねるか、というドキュメンタリストの三原則があって。住むだけでは駄目で、結婚もして、死ぬ覚悟まであるか、それぐらいのことを自分の胸に問いかけよ、というわけで、ハードですよね。

是恒　表現者がある土地に根付いてしまうと、ものを言えなくなること、表現できなくなることもありますね。

三浦　なるほど、それはたしかにそのとおりですね。もともと地元に住んでいたひとが自分の暮らしを撮影すればそれが最良、ということではない。暮らしの営みがすべて自明で、疑問もなく、そもそも撮影しようという気が起きないかもしれない。その中間というか、その土地の人間でもあり、同時によそ者でもあり、という二重性が要求されるのかもしれないですね。『息の跡』で言えば、監督の小森さんとたね屋の佐藤さんの二重のまなざしが問題だったのかもしれません。

是恒　福島ではドキュメンタリー映画のつくり手と地元

の人たちの関係はどのようなものだったのでしょうか。

三浦　それも本当に人によると思います。観客としては、そこが面白いというか、見どころでした。どのような人と知り合って、どのような距離の、どのような協力関係がつくられるかというのは、撮り手の資質が露骨に出てしまうところで、それ自体がとても興味深いところです。表面的な関係しかつくれない、あるいはそれでよしという人は、そういうものを撮って帰っていきます。

是恒　映画は遅いメディアだとおっしゃっていましたが、Image.Fukushima では水俣や広島、長崎など東日本大震災以前に起きた出来事のドキュメンタリー映画から、福島を考えるための視点が与えられていました。二〇一一年以降に福島や東北でつくられた映画はこれからどんな意味を持つのでしょうか。

三浦　「災間」という言葉がありますよね。つまり、またしばらくすれば必ず被災は反復するので、私たちがいるのは「後」ではなく「間」である。地震などの自然災害は確実にそうですが、原発事故も、原発が稼働している限り、世界のどこかでは起きないと考える方が不自然でしょう。だとするならば、次の大きな原発事故が起きたとき、今度は福島の映画が見返されると思います。私たちはその「間」にいる。福島で、水俣の映画を見返したと言いましたが、それ

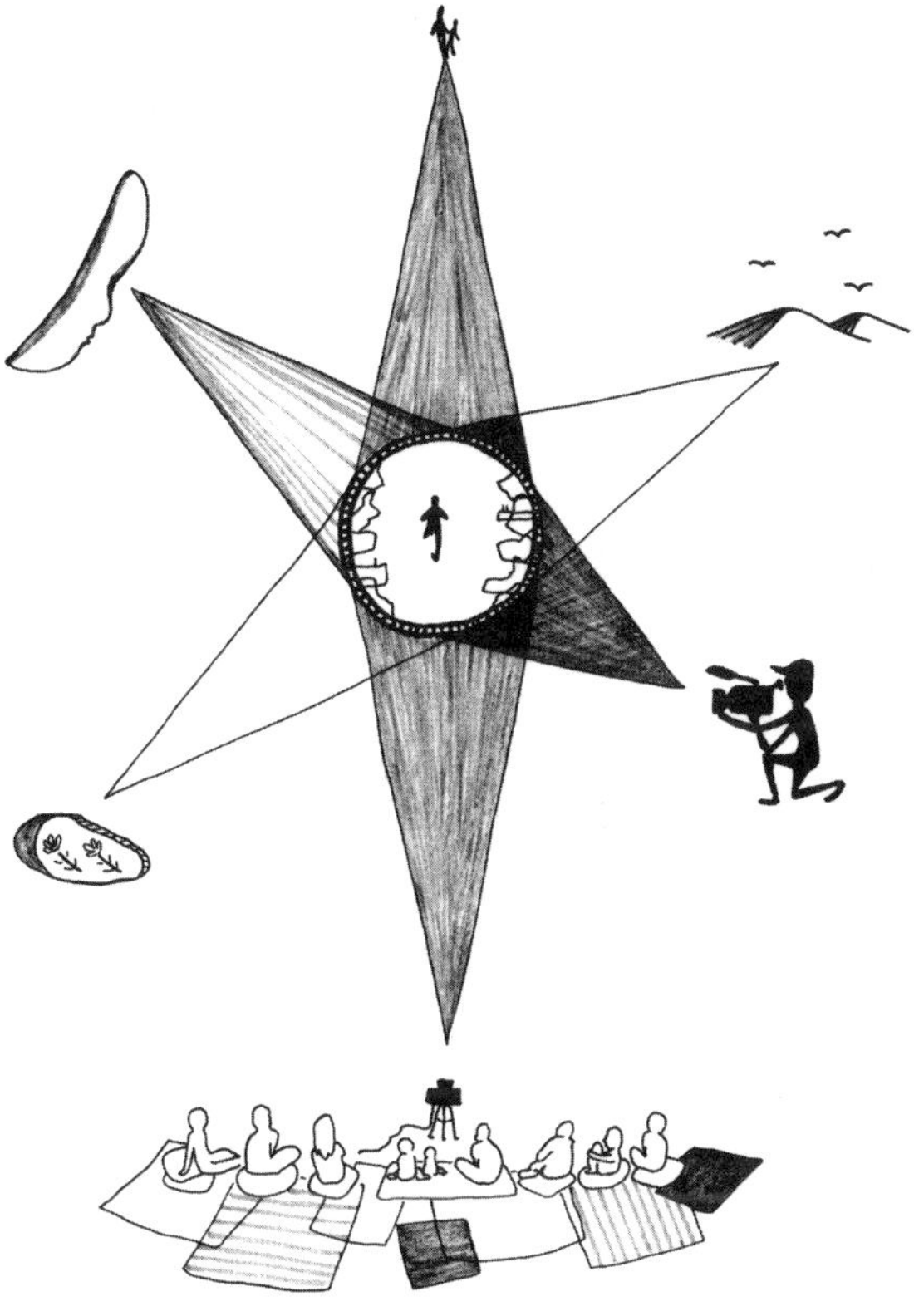

イラスト：是恒さくら

はやはり驚くべき経験でした。これまで意識することのほとんどなかったつながりが、時代の異なる映像と映像の間に見いだされるからです。もっと端的な言い方をすると、これまで「他人事」だと思っていたことが「他人事」ではなくなる。そういう不思議なパースペクティブの変容のようなことが起きたのだと思います。

災害のたびに、その現実に肉薄しようとするドキュメンタリストが現れて、なにがしかの映像を残し、それがしかるべく保存される。それら映像群が、時間を超えて密かな、あるいは開かれたネットワークを形成し、互いが互いを照らし合うような関係に入る、ということはあるのだと思います。福島の映像も、そういう他の場所、他の時間の映像と結ばれたネットワークの一部であるという意識を、このイベントを通してはっきり持つことができました。そのことで、ドキュメンタリストの活動の貴重さがよりいっそう理解できるようになりました。

是恒　東日本大震災のドキュメンタリー映画が継続的に鑑賞され続けていくには、どのような方法が適しているのでしょう。自主的な上映会の開催でしょうか。

三浦　映画の上映企画では、あまり「キュレーション」という言葉は使われませんが、震災のドキュメンタリーなどの場合、テーマの設定をして、しかるべく文脈を与える「キュレーション」の作業はとても重要だと思います。それ単体で見ることでは浮かび上がらなかった何かが、文脈次第では、映像そのものの中に見いだされることがあるからです。

「視覚的無意識」という言葉がありますが、写真や映画の映像には、まず第一に、情報量が非常に膨大に詰め込まれている。その情報は、第二に、あいまいでしばしば両義的である。だから、映像がつくられた時点で、そこに潜むすべての意味を酌み尽くすことはあり得ないわけです。しかし時間が経ち、見られる文脈が変われば、そのつど、上演のたびに、新しい見え方が生まれるのだと思います。原理的に言って、写真とか映画は本来そういうものです。ですからそれを信じて、しかるべき文脈が来るまで保存することは意味のあることだと思います。

是恒　映画は防災や減災に対して何ができると考えられますか。

三浦　映画は、ひとが惰性的に見てしまう「日常」そのものを、もう一度注意深い観察の対象にするメディアです。

そういう力をもともと持っているのだと思います。したがって、映画は防災や減災に役立ちうるメディアだと思います。習慣化して忘れられてしまった何かを、もう一度フレッシュなまなざしで見つめ直すことを促すからです。ただ、映画のそうした力に忠実につくられた作品ばかりではない、というか、むしろ少数派でしかないという現状があります。注意深く現実を観察し、忘れられた過去の記憶を精細にとどめるような作品が広く見られるための努力がないと、したがって、防災にはならないのではないでしょうか。

是恒　なんらかの専門分野を持った研究者と映画のつくり手が協働できるようなことがあるとすれば、どのようなことが考えられるでしょうか。

三浦　例えば我妻さんは民俗学を学び、そこで学んだアプローチを活かして映画をつくっていますし、濱口さんの『うたうひと』は、小野和子さんという卓越した民俗学者の全面的な協力のもとでつくられています。こういう例はこれからきっと確実に増えていくと思います。震災後の東北では、「せんだいメディアテーク」などの機関、大学、山形国際ドキュメンタリー映画祭などを複数の拠点として、領域横断的な人の交流が長期間なされてきました。Image.Fukushima はそのささやかな一端を担っていたということだと認識しています。これはとても貴重なことだったと思います。その成果は今後、すぐにではないにせよ、なんらかのかたちで顕在化すると信じています。

第4章

東日本大震災の映画ができるまで

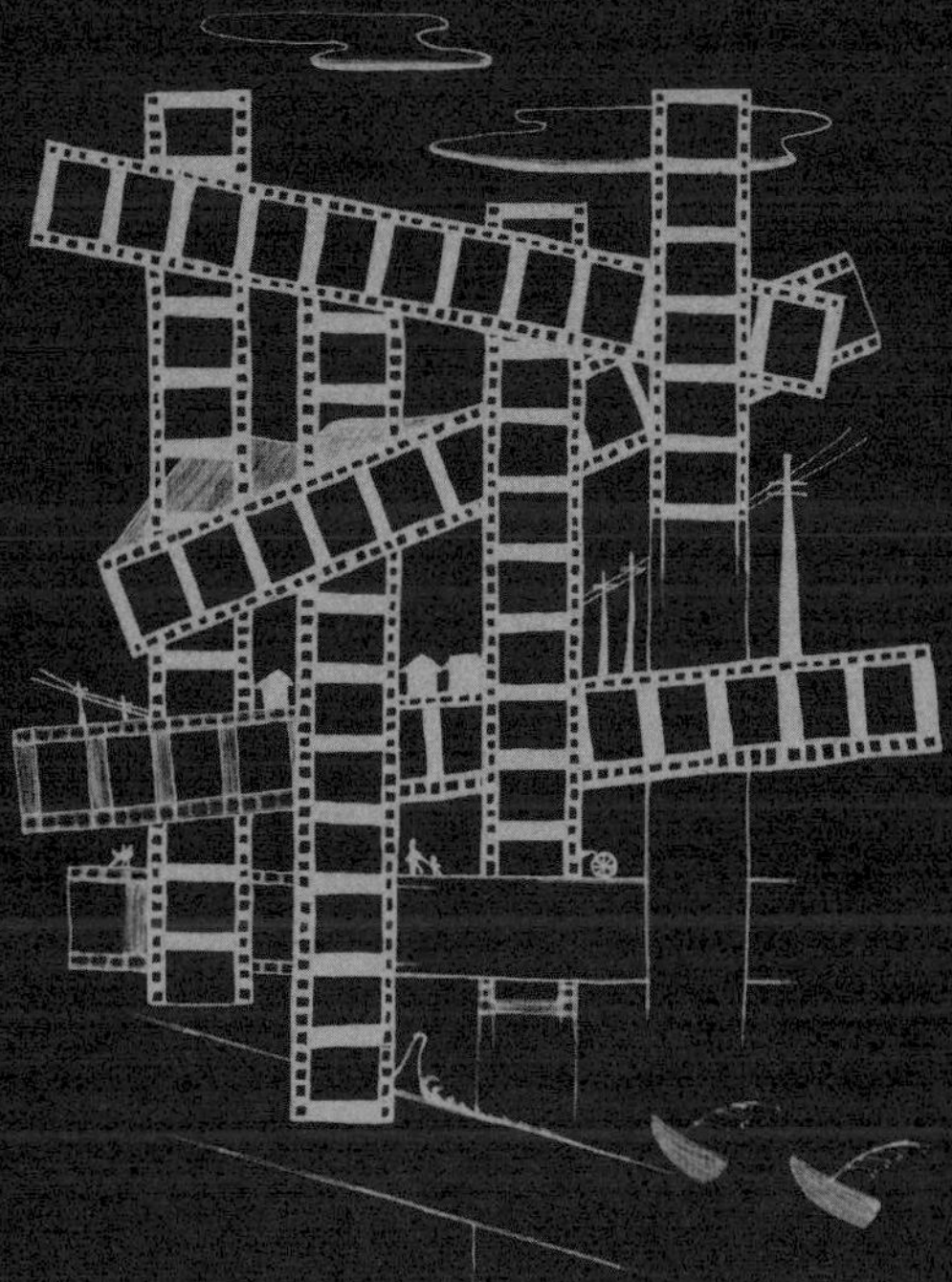

災害人文学研究会で取り上げた個々のドキュメンタリー映画への理解を深めるため、制作者と登場人物六名に、これまでの映像・映画制作活動から東日本大震災の被災地との関わり、震災に関する映画制作や協力のきっかけ、映画を通して伝えたいことを尋ねるインタビューを行った。

（聞き手：是恒さくら）

北村皆雄

きたむらみなお／
『廻り神楽』エグゼクティブ・プロデューサー、構成

二〇一九年三月二九日　ヴィジュアルフォークロア（東京都新宿区）

是恒　「ヴィジュアルフォークロア」の設立からお聞きしたいと思います。北村さんはどのようにして映画の制作を始められたのですか。

北村　最初は民俗的な作品というものではなく、もう少しポエティックで実験映画的な作品だったのですが、大学四年のときに仲間と一緒につくりました。民俗的な作品は、大学を卒業した一九六四年に、岩手県の国道四五号線の建設をテーマにテレビドキュメンタリーをつくり、柳田國男の民話を使ったのが始まりです。その後、一九六六年に自主映画制作で沖縄の久高島《くだかじま》へ行って、「イザイホー」という一二年に一度の祭祀を撮影しました。この南島に繰り広げられる女性たちの神事とは何か、祭り事とは何なのかとすごい刺激を受けて、民俗的な世界に本格的に引き込まれていきました。私は信州の山の中の生まれですが、海のまったく異質な民俗文化に接したことで、逆に自分の育ったところはどうかと、伊那谷《いなだに》の山の民俗や芸能にも関わるようになりました。

そんなことから、映画『アカマタの歌』（一九七三）をつくった直後だったか、映像で民俗を記録することを考えて、民俗学の宮田登《のぼる》さん、人類学の野口武徳《たけのり》さん、私よりも二六歳上の映画作家の野田真吉《しんきち》さんの四人で、「映像民俗学を考える会」を一九七四年につくりました。一九七八年にそれを発展させて「日本映像民俗学の会」にしたのです。会の命名については、学会の役割を果たす「映像民俗学会」にしてはどうかという意見もありましたが、宮田登さんが、専門家だけの会にすべきではない、素人でも参加できる会の方がいいと言われた。だから初期の段階では、農民もいれば郷土史家もいる、大学の研究者、サラリーマン、学生、映画作家もいるという非常に多様な人たちの集まる会が出来上がった。「の」をつけて「映像民俗学の会」にしたのもそんな理由からです。今でも各地域に行って、その地域に関係のある映像と、それをつくった作者を呼んでやっています。つくった人が参加しなければその作品は上映しない、という原則で、北は北海道のアイヌの地から南は沖縄の宮古島まで、あるときは公民館、芝居小屋、飲み屋、神社、地域の博物館、大学でもやりました。国立民族学博物館や歴史民俗博物館との共催でやったこともあります。

是恒　参加されている方は映像のつくり手なのですか。

北村　会員の映像の専門家だけでなく、最近は映像をやっている研究者やその地域の人たちの参加が多いです。何年か前に信州松本で開催した「生者と死者の通い路」という死をテーマにした大会は、先鋭的な活動をしているお坊さんのお寺でやりました。死に関するいろいろな作品を集めて地元の人、研究者、お坊さんらと三日間ディスカッションをしました。岐阜の山の中では、ダムで水没した村の民俗をテーマにしました。その地域と結びついた作品を集めて、四〇年続けています。

是恒　「日本映像民俗学の会」がヴィジュアルフォークロアへ発展したのですか。

北村　「映像民俗学の会」ができた頃、僕は仕事としても映像民俗学をやっていこうと、会とは別に株式会社ヴィジュアルフォークロアをつくりました。一九八一年です。日本とアジアを主要なフィールドにしてテレビ作品や映画をつくってきました。

私が映画を始めた一九六〇年代は、企業のPR映画が全盛でした。ドキュメンタリー映画や劇映画で活躍する土本典昭さんや小川伸介さん、黒木和雄さん、松本俊夫さんにしても、みんなPR映画から出発しました。企業の宣伝映画をつくりながら、映画作家として何がやれるのかということを苦しみながらやっていました。その後、テレビ界に行ったり、自主映画のようなかたちに一つの活路を見いだしたりするなど、いろいろな人がいたわけです。

私もＰＲ映画、ダムや道路の建設記録映画をやり、並行してテレビ番組をつくっていました。あまり人生設計などしない男ですが、僕としては珍しく計画を立てて、一〇年間で仕事を民俗的なものに絞っていこうと考えたのです。テレビ番組でも民俗的なものをテーマにしたのですが、だんだんきちんとした民俗的な作品をつくらなければいけないと思うようになりました。そうしたなかで映像民俗学を志向する仕事の場としてヴィジュアルフォークロアをつくったのです。フィールドは、日本とアジアに限ろうと決めました。私が生きているうちにやれるのは、せいぜいそのくらいの地域だろうということと、日本の文化と遠近法でつながるところに興味があったのです。インド、南アジア、中国、韓国、さらにヒマラヤ、チベット地域です。それともう一つ、日本の文化は南から黒潮で運ばれてきたという柳田國男以来のテーゼがありますね。黒潮の発生するミクロネシア、黒潮の名が生まれるフィリピン、台湾、沖縄、奄美、トカラ列島、集結地である日本各地を取材対象に選びました。

エベレストに三回遠征に行くなど、ヒマラヤは登山として関わることが多かったのですが、山登りだけではなく、周辺のチベット民族が、命を維持できるギリギリの標高五千メートルで暮らす生活形態に興味を持ちました。移牧の仕方や一妻多夫のあり方などにも目を向けました。ヒマラヤでは植物や動物なども高度によって違う姿を見せます。咲く花の色も違うし、高くなればなるほど植物自身が寒さに耐える工夫をしています。使役用の牛は、低いところでは水牛ですが、高所ではヤクになります。中間地帯は、高低に強いメク、ヤクと牛を掛け合わせたものを使っています。動物も植物も垂直分布で棲み分けを行うのです。

是恒　家畜や植物など、一つの視点が設定されて、そこからより広い世界を見ていくということでしょうか。

北村　そういう感じです。

是恒　沖縄の行事などは記録を取ることが難しいところもあります。そういう場所では、何年も通って関係性を築くことをされていますか。

北村　関係性を築くのは困難が伴います。私は沖縄で、秘祭といわれるものを撮影してきたのですが、一二年に一度、琉球王朝の神の島・久高島で行われたイザイホーも、本来は秘祭で人に見せるものではないのです。禁忌もあり撮影が難しい。一九七四年に宮古島・池間島《いけまじま》の「ユークイ」という豊穣(ユー)を乞う女性だけの祭りも撮らせてもらいましたが、現在は島から消えてしまった秘密の祭祀で、苦労しましたが撮っておいてよかったと思います。かろうじて映像に残せたのですから。

その二年前、一九七二年に『アカマタの歌』の撮影に行きました。最初は新城島《あらぐすくじま》で撮りたいと考えたのですが、船で海岸に着けたものの入れてもらえず、やむなく西表島《いりおもてじま》の古見《こみ》部落へ行きました。古見でアカマタ・シロマタ・クロマタという仮面仮装の三神が出現する前日、「もし撮ったら殺す」と鎌を持った青年衆に囲まれました。実際に近くの島では海に叩き込まれた人もいると聞いたことがあります。当時、古見は一七軒だけでしたが、この衰亡した村の底に潜んでいるすさまじいエネルギーは何だろうと、アカマタを祀るこの村に惹かれました。ここに生きている人たちのライフヒストリーをもとに映画『アカマタの歌』をつくりました。実際にアカマタの出現するシーンは撮っていないのですが、アカマタをめぐる内部の対立と個人史に深入りしすぎたため、数回上映しただけで、その後三〇年の間、公開しなかったです。

一〇年ぐらい前に沖縄大学で『アカマタの歌』を上映しないかと声をかけられ承諾したのは、村の語ってくれた多くの人が亡くなり、すでに歴史になったと思ったからです。しかし上映会場には、アカマタを担っている人たちがあちこちの島から大勢押しかけてきました。なぜ、あなたたちは記録をするのか。アカマタ・クロマタの祭りは自分たちのアイデンティティで、それを映像に撮ってどこでも見られるようになったら、自分たちの地域の存在意義がなくなってしまう。研究は自分たちでやる、よそ者のあなたたちは関わらないでほしい、と言われたのです。

僕は記録者としての自分の考えを、次のように述べました。記録することは、フィルムに魂を込めることだ。だから観光的なものや、「どうぞ、撮ってください」というものには興味がない。生きている祭りにカメラを向け、映すことによってのみ、フィルムの中にそれをよみがえらせ、人の心を打つことができる。僕の撮るもの、撮りたい映画はそういうものだ、と伝えました。イザイホー、ユークイにしても、アカマタ・クロマタにしても祭りの本質が生きている、だから撮りたいと思ったのです。

若くて無鉄砲だからできたというところもありますが、琉球王やその守護神・聞得《きこえ》大君《おおきみ》が毎年通ったという久高島には一九六六年から通い、三十いくつある村レベルの祭祀を全部記録しました。一九七八年にはカメラマンを一年間滞在させ、僕自身も何回も通いました。その頃はまだフィルムの時代で同時録音が難しかったので、不十分な記録だという認識からもう一度撮ろうと、その後、一九八二年から一九八四年にかけて久高島に通いました。同時録音ができるビデオで主立った祭りをもう一度撮りました。男子禁制の御嶽《うたき》の入り口まで入れてもらい、全部で六、七〇時間になりました。

しばらくして、二〇〇六年だったかに久高島を訪ねて、祭りを見て愕然としました。三〇〜四〇人の白衣の女性が美しい所作とともに神歌を歌っていたあの頃の姿が消えていたのです。神事の担い手は数人だけ。結局、われわれの撮ったフィルムとビデオでしか一連の久高島の祭りは残っていないのです。それで研究者たちに協力してもらい、ビデオに残した五三〇〇カットをコンピューターに入れ、二年間通って一カットごとに文字情報を入れました。映像を映すと、どういう祭りか、誰が何をやっているかがわかるように字幕を付け、島に寄贈しました。お年寄りは、映像の中に亡くなった人もおり、自分の若い頃が出てくるので、涙を流して見てくれました。この映像に映されたものが、琉球王朝ゆかりの島であるという歴史の証であり、アイデンティティになると喜んでもらえました。

今もずっと、島の変貌、生活形態の変化、家族を追いかけています。女性に祈られる漁師たちの足跡を追って、奄美やトカラ列島まで足を伸ばしています。台湾、できたらパラオまで足跡を追って行こうかと思っています。撮った映像それ自体を一つの資料として残し、あえて作品をつくらなくてもいいかなという気持ちがある一方、せっかく撮ったのだから、五十数年間の記録を編集し、作品として公開したいという思いもあります。

東北大震災の頃は、劇場用映画で田中泯《みん》主演のフィクショナルドキュメンタリー『ほかいびと　伊那の井月《せいげつ》』(二〇一一)と『上伊那の祭りと行事三〇選』(二〇一二)は並行して撮っていたのですが、『ほかいびと』のクランクアップの次の日、東日本大震災が起こったのです。一緒に撮っているスタッフから、今はこういう映画をつくっている時期なのか、という疑問が出されました。三〇選の方はようやく半ばを超えたくらいでした。そんなとき、知り合いの詩人佐々木幹郎《みきろう》さん、彼は震災直後の東北をずっと聞き書きを集めて歩いていたのですが、震災で倒壊した家の中から朗々と民謡を歌う老人の声を聞いたという、ある女性からの話を聞かされました。もうじき津波が押し寄せてくるというのに一人で民謡を歌っているのです。結局、危機に瀕したときに出てくるものはポップスでもジャズでも演歌でもなく、風土が育んだ民謡だったのです。それで僕はスタッフに、こういう民俗的なものが、いざというときに地域の力になるのだ、それをきちんと記録することが、ふるさとにとって重要ではないかと話しました。私の東北との関わりはそういうところから出発したということです。

是恒　その後、雄勝《おがつ》を訪れるようになり、『海の産屋《うぶや》　雄勝法印神楽《おがつほういんかぐら》』(二〇一八)につながるのですか。

北村　そうです。撮影は震災翌年の二〇一二年ですが、完成は二〇一八年です。震災一年後に復活させた神楽の世界と、震災を受けた雄勝の現状とを結びつける視点がなかなか見つからなかったのです。雄勝の神楽で最初の演目は「古事記」「日本書紀」の神話から取られたもので、国土は固まらず浮き漂っていたところに神が出現して、島をつくり、国をつくりが始まるのですね。それから悪魔を退治して、産屋を立て、新しい命の子を誕生させる方向に、演目は展開していくのです。

津波に襲われた東北大震災を思うとき、現状は神話の世界ではないかと思いました。記紀に書かれているように、国も土地も形をなさずに、ちょうど水に浮かんでいる脂《あぶら》の塊のように漂っていたのです。日本の国づくり、島づくりは、無から有が生まれるというのではなく、脂のように漂ってぐにゃぐにゃしているものを固定する、固めるというものなのです。大震災の復興と同じです。あの『海の産屋』で見たように、私たちが舞台に選んだ立浜《たちはま》が、何もかも水に流され漂う脂のごとくの状態から、自分たちの土地

海は豊穣の産屋。
この三陸の海辺、新しい命を生む母なる産屋の庭に
祈りと歓びの神楽が舞い遊ぶ。
【ドキュメンタリー映画】
海の産屋《うぶや》
雄勝法印神楽《おがつほういんかぐら》
映画『海の産屋　雄勝法印神楽』
提供：ヴィジュアルフォークロア

をもう一度開いて固めてつくっていく。復興はそういう神話の世界と結びつくのではないかという発想から、映画をつくろうという気になったのです。

立浜へ行って最初にびっくりしたのは、映像に出てくるのですが、阿部良司郎さんという太鼓の名手が、「家は流されて当然だ」と言うのです。びっくりして、なぜですかと聞いたら、地震の国日本で、それは当たり前だろうと。「海を恨んでいないんですか」と聞くと、「全然恨んでない。海は友達みたいなもんだ」と。震災で死者が出たにもかかわらず、そのように言ってのけるこの人たちは何だ、とびっくりしたのです。この雄勝の神楽の担い手たちの発想だと聞きますが、海の神の娘である豊玉姫《とよたまひめ》が産屋で人の生命を誕生させますが、その豊玉姫が一瞬にして龍神に変わるのです。龍神は荒れ狂う海の象徴ではないかと思いました。荒れる竜神と豊穣のシンボルとしての産屋は海の持つ両面のようなもの、その両方で生きていく漁師の実感が、豊玉姫を龍神に変えるというシーンをつくり上げたのだと思いました。ある漁師は、自分たちはいつも海からの恵みだけを考えていたが、そうではないと。海のもう一つの側面、まさに荒れる側面、震災をもたらす側面、そういうものをきちんと見据えながらでなければ、自分たちはこの場所で生きていけないということに気がついたというのです。それにすごく共感をして今度の作品をつくりました。

阿部良司郎さんが「海は友達みたいなもんだ。海を恨んではいない」と言ったときに、ふっと浮かんだのが江戸時代に生きた良寛さんです。

一八〇〇年代だと思いますが、新潟を中心に三条地震(一八二八年)がありました。新潟で一万二千戸が壊滅して、死者の数も一五〇〇人ぐらい出たというときに、良寛さんも被災して、友人の俳人からお見舞いの手紙をもらいます。手紙をくれた人も地震で子どもを亡くしたことを、良寛さんは知っていました。良寛さんの返事は、災難に遭う時節には災難に遭うがよくそうろう、というのです。さらに、死ぬる時節には死ぬがよくそうろう、これはこれ災難をのがるる妙法にてそうろう、というのです。被害を受けた人に対してびっくりする言葉ではないですか。調べてみると、この手紙を書く前、良寛さんは「かにかくに止まらぬものは涙なり」という一文を残しています。なぜ自分はこのように年を取り、生きながらえて、こんな悲しみに出会うのかということを良寛さんは嘆いていたのです。その良寛さんが、災難に遭う時節には災難に遭うがいい、死ぬときには死んでいいと言うのか。私たちは良寛さんの言葉からどのような真意を汲み取ればいいのだろうか？

東日本大震災もそうですし、もっとすごい南海トラフ地震のようなものが近々来ると予想されているなかで、もちろん努力して対策を立てて被害を少なくするようにしなければいけないですが、人知を超えた、ある種の天の領域というか、天災というものが否応なくやって来るのです。地震国日本は、どんなに手を尽くしてもどうしようもなく被害を受けるのです。三条地震という現実に遭ってしまったら致し方ない。受けたという現実を直視しなければいけないのではないか。良寛さんに手紙をくれた人が、子どもの死にずっととらわれていたら、それだけで終わってしまう。そうではなく、現実を直視して新たなかたちで出直してほしいという、むしろ励ましの言葉が良寛さんの言葉ではないかと考えたのです。良寛さんはひどい、災難に遭うときは遭ってもいいと、けしからんことを言う人だと非難する人もいますが、良寛さんの真意はそうではないのです。嘆いて、嘆いて、嘆いた後に、受けた現実を直視して、苦しみを認め、そこから生きていこうという励ましの言葉ではないかと思います。

東北を回ってみると、海に沿って堤防などもかなりできていました。あのようなかたちで努力をしているのでしょうが、震災が来たときに役に立つのか、漁師の人たちに聞くと、海が見えなくなることがもっと怖いと言うのです。むしろいつも海を見ながら、海の表情を読みながら、今日は漁に出るか出られないかと、海を見られるのが最大の防災だと、高台のようなところで、細やかな海の表情が見えないところで暮らさなければいけないことの危険を、漁師の人たちは心配していました。たしかにそうではないかという気がします。

雄勝法印神楽の中心を担う漁師の末永千一郎さんは、自然のプラス面だけではなくて、マイナス面もきちんと合わせて考え、その中で生きていくしかないのだと。当たり前のことかもしれないが、かれらにとってもそういう海への認識がきちんとできた。立浜を離れていく人が半分以上いたなかで、ここで生きていこうと決意できたというのです。だから神楽の復興にも全力を尽くしたし、あのときはすごく熱が入って舞うことができたと言っていました。

是恒　その時ごとの心のありようも、震災直後の状態と、一年後、八年経った現在と、どんどん変わっていきます。それもまた映像というかたちで残っていくのでしょうか。

北村　うちの若手が撮った『廻り神楽』(二〇一八)も、六年後の震災の様子です。映画は、震災の被害はこうだった、悲しみはこうだったということを描くものではない。私たちは、むしろ現在というものを、営々と続いてきた海の民の被災地の歴史と民俗を絡めながら描くべきではないかと考えました。

岩波書店のDVDブック『甦る民俗映像』(二〇一六)は、渋沢敬三《けいぞう》と宮本馨太郎《けいたろう》の昭和初期の日本の民俗の映像を編纂したものです。渋沢敬三は、日本の資本主義の父といわれる渋沢栄一の孫で、若い頃、民俗学、動物学、生物学に興味があって、そちらの方に進もうとしたのですが、栄一の跡を継ぐことになり、経済人、銀行家として活動し、戦争中は大蔵大臣になりました。彼は早くから映画に注目し、イギリスに行ったときに買った一六ミリフィルムのカメラで各地の日本の姿を撮り始めるのです。昭和の初期に花祭りなども撮影しているし、新潟、東北も含めていろいろなものを撮影しています。下手くそだけれども、七、八〇年経つと写っているもの全部が民俗なのです。風景も家も、着ているものも何もかも。一コマ一コマが歴史であり、民俗であり、当時はこうだったのかと認識をさせてくれるのです。動く映像は、見る者に写真よりもっとリアルに喚起力を与えてくれます。その意味で映像は、そのとき写し取った現実を、長いスパンで記憶させ続けてくれると思います。

映画『廻り神楽』より
©ヴィジュアルフォークロア

もう一人の宮本馨太郎は渋沢敬三の弟子で、後に立教大学の教授になりますが、彼自身も早くから民俗芸能と物質文化に目を向け記録しています。九・五ミリフィルムのシネ・パテというカメラで一二時間ほど撮っているのですが、三〇年ぐらい前から復元作業に取り組んで、その映像を解説を付けて出版しました。渋沢のだったか、秋田の「なまはげ」など、今見られる「なまはげ」は鬼に近い感じですが、当時撮ったものを見ると、得体の知れない南方系の妖怪のような感じでした。

是恒　記録が残っていてこそできることですね。

北村　二人が昔、撮影した地域に行って、残っている同じ行事を撮影し、当時とどう違うのか、どこが共通して変わらないのかということを、「宮本記念財団」の協力でうちのメンバーが追加撮影をして調べています。トカラ列島の口《くち》之島《のしま》には平家の落人《おちうど》伝説にまつわる芸能があるのですが、それを伝承している人たちに八〇年前の古い映像を見せると、見るところが違うのですね。足袋《たび》を履いていたのか、足の動きはどうなのかと、すごく細かいところを見て、今の姿と比較するのですね。

是恒　例えば「エンサイクロペディア・シネマトグラフィカ」のように、映像が記録として残っているがくわしい解説がないものは、後の時代に見直すと、取っかかりがないようなもの、新たに解釈ができるようなものもあると思います。映像以外に、解説的な資料としてあった方がよいのでしょうか。

北村　映像の場合は一回性です。だからナレーションにしても、一回聞いて耳に入ってくるものでなければ、なかなか理解しがたいところがあります。映像と別に、きちんとした文字の報告書や論文を残すべきだと思うのです。両方を残してはじめて意味のある記録になると思うのです。記憶というものは年月が経つにしたがってあやふやになっていきます。

こんなことがありました。八〇年前の植民地時代の朝鮮を撮った短いフィルム、宮本馨太郎の『朝鮮　蔚山達里にて』（一九三六）があります。その中にゴム靴を履いている朝鮮の人たちが出てくるのです。それを見た地元の長老や韓国の民俗学者が、「これはやらせだ」と。要するに日本の植民地政策を正当化するために、これほど生活が豊かになったということを示すために、靴を配って撮影をやったのだと言いだしたのです。それを上映した韓国人の私の友人、崔吉城《チェキルソン》さんは、宮本馨太郎はそんなことをする人ではないと思って調べたのです。すでにそのとき現地にゴム靴の工場がありました。つまり、記憶というのはものすごく曖昧で、きちんとした映像があったことが事実を示していると感じて、〈記憶と記録〉について、非常に印象的に語ってくれているのです。

おそらく震災の記憶にしても、きちんとしたかたちで残しておかなければ、本当に曖昧になっていくことは人間の記憶の宿命としてあり得ることだと思います。

是恒　東北大学では二〇一八年一〇月に『廻り神楽』を上映しました。震災の映像記録というと、被害の場面が圧倒的に多いです。今後の防災のためにも被害の大きさを伝えることは重要ですが、その後も続いている生活の中で、何を考えてどう生きていくのかということを考えると、民俗的な視点、その時々の人の心のありようがどう変化したのかということも、とても重要だと思います。震災に関するドキュメンタリー映画では、何かしら地域のお祭りや行事の場面が入っているものが多いようです。それがすごく特徴的だと思います。その人たちがどういう思いを抱いているのか、普段はなかなか行動に表れないことでもその場面に表れてくる印象があります。

北村　『海の産屋』のときは、生活の再建より何よりも、精神的な支柱を求めてみんなが走っている。これは何だろう、という感じがしました。文化はふつう、生活の余裕があってのものだと思っていたら、じつはそうではなかったというのが驚きでした。

これは余談ですが、去年、岸和田の「だんじり」に行ったのです。最初はあまり興味がなかったのですが、命がけのすごい祭り、これは「だんじり」で生きている町だという感じがしました。子どものときから年齢による階梯のようなものがあり、祭りの役割を横のつながりで担っているのです。感動したのは「だんじり」が疾走する後を、お母さんたちが三歳、四歳の子どもの手を引っ張ったり、おんぶしたりで、追っかけていくのです。その頃から子どもに「だんじり」をすり込ませて、高校生になれば一人前として参加させている。町全体が、数日の祭りのために、一年間全部を向けているように見えます。私たちの面倒を見てくれた三兄弟は七十過ぎの人ですけれども、お父さんの遺言が、「一人は働け、あとは祭りをやれ。働く一人がきちんと祭りをやる奴の生活の面倒を見ろ」というものだったそうです。私がだんじりに感動したのは、ふつう山車《だし》は神を呼んで神を乗せて走りますが、うちは神を呼ばない、と言うのです。神様を呼んだら、だんじりの屋根の上に乗って舞えないから、神様と関係ないと言うのです。それがすごく面白かった。これは俺たちがつくった祭りだと言うのです。この「だんじり」もそうですが、地域の祭りは、地域にあるのが当たり前のようだが、それを持続させる底力はす

映画『廻り神楽』より
©ヴィジュアルフォークロア

ごいなという気がします。

是恒　外の人から見ると、なぜそこまでやるのかとも思えるものも、その祭りに関わっている方々の一人ひとりに目を向けると、見えてくるものがありますね。

北村　岸和田の集落全体の動きは生活レベルにも及んでいて、この間、台風で大きな被害を受けたときは、祭りの組織が機能して、町内をすぐに片づけた。大阪でも一番早かったのではないかと言っていました。そういう統制、祭りで培われた組織力のようなものが日常の中でもすごく生きているのです。

是恒　映画制作で苦労することはありますか。

北村　何でしょうね。みんなは金の苦労と言うけれども、私はそういう感じはあまり持っていないのです。金がなくても一人で突っ走る。すると何か風が起きて前へ進んでいく。むしろ撮りたいものがなくなったときが一番苦しいのではないか。これは今やるべきだと思って撮影したことが、五年後、一〇年後に生きてくるのがうれしい。金がかからないようになるべく一人で撮ります。民俗的なものは、何年経っても色褪せず価値が落ちないので、仕上げは後でいいかと思っています。

是恒　北村さんが関わった映像は、広く一般に向けて見てもらうというよりは、どこかの地域で必要な人というか、それを受け継いでいく人に手渡されることが多いのでしょうか。

北村　映画というのは上映して見てもらって完結すると思うのですが、僕はつくったらもういいやという感じで、上映にはあまり熱心ではなかったんです。テレビでは一回の放送ですぐに一千万、二千万の人たちが見るのですが、最近では小劇場で一〇人、二〇人の人たちに上映し、一緒に話をする方が実りがあると思っています。一方的な放送ではない、インタラクティブ(双方向)な関係をつくれる上映がいいなという気がしています。震災の映画などはとくにそういうものではないでしょうか。

是恒　震災に関する映画でも、被災地から離れた人にもわかりやすくつくろうと意図されたものは、遺体が見えるシーンを入れたり、津波の様子を入れたりされます。それがあるから、むしろ被災地の人が見られないということもあります。わかりやすく広く見てもらうために必要な表現と、そうではなく、ある特定の地域の中で、後の世代が自分たちの文化を知っていくための表現は違うのかもしれません。

北村　映像をドラマチックにしたいから、どうしてもそういうものを入れてしまうのです。『海の産屋』にしても『廻り神楽』にしても、地元の人たちは被災している状況を見るだけでもつらいと言います。それをどのようにしたらいいのか、なかなか難しいところです。ただ、五〇年後、一〇〇年後に、死者何人、全壊家屋何軒と数字として残されただけでは、映画としては記録にもならない無味乾燥なものですよね。

東北の民俗芸能は、変わらないところと時代や状況によって変化していくところがあると思います。だからものすごく多様で、いろいろなものを包括する底力を持っていると思います。修験《しゅげん》の担っていた多くの芸能は、明治政府の神道化政策で排斥され、形を変えていきます。『海の産屋』の雄勝法印神楽にしても、明治期に修験道そのものが禁止されて地元の有志が担っていくようになっていきます。演目も当然変わっていくのだけれども、変わらないものがある。『海の産屋』を見ると、ある演目が修験的だというのがよくわかるのです。出てくる神の名前を記紀の神名に変えただけで、修験のもつ悪魔払いとか、場を払い浄める呪術的なものがすごく多く、きちんと残っているのです。そういう意味では、時代をうまくくぐり抜けながらも根本をつなげていると思います。『廻り神楽』を見ても、もともと修験の力が強かったときの神仏習合的な形態を「神楽念仏」の中にきちんとなしている。それはそれですごい。残すべきものは残しているし、受け継ぐべきものは受け継いでいるということを強く感じました。だからこそ地域の芸能なのだと思います。

是恒　震災に関する映画は他の作品と比べて、見てもらうことに困難さがありますか。

北村　そうですね。『廻り神楽』の地域は、みんな見たくないというか、忘れたいという感じではないでしょうか。そういう意味で、見てもらう人が少なかったのではないかという気がします。

是恒　大学や研究者と共同で映像をつくる機会は多いのでしょうか。

北村　ヒマラヤに行ったときは、九州大学の教授に仕事を休んでもらい、二か月ご一緒してもらったり、中国科学研究院と日本の学者と合同チームをつくり、その研究と映像を結びつける作品がけっこう多かったです。いろいろとそのフィールドの研究者の論文を読み相談しますが、今は私自身、生半可ですがある程度民俗的な知識を得たので、あまり相談をしなくなってきました。しかし、そのフィールドに入っている人に監修してもらって撮るというのは、映画・テレビ界ではよくやっています。

是恒　研究者と映像のつくり手との協働にはどういうかたちがあるのでしょう。映像をつくる側から協力を求めることが多いですか。

北村　今は若手の人類学者が映画に進出してきて、研究者と映画をつくる人は分けられなくなってきています。四〇年前、僕らが「日本映像民俗学の会」をつくるときに、民俗学者は民俗の専門家でありながらカメラマンであるべきだし、映画人はカメラを回しながら民俗の専門家であるべきだと呼びかけました。両者を兼ね備えられたものになってほしいという願いが、ようやく実現しつつあります。私自身も民俗的なものはなるべく自分で回します。そうすることで見えてくるものもあります。もちろん、大きな行事などカメラマンに参加してもらった方がいい場合もあります。自分で回すのか、カメラマンに参加してもらうのか、ケース・バイ・ケースで考えます。

私がなぜ自分で回すようになったかというと、カメラマンに「あれを撮って」「これを撮って」と指示してからだと、チャンスを逃してしまうからです。現在進行形の民俗芸能は、一瞬一瞬、素早く判断して撮らなければならない。被写体の動きや持ちものに本質的な意味があると感じてから「あれを撮って」「これを撮って」と言っても、もう間に合わない。撮り逃すのです。それを考えると、ある程度、自分で回せる技術を持たなければいけない。技術的なあれこれということよりも、何を撮りたいのかということだと思います。

是恒 そこに、独自の視点が表れるのですね。

北村 撮る前にはこういうふうに撮ろうという構想はあります。しかし僕は、どちらかというと撮りながらテーマを発見していくタイプです。最初の発想に固守したり、とらわれたままだとうまくいかない。現場に素直に反応しなければいけないのです。ドキュメンタリーはそのとき現場で感じたことを組み込んで撮っていかなければ面白くならないです。

松原 保

まつばらたもつ／『被ばく牛と生きる』監督

二〇一九年二月二七日　株式会社パワー・アイ（大阪府大阪市）

是恒　『被ばく牛と生きる』は初めての長編映画とのことですが、映像で表現されるようになったきっかけを教えてください。

松原　私はもう六〇歳になろうとしているのですが、四〇年近くこの世界で生きてきました。最初は大学を卒業して、東京で音楽関係の仕事をやっていました。音楽もすごく表現力があると思ったのですが、映像が加わったときにはもっと人に与える力があるものかなと思い、映像の世界に入りました。高校生のときに八ミリ映画をつくったこともあったので、面白いのではないかと思いました。

もともとは、大学のときに探検部に入っていて、記録映像を撮る役をしていて、記録映像にはまったということもあります。子どもの頃は、「すばらしい世界旅行」だとか、日本人が知らない世界のさまざまな出来事を見るような番組が好きで、けっこう憧れていました。自分もああいう世界に飛び込んでみたいなというのは、前々から思っていたのです。でも自分が思っているようなことというのは、ジャンルがニッチなわけです。日本の映像産業からすると、自分がやりたいようなドキュメンタリーとか、ネイチャーものというのは、非常に間口が狭い。どちらかというと、昔から主流はバラエティ。私も映像の制作会社に入ったのですが、企業PRだとか、コマーシャルがメインでした。真面目にドキュメンタリーができる場があまりなかったのです。ずっとそれがくすぶり続けて、いつかやはりやってみたいという思いがありました。

今から二〇年ぐらい前、ＮＨＫの仕事で三〇分のドキュメンタリー番組の制作をするきっかけを与えていただき、そこからこういう人間を撮るような、自然を撮るようなドキュメンタリーを仕事にしていければと思っていました。その仕事は三年ほど続きましたが、やはりドキュメンタリーというのは、今の日本でふつうに生活していくには非常につらい世界なのです。お金にならないのです。とくに私は大阪をベースにしているので、ドキュメンタリーの仕事というのは、ほとんどないに等しいのです。東京に行けば多少はレギュラーの仕事があるのですが。民放局で放送しているドキュメンタリー枠というものも、基本的にはテレビ局の正社員がつくります。だから、われわれのような外部プロダクションには依頼は来ないのです。

ＮＨＫでは、局員が手いっぱいなので外部の力を借りてやっているのですが、大阪では外部プロダクションに託すということは基本的にないと思ってよいくらいの仕事量です。民放の場合はスポンサーもつかないですから。関西をベースにしてドキュメンタリーをやりたいというのは、需要と供給のバランスがもうまったく乖離しているわけです。そこで、日本をターゲットにするのではなく、世界の放送局とか、フィルムメーカーたちと一緒にできないかと、外のマーケットに目を向けて二〇〇九年頃から海外への取り組みを始めました。

その中でいろいろな気づきがありました。一つは、私も当初は「クールジャパン」のようなかたちで、日本のいいところ、きれいなところを相手に知らしめることが素晴らしいものだと思ってアピールをしたのです。けれど向こうが求めるものというのは、そうではない。いいものもあれば、悪いものもある、それを冷静に比較して情報提供をしながら独自の目で物語をつくる、そういうものを海外のドキュメンタリスト、フィルムメーカーが求めているわけです。「私の国はいいでしょう。こんな素晴らしいものがあります」というのは、ＰＲなのです。いいも悪いもひっくるめた現実そのものを知りたい、見たいという、ここがやはりドキュメンタリーの神髄に近いところなのでしょう。私は刀とか、侍《さむらい》とか、日本古来の歴史物に興味を持っていました。刀をつくる工程について全部英語で文章をつくって企画提案をしたこともありましたが、相手にしてもらえない。自分が思っているものがなかなか世界には通用しないと思って帰ってきたのが三月一〇日でした。翌日に震災が起きました。大阪だったので被害はほとんどなかったのですが、ニュースを見ていると、福島も含めて東北で起きた津波だとか、映像が飛び込んできて。テレビにかじりつきながら見ていたわけです。福島の様子が映ったときに思い出したのが、私がこの業界に入って一番初めに行った福島の相馬の野馬追《のまおい》でした。あの祭りがどうなるのかということに興味を持って、経過を見ていたのです。

そうしたら原発事故があり、立ち入り禁止になって、放射能汚染。相馬野馬追がもう二度と開催されないというような新聞記事が出たときに、何か今、記録をしておかなければいけないのではないかというような使命感にかられました。また、こういうことを記録して物語にすることで、海外に通用するのではないかと。その二つの思いがありました。それで自ら資金を使いながら、福島に通い始めました。けれども、私もプロの世界で生きているので、自己資金で通ってつくったものを自己満足で終わらせたくはない。なるべく多くの人に見てもらおうと思いました。総務省が国際共同制作事業を推進することに助成金を出し始めたので、その第一回目の提案のときに、相馬野馬追に関わる人たちの復興に向けた闘いを追いかけるドキュメンタリーを提案しました。日本を代表するドキュメンタリー作品になる可能性があるという評価が下り、予算がつきました。それで、シンガポールのヒストリーチャンネルと一緒に国際共同制作をしました。

相馬野馬追
（映画『被ばく牛と生きる』より）
©パワー・アイ

そのときも日本の視聴者をターゲットにするのではなく、アジアの人たちをターゲットにする、アジアに日本を紹介したい、日本の現状を紹介したいという思いからスタートをしました。福島にずっと通っていくうちに、『被ばく牛と生きる』のテーマとなる人たちとめぐり合いました。いろいろなところに企画提案をしたのですが、どこも採用してくれず、五年近く自費で取材を続けて映画を完成させたわけです。

是恒　被ばく牛に関わる人たちとの出会いから、映画をつくろうと考えた動機は何だったのでしょうか。

松原　最初は映画にしようと考えていませんでした。私はテレビ畑の人間だったので、テレビドキュメンタリーの番組として、NHKで放送してもらえないかとずっと考えていたのです。NHKに提案をして、ある程度のところまでは行ったのですが、結局は採択されませんでした。一年目の提案と、二年目の提案はどんどん状況が移り変わっていくので、提案する企画の内容が少しずつ違ってきます。二年取材をしたらもっと違った面が出てくるのではないか、違った動きが出てくるからそれを追いかけていけば、もっと震災にフォーカスが当たる物語にできるのではないかということで、どんどん自分で取材をしていきました。その頃から東日本大震災をテーマにした長編映画が登場してきます。震災発生後一年目の終わりぐらいから二年目なんて、けっこうな数が出ていたのです。震災ドキュメンタリー映画って、こんな短時間でつくっていいのだろうかと不思議に感じました。一年目、二年目でつくったものは、社会的なインパクトはあったのでしょうが、やはり中身が「ん?」と思うような作品が多かったです。もちろんプロが撮ったものもあるのですが、素人の方たちが記録をしてそれを積み重ねて編集をして出来上がった、それがたまたま八〇分か九〇分になったから、ではこれを映画として出そう、みたいな。映画が後付けのような気がしていました。勢いでつくった作品が多いという気がしたのです。

自分は二年目でもまだ映画にしようという意思もなかったし、テレビのドキュメンタリーで何とかしたいという思いで、また来年も自費でこの取材を続けなければいけないというのが続いている状況でした。そのうちにまたいろいろな人たちが震災映画をつくっていっていました。四年目にもなると、テレビも震災番組、ドキュメンタリーというのに目新しさがなくて、これ以上やっても被ばく牛の企画は採用されないだろうと思ったのです。そのとき初めて、映画という方法もあるのかなと思うようになりました。でも自分はまだ映画など一回もつくったことがないし、配給のこともまったくわかりませんでした。つくることはわかるのですが、その先が全然知らない世界なのです。どう宣伝して回収するのかということです。

その前の段階として、自分がやっていることにテレビ局が乗ってくれないということは、ある意味では社会がこの企画に対してあまり興味がないということなのではないかと。自分の作品そのものが世間の関心をあまり生まないのではないかと思いました。大阪の阿倍野でたまたま、ヒューマンドキュメンタリー映画祭のコンテストがありました。そこで二〇分の作品を募集しているからと、今まで撮りためたもので作品をつくって評価してもらおうと思いました。もう自分ではずっとやり続けてきて、いいか悪いかさえ、面白いというか物語性があるのかさえもわからないところに迷い込んでいて、そのときに何とか二〇分のかたちに編集したのです。するとグランプリがとれて、初めてこれは作品としても評価に値する企画なのだと、はっとそこで気がついたのです。しかし、私のものは所詮、二〇分の短編です。ドキュメンタリー映画祭ですから、知っている顔もいたし仲間もいて、かれらが同じ会場で長編の映画をつくったものを流すわけです。映画が終わった後に、どういう思いでこの映画をつくったのかということを、みんなの前で話すのです。それを見て聞いたときに、「映画というのはものすごく観客と一体になれるようなパワーを持つ手段というか、メディアだ。これはやりがいがあるメディアではないか」ということを思い知り、少し悔しさもありました。その映画祭で昔、顔なじみであった在阪の放送局に勤める榛葉《しば》(健《たけし》)さんと出会い、プロデューサーとして加わってもらうことになり、作品が完成したわけです。

是恒　映画は観客と一体になれる、というのはどういうところでしょうか。

松原　映画を見た人が監督のところに来て、「あなたの映画を見て、私の人生が変わりました」とか、「感銘を受けました」とか、そんなことを言うのは滅多にないことです。言われた側はどれだけ嬉しいか、やりがいがあったか、そんな場面を見たときに、自分もそういうふうになれればいいなと思いました。だから映画というのは、その人の持っている価値観だとか、人生に別の道を切りひらく力を与えるパワーがあると思いました。映画だとやはり監督、スタッフにも興味を持ってもらえます。テレビのドキュメンタリーでは、「いいな」と思ってもやはり少ししたら忘れてしまうのです。映画はその点、少し違うなと思います。私も最終的に、自分でこの映画をつくって、いろいろな場所で講演をしたときに、何人もから「これで私の考え方が一八〇度変わりました」と言われたときに、やりがいを感じました。

是恒 東北大学での『被ばく牛と生きる』の上映会のアンケートでも、知らなかった事実があったことと、被ばく牛のことだけではなく日本の家畜の状況全体を考えるように視点が切り替わったんだな、と感想を読んでいて思いました。

松原 そういうところにやはり映画のパワーがあります。それを与えるだけの作品力というか、それをつくれる人間というか、監督力というのでしょうが、やはりそういう高みを目指したいと思います。私などは五年を過ぎて出来た震災映画だったし、福島の原発のことに関しては、配給会社と話したときから「これはもう観客は入りません」と断言されました。それでもつくった以上、一人でも多くの人に見てもらいたいから、配給会社にも宣伝費を払って、全国の上映につなげてもらえるようにしたのです。

是恒 上映している場所は主に関西と首都圏ですか。

松原 やはり人口の多いところです。東名阪、神戸、ときどき松本とか長野とか、教育に関心が高い都市というのがあるのですが、そういうところの映画館を経営している人たちが関心を持ってくれています。今、日本全体でそういう単館の劇場の経営がものすごく苦しいのです。みんなシネコン化していっているわけです。シネコン化するということは、メジャーな映画しか見られません。マイナーな映画、とくにドキュメンタリーもそうですが、見る環境も多様性がなくなってきています。そのようななかでもつくり手はどんどん増えているわけです。今、ドキュメンタリーだけでも年間三千本から四千本ぐらいはつくられています。

是恒 機材の軽量化も一役買っているのでしょうか。

松原 それと、やはり編集がパソコン一台あればある程度できるようになったからです。でも映画館が減っている以上、発表する場がない。映画館の方も、どういう映画をチョイスして流すかということになると、経営的な判断が優先され、やはり人が入る映画を選びます。では、人が入りそうな映画というのは何かというと、まず今までの実績があるということです。新人の監督はもちろん知名度がない。話題性があれば別なのですが。そこで、何を頼りにするかというと、配給会社が付いているか付いていないかです。配給会社が付くということは、ある意味で保証をされている。新聞社とか雑誌社だとか映画関係者にも宣伝をしますから、映画の話題性が高まります。これが配給会社が絡まない作品になると、監督さんはおろか、スタッフ、プロデューサーが自分で宣伝活動を全部やらなければいけません。映画雑誌に書いている記者に自分の作品を届けるための連絡先だとか、担当部署のリストもないから、的外れな人にアプローチしても全然駄目なわけです。

是恒　福島での取材中、撮影はずっと行われていたのですか。

松原　撮影は自分でやったのと、カメラマンだけは一人連れていったときとがあります。福島への取材回数の中で六割ぐらいはカメラマンが同行しています。やはり自分で監督しながら取材し、カメラを回すと、どうしても客観的なものが見えないのです。レンズを通しての世界しかわからないから、レンズが外れたところで何かが起こっているということに気づかない。これが二人いて、カメラマンが撮っている、私がその横で見ている、あちらで何か新しい動きがあるなと思ったら、カメラマンにそれを伝えて、「今はもうこれはいいから、まずは向こうに撮りに行こう。向こうの方が今の時点でプライオリティが高そうだ。こちらは後でも撮れるから」というような指示ができるわけです。これが一人だと、そこまで見えないのです。

それとやはりテクニカルな、技術的な問題でいうと、私はカメラマンとして修練してきたわけではないので、どうしても映像的には弱くなります。海外に行くと、日本との差というか、映像美に関する価値観の差があります。海外はドキュメンタリー映画の中にも美しさというか、フォトジェニックさを求めるのです。ある一瞬のシーンが、これなどはドラマみたいなシーンだなと思うようなときがある。それをかれらは演出として考えるわけです。日本人の考えるドキュメンタリーというのはやはりリアリティの追求なのです。だからそこを追求しすぎるがあまり、映像美に届かないということがあります。それが、日本のドキュメンタリーが海外に出ていっても、なかなか賞がとりづらい一つの要因にもなっていると聞きました。

是恒　東北大学でドキュメンタリー映画の上映会を開催してみて、参加者の方が思っていらっしゃることとして、ドキュメンタリー映画というのはすべて真実を伝えているものので、そこには脚色も意図もないものだ、という気持ちで見ていらっしゃいますね。

松原　私も海外に出て言われたのは、ドキュメンタリーもエンターテインメントだということです。ドキュメンタリーとはいえ映画そのものもそうですし、テレビでもエンターテインメントだと、「あなたはプロフェッショナルなのでしょう。その作品をつくることによってお金をもらって、見ている人を喜ばせる、楽しませる、悲しませる。それは作品力だし、それ全体がエンターテインメントだ。報道ではない。ニュースではない」と言われるわけです。日本人の考えるドキュメンタリーというのは、どちらかというとニュース報道に近いのです。でも海外では違います。われわれが信じられないようなことですが、例えば誰かが震災で亡くなって、お墓でお父さんやお母さんが手を合わせているところをカメラが撮ります。ずっと黙とうして、では去りますといったときに、「すみません、もう一回同じことをお願いできますか。カメラでこちらから撮りますから」と言うのです。

是恒　それは相当、被写体と近い関係の人でないと頼めないような気がしますが。

松原　ふつう、日本人の感覚だとそうなのですが、かれらの美意識は違うところにあるのかなと。いいものをいい状態で撮るのがプロフェッショナルだという意識なのです。もちろん人間の感情があるので、そんなに無茶はもちろん言いません。やってもいないことをやらせるわけではありません。だからここの震災で流れてしまった一本道をずっと歩いてきてくださいというときに、カメラはずっと後ろで待ち構えて、「ではどうぞ」と言って歩いてくるのです。ドラマみたいに、ドラマのやり方と同じです。例えば、クレーンに乗ったカメラマンが待ち構えているから、被写体が歩いてきたときに、クレーンがぐっと上がっていったりするシーンが撮れるわけなのです。日本人のドキュメンタリストにはそれをやろうという感覚は少ないと思います。

是恒　映画の世界観を表現するための技術なのですよね。

松原　やってもいないことをやらせるのは「やらせ」なのですが、一度やったことを、そのカメラがあるときにやっていなかった、だからカメラがあるときに、「すみません。今までやっていたことと同じことをやってください」というのはやらせではないと私は思うのです。でないと、カメラがいるときに、そのタイミングでやろうと思ったら、二四時間つきっきりにならないと撮れないですから。日本人のつくり方と海外のつくり方が違うのです。海外では、ある意味もうストーリーが出来上がった状態で、そこまでのリサーチはすごく時間をかけるのです。リサーチに時間をかけて、物語を組む、構成をするところにものすごく労力をかけて撮影するというのは、効率的なのです。日本人はどちらかというと、ドキュメンタリーはかっちりした構成をつくらない傾向にあります。ある意味では行き当たりばったり撮っていって、後でつなげて構成をしようというやり方が主流です。

海外では、企画段階で「このドキュメンタリーのエンディングはどういったシーンですか」ということが一番重要な要素になってくる。日本人は「それは撮ってみないことにはわかりません」ということを言う人が多いのですが。そこのクリエイティビティというのがやはり、日本と海外の大きな差です。かれらもわからないのですが、わからないなりに、自分の物語だとしたらこんなエンディングにしたい、でもそれが現実でなかったら、もちろん現実に変えていくわけなのですが、それを予測しながら、やはりできるだけそこに近いものをチョイスしていったりします。そこが日本のドキュメンタリーと海外のドキュメンタリーのつくり方の大きな差です。

やはり、ドキュメンタリーを記録とかニュースだと、日本人は思いがちなのです。ニュースというのは、二分、三分、五分、長くても一〇分です。一〇分の中に情報が埋まっていればそれでいいのです。映画は六〇分、七〇分、八〇分。情報だけでは見られない。そこにやはり物語があって、主人公に感情移入をして、見ている人が物語の中に入り込めるようなストーリーがいいと言われるのです。それがどちらかというと、ニュース、記録という概念で取材、編集をする人が多いです。何本か見た中で、震災映画はいろいろなところに丁寧に取材をしているのですが、ここを取材しに行きました、まとめました、次、別の人のところに行って、こんな状況で、こんな苦労をしている人がいます、また次のところに行きますと、ぽんぽん飛んでまたそれが半年後に同じところに帰ってきました、と。ものすごく目移りするのです。だから情報としては、宮城県で津波のために家族を亡くして、今どうこうしていると、こちらは岩手県のどこそこで町ごと流された人がいる、そういういろいろな人がいて、ぐるぐる情報として回っていくのですが、結局、見ている人間が感情移入できる主人公は誰なのかとなるのです。だからそういう意味で、やはり絞り込む、取材対象を絞り込んで、見ている人が、取材対象の心の中にぐっと引き込まれるというか、主人公と同じ考えになるような映画は深みがあって強いわけです。

是恒　福島では、この映画に登場されない方も多く取材はされていたのですか。

松原　しましたが、途中で、私ももうこれはそんなにたくさん取材をしても目移りするから、本当は登場人物はもっと絞りたかったのです。この映画では、吉沢(正巳《まさみ》)さんが出て、池田夫妻(光秀《みつひで》さん、美喜子さん)が出て、山本(幸男《ゆきお》)さんが出て、柴(開一《かいいち》)さんが出て、渡部(典二《ふみかず》)さんも少しだけ出ていますが、そこに岡田(啓司)先生も登場したり、また鵜沼《うぬま》(久江《ひさえ》)さんも少しだけ出ているから。私が言っているのと正反対で、はっきり言って登場人物が多すぎるのです。だからバランスを大切にしました。最初は吉沢さんを中心とした物語にしようと思っていたのです。いろいろな人の意見を聞いたり、私も吉沢さんと実際に話していると、やっていることはもちろん素晴らしいし、吉沢さんの意見にはもちろん賛同するのですが、どうしても活動家という色眼鏡で見てしまい、引いて見てしまう方が大勢いるのです。自分はあんなふうにはなれないし、あの人に感情移入はできないという人の方が断然多いのです。

吉沢正巳さん
(映画『被ばく牛と生きる』より)
©パワー・アイ

　吉沢さんに感情移入ができる人というのは、やはり同じような活動家に近い、ボランティアをやっていたりとか、すごく意識の高い人だけなので。では、そういう意識の高い人だけに向けての物語でいいのかと思ったときに、少し違うなと思いました。多分、吉沢さんを主人公にした方が、もっとシャープな物語にはなったとは思います。では、吉沢さんが福島の原発被害者の代表例かというと、多くの人たちとは違うぞと思ったときに、一番対称的なのが、原発を推進してきた山本さんでした。また全然違う立場で、大熊町《おおくままち》の池田夫妻がいました。この三者三様を客観的に見ている研究者がいるという構図がいいのでないのだろうかと思って、取材を続けました。

そして後になって出てきたのが柴さんだったのです。私が何度も福島に行っているときには、柴さんはその中にはいなかったのです。柴さんにインタビューをしたときに、「この人のいるところはすごい危険な場所だ」ということを知り、「もうあきらめます」というようなことを言われた。これには愕然としました。みんな飼い続ける人ばかりでしょう。吉沢さんも続ける、山本さんも続ける、池田さんも絶対折れません。「俺、もうやめます」という人が現れたときに、これは物語としてはすごく重要だと思いました。多分、そう言う方がふつうの人なのです。ふつうの人は吉沢さんにもなれないし、山本さんにもなれないし、池田さんにもなれない。なりたいと思っても、現実面で負けてしまうのです。だからそういう人を取材する方が、物語として共感をしてもらえるのだろうと思ったわけです。

吉沢さんにしても、吉沢さん一人だけをピックアップすると、どうしても活動家にしか物語の中では見てもらえないから、お姉さんを入れて、お姉さんが駄々をこねる弟をしっかりと見守っているというような印象を持ってもらいたかったのです。吉沢さんは結婚していないし、子どももいない。子どもがいると、彼のようにはできないという人の方が圧倒的に多いわけです。これはもう姉弟で、お姉さんがいて、暴走する弟を、「私がしっかり見ていますから」という構図にした方が、吉沢さんのためにもなると思ったのです。私は自分の映画では吉沢さんに活動家のレッテル

山本幸男さん，柴開一さん
（映画『被ばく牛と生きる』より）
©パワー・アイ

を貼らせたくなかったのです。

是恒　こうした方々とはどのように知り合い、関係性を築いていったのですか。

松原　もともとは野馬追の関係者つながりで山本さんを知って、山本さんの取材に行っているときに、吉沢さんが町を回っていて。吉沢さんを取材していくうちに研究者の岡田先生が来て、では当事者とよそから来ている科学的な面から、放射能というか、原発事故のアプローチができないかと思って、岡田先生とコンタクトを取っていると、いろいろな他の人につながっていったのです。

是恒　登場人物の皆さんは『被ばく牛と生きる』にどのような感想をもたれたのでしょうか。

松原　本人が出ているからなかなか言いづらいのでしょうが、山本さんや柴さんは、よくここまで撮ってくれたということは言ってくれています。あとは映画として、ふつうの浪江町《なみえまち》とか牛を生かそうとしている人たちと、吉沢さんの活動とをもっと切り離してほしかった、と言われました。映画の中ではそれも重要な一つのテーマだとは思ってはいたのですが。吉沢さんがやむにやまれず、白斑牛《はくはんぎゅう》を東京まで連れていった。なぜそこまでするのか、そんなことをしなくてもいいのではないのかと、他の農家はみんな思っているわけです。

どちらかというと、多くの農家さんはやはり保守的というか、自分たちの恥をわざわざさらしに行くな、という考えが多いようです。牛がかわいいと思うのだったら、よそさまに迷惑をかけるのではなく自分の中で完結するのが、畜主の責任だろうと。吉沢さんはその閉じたコミュニティから飛び出して、闘う側に回っているのですが。その闘うということに対して、地元には否定的な考えも多いのです。

是恒　吉沢さんも登場するから、この地域の中での問題の多面性というか、皆さんの心情がこれだけ違うということがわかります。

松原　それをうまくバランスとして、どこまで理解してもらえるかが課題でした。だから主人公の誰かに理解をしてもらえればいいのではないかと思います。

是恒　この映画になっている映像が撮られたのが震災からの五年間ということなのですが、もう今、八年が経とうとしています。映画の五年間が今後、震災とその以降の記録として、どのような意味を持っていくでしょうか。映画をつくるなかで、再発見されたことはありますか。

松原　再発見したというより、長い時間一つの地域を取材することで、どうやってみんなが崩壊していくのかということを理解できたと思います。もちろん放射能という物理的に怖い要素があるのですが、一番怖いのはやはり、人間社会のコミュニティの分断ではないかと思いました。

それと、徐々に国が言っていることが見えてきたというか。国はいずれこの土地を何もなかったようにしたいという思いがあります。一年目、二年目まではそこまでは全然見えなかったですが。除染もして、立ち入り制限のエリアをどんどん狭めていく、なぜここまでこんな早急にするのか、本当に除染はどこまで効果があるのか、なぜチェルノブイリを考慮した施策にしないのか。チェルノブイリ法を参考にして、福島法を想定しないのかというようなことを後で振り返ってみると、最初から一つの結論を、事故が起こったときから出していたのだろうと思います。「人間の命よりも組織を重視する」国の考え方というのでしょうか。それが長い時間のあいだで見えてきたということでしょうか。

あとは一人ひとりインタビューを撮っていても、同じインタビューを一年目で撮って、また二年目で同じことを聞いて、三年目で同じようなことを聞いて、映画の中で、ではどれを使おうかと見返すと、その人たちも状況でやはり変わってきています。

渡部牧場
（映画『被ばく牛と生きる』より）
©パワー・アイ

是恒　牛と人との関係や、国の方針について、映画を見た人にも、自分たちが考えるべきものがあると思いました。それが単なるアーカイブとしての記録とは違う、作品の力というものではないかと思います。

松原　福島に関しては、外的要素、政治的要素が多すぎます。もちろん他の岩手とかも、別の取材で三陸は行きましたし、町が壊滅状態になって、みんな家族が亡くなったとか、そういう人たちも取材をして話を聞いてきましたが、やはり福島は少し違います。
心の傷害としては、津波で家族を失った人の方が悲しみは大きいのだろうと思います。でも、津波の被害を受けた人たちにとっては、もうそれは人間の英知を超えた災害だから抗《あらが》いようもないわけです。そうなると、時間とともに自然に忘れていくことしかできないでしょう。福島の場合は、ある意味では人工的な災害、人災ではないかと思います。振り返ってみれば、人間の判断、国の判断によって、もっと違った道もあったのではないかということが、どんどん思い返される。福島の場合は政治のさじ加減一つで、この人たちの生き方が変わる。左右されてしまいます。帰りたくても帰れないということがあります。別のところに移り住んでしまったら、もうそこで人というのは根付いてしまいますから、きれいに除染したから戻ってきてくださいと言われても簡単に戻れません。五年も六年も、別の土地で生活の基盤ができてしまったら、現実面を考えると昔いたところに戻れないのです。

是恒　ドキュメンタリー映画、とくに震災の映画というものは、エンターテインメントとしての映画とは違う文脈での広め方を考えていかなければいけないのだと思います。そこで工夫されたことはありますか。

松原　一つは、やはり寿命の長い映画にしたい。震災映画で、公開のタイミングでインパクトがあるものがどんどん出てきてはいますが、二、三年経って、それをもう一回見たいと思う人はやはり少ないです。私の映画は五年という時間をかけて、六年目に出来ましたが、七年目、八年目、一〇年目になったとしても、またあの映画を見てみたいと思ってもらうにはどうしたらいいのか。時間軸やナレーションの言い方でも、できるだけ「去年」とかいう言い方はやめました。五年経って、「昨日」と言ったら、時間軸がまったく違ってきます。

是恒　海外の方が見たときの視点も考えられたのでしょうか。

松原　考えました。日本語版と英語版のつくりはわざと変えました。日本人というのは、やはりセリフというか、シーンとシーンの間というのをものすごく大切にします。イギリスとかフランス、アメリカはあまり間が必要ないのです。英語版は日本語よりも間を縮めて短くしたのと、音楽を使いました。日本語版はできるだけ音楽を少なくしたのです。でも英語版の方は、音楽で感情移入させた方が見やすいのだろうと思いました。
　知っている背景の情報が日本人とはやはり違うから、見方がどうしても違ってきてしまうのです。やはり表面的なことしか理解されないので。日本と海外のドキュメンタリーを見ても、そういうテンポの違いがあります。それを意識して、海外版に関してはアップテンポにしていきます。日本人には、間を大切にする文化というか。映画の中で、考える余韻を与えるというのでしょうか。映画はやはり閉ざされた真っ暗な空間の中で見るものなので。テレビでそれをやると、すぐチャンネルを変えられてしまいます。情報が次から次に来ると消化できずに進んでしまうから、感情移入ができなくなるのです。行間があることによって、一回自分で飲み込んで、「私だったらどうだったかな」というように、自問自答するというか。だから本当に長く見てもらうためにはどうしたらいいのか。ニュースのように即時的なもので終わらせずに、最後まで余韻を残すようにしました。この福島の事故に関してはまだ結論も出ていないわけですから。

是恒　自主上映を企画されるのはどういう方が多いですか。

松原　いろいろな人です。自主上映をやって、それをどこかから見に来た人が、「周りの人にもこの映画を見せたい」という広がりはすごくあります。

是恒　観客と一体になるドキュメンタリー映画の特性も、自主上映をやろうとする人が次々に出てくるということも、ふつうのエンターテインメント映画にはない構図だと思います。

松原　エンターテインメント映画はエンターテインメント映画で、舞台あいさつはもちろんあります。ただ、ドキュメンタリーの中で監督の思いを話すのは、映画を見た後の気持ちの消化をさらに推し進める効果はあります。映画でわからなかった疑問を聞いて、「そういうことだったのか。それで初めてあのシーンが理解できました」ということにつながるのだと思います。ドキュメンタリーは映画を見ただけですべてがわかるものでもないし、一回見るだけではわからないところもあります。それが監督、つくり手が話すことによって、その場ですぐに疑問が解消できるということが大きいのではないかと思います。だからそうやって質問をしてもらって、理解をしてもらうということがいいので、だいたい自主上映をやるときに、映画が終わってから監督のあいさつを二〇分とか三〇分やって、交流会でもまたコアな話をみんな聞いてきます。

是恒　『被ばく牛と生きる』に限らず、今後の防災、減災に対して映画はどう働きかける可能性を持っているでしょうか。

松原　映画は予防効果しか持てないのではないかと思います。過去に起こった教訓を思い出させるというか、忘れさせないというのでしょうか。あとはもし同じことが起こった場合に、過去にこういうことで失敗したから、次はこういうふうにしようという教材にもなり得るのだろうと思います。

是恒　『被ばく牛と生きる』では、岩手大学の岡田先生が登場されていますが、映画に研究者が協力できるとしたら、どういった関わり方があり得るのでしょうか。

松原　やはり感情だけでなく、冷静な科学の目が映画の中には必要だと私は思います。研究者の力を使って、つくり手の知識を超えていかないといけない。映像と科学的な面というのは、うまくミックスした方がよりいいものができるし、それが映画の中のストーリーに入るのか、映画の外の中のスキームとして組み込まれるのかはわかりませんが、とても重要だと考えています。

岡田啓司

おかだけいじ／

『被ばく牛と生きる』登場人物、岩手大学農学部共同獣医学科教授

二〇一九年二月二〇日　岩手大学農学部

是恒　まず、先生がこれまでに研究されてきた内容について教えてください。

岡田　私の研究は、初期の頃は注射器を使わない獣医療という言い方をしていましたが、牛の健康を維持する、あるいは向上させることで病気を出さない獣医療を目指していました。子牛の下痢症は感染症としてとらえられていたのが、母親の栄養的な問題から生じるものである母乳性白痢《はくり》の存在を証明しました。それがだいたい初期の仕事で、そこから発展して、親牛の血液の栄養診断を軸にいろいろなことをやっていました。

そこから発展していったかたちで二〇〇四年にＯＩＥ（国際獣疫事務局）が動物福祉の原則に関する指針を出しましたが、その指針の中の経済関係の欄中に、動物の福祉の向上は動物の健康を向上させ、それが生産性を向上させて、経済的な影響を生み出すという内容がありました。それまでやってきたものがそこに整理されて出てきたことがわかってきました。つまり、アニマルウェルフェアの計量化です。自分の今の仕事は、獣医療から見たアニマルウェルフェアです。

つまり、今までは目で見てこういう行動があるからこうだ、ああだと言っていたことを、血液で評価したり、それからセンサーですね。生体センサーを付けることで、動物の行動を識別し、ウェルフェアレベルの評価と何を改善していけるか、病気が出る予兆、発情や分娩が発現する兆候をとらえるなどのことが、今のメインの仕事になっています。

是恒　福島で研究を始められたのはいつ頃からですか。

岡田　二〇一一年の八月に、東北大学の佐藤衆介先生から声をかけられて、応用動物行動学会の特命チームとして南相馬市に入ったのがスタートでした。南相馬市の「半杭《はんぐい》牧場」で応用動物行動学会のメンバーとして調査活動を始めました。南相馬市は調査活動に対する支援も積極的にやってくれまして、市の職員が毎回同行してくれるという非常に好意的なスタンスでした。そういう活動をやっていて、その翌年の二〇一二年の四月に南相馬市でシンポジウムをやりました。農家や警戒区域内で牛を飼っている人たちが集まりました。

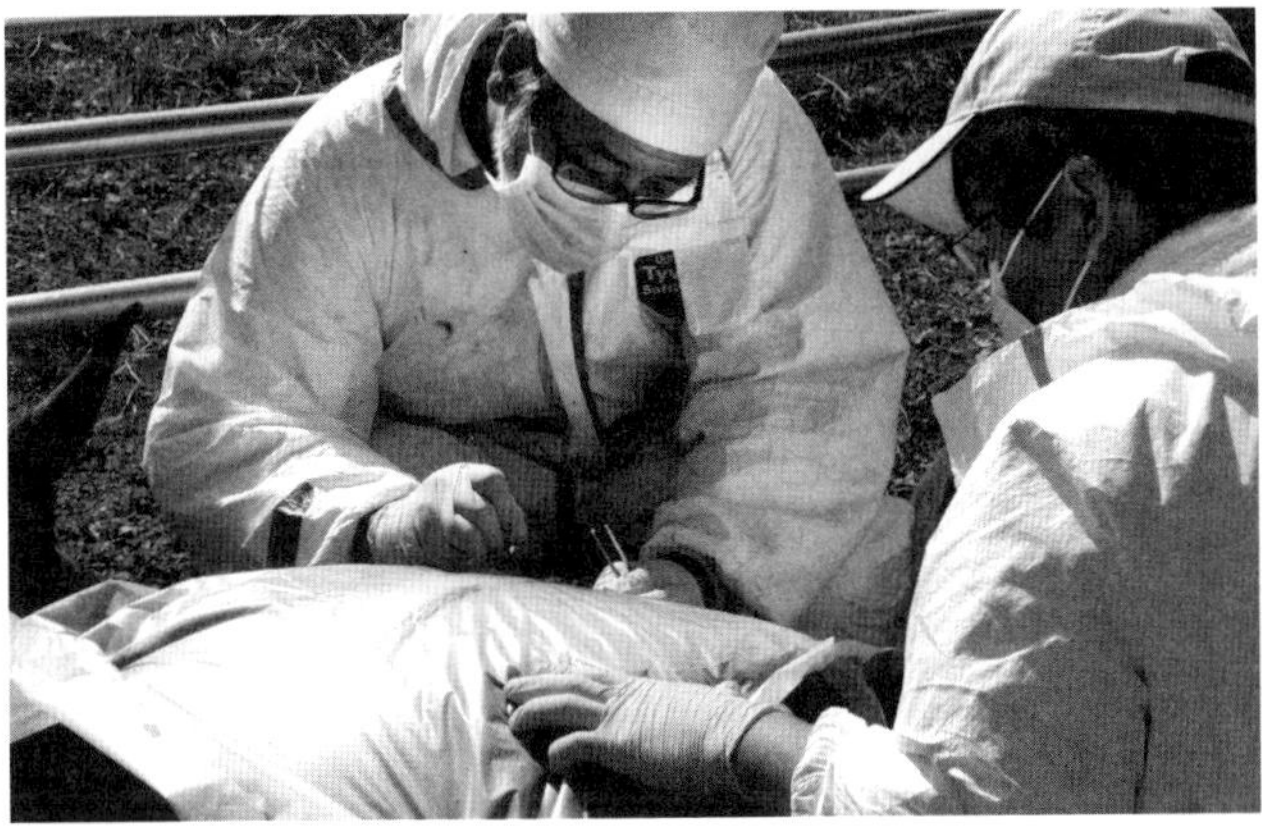

岡田啓司氏
（映画『被ばく牛と生きる』より）
©パワー・アイ

雄牛が大きくなってきてどんどん種を付けてしまい、自然交配してしまって牛が増えて困ると。雄牛は猛獣なので、管理しきれないと言われて。牛舎も警戒区域内で入れませんでしたから、去勢しますかということで、応用動物行動学会の半杭牧場での活動からちょっと離れて、警戒区域内で去勢をしていました。

そのときに「希望の牧場」に所属していた人がいて、その人がコーディネートをしてくれて、全部の農家を回って去勢をやっていきました。だいたい一六〇頭か一七〇頭ぐらい半年間でやりましたが、放れ牛を捕まえてやるのはけっこう重労働でした。去勢が始まったのが二〇一二年の五月。それからだいたい一〇月、一一月くらいまでかかりました。やっていくなかで、これは個人でやっていく仕事ではないと。とくに動物のウェルフェアレベルが非常に悪い農家がありまして、希望の牧場がひどかったのですが、これは何とかしないといけない。日本獣医師会に何とかしてくれと話をしに行きました。あの頃は東北大学にいらっしゃる佐藤衆介先生と二人で国会議員に当たったり、獣医師会に行ったりなど、いろいろとやりました。そのなかで、日本獣医師会でやりましょうと会長が言ってくれまして、日本獣医師会が七月と九月に現地でのヒアリングをやりました。

二〇一二年の九月に、「家畜と農地の管理研究会」という組織を獣医師会の主導で発足していただきました。代表は国立科学博物館館長の林良博《よしひろ》先生で、獣医師会が事務局となり、農家を募りました。農家は、牛を生かすのに名目が必要だと。繁殖は禁止され、区域外に出すことも禁止されています。当然食用にすることも禁止されています。そうするともう、研究用しか名目がないということで、一緒にやっていきましょうという提案をしました。そのためにまず、個体の確認やウェルフェアレベルの改善、食料の確保などをやっていかなければいけない。けれど、改善しないとどうしようもないと考えていた希望の牧場が、直前になって「やはり参加しません」と言ってきました。富岡町《とみおかまち》のNPO法人「がんばる福島」も、加わらないと言ってきました。

希望の牧場に関しては、資本を持っている村田（淳《じゅん》）会長は私たちと一緒にやろうとしましたが、現場の吉沢（正巳《まさみ》）さんとメディアの方々が、やはり研究の対象にするのは嫌だ、動物がかわいそうだと。吉沢さんと事務局と私たちで、ファミレスで話し合いをしました。そのとき、後ろの方で聞いていたのが松原監督で、それが松原監督と最初に会った頃です。それまで松原監督は、希望の牧場をずっと追ってきていたはずですが、劣悪な状況であることはわかっていたようです。村田会長も経営者です。劣悪な状況を改善しなければいけないと思っていましたが、結局乗ってきませんでした。私はその頃から一年くらい、だいぶインターネット上で叩かれました。解剖したり、採血したりは動物虐待だと。希望の牧場はどちらかというと愛護団体が入っていて、ウェブカメラで弱っている動物を映すことで寄付を集めることをだいぶやっていて、研究に使うのはかわいそうだ、悪者だという宣伝をけっこうされました。こちらは黙っているだけでしたが。

二〇一三年の三月までに、「エム牧場」の村田（淳）会長が各牧場に牛を追い込む柵をつくってくれました。そこらじゅうに放たれている牛ですから、個体確認もできません。なので、どの牧場も牛を一か所に集めて個体確認をする場所が必要でした。獣医師会からのお金で追い込み柵をつくって、追い込んで、シュートという枠の中に一頭ずつ一列に牛を入れていって出していく仕組みをつくりました。そのシュートのところで個体確認をして、耳標が付いていない牛には耳標を付けるということを家畜保健所と一緒にやっていきました。あの頃は環境庁が立ち入り許可の権限を持っていました。二か月に一回、人が替わります。人が替わるごとに許可を出せないと言われて。出してくれと福島にお願いをしに行くなど、そういう仕事ばかりをやっていました。そのあたりから、松原監督が私たちの現地入りに同行するようになりました。松原監督と、福島中央テレビとTBS、それから東京新聞と毎日新聞がいつも一緒に入っていました。定期総合調査を二〇一三年の三月をスタートにして、春の調査が五月、夏の調査が八～九月、秋の調査が一一～一二月で、年三回の定期調査を本年度までやってきています。そこに松原監督も来ていました。

映画『被ばく牛と生きる』より
©パワー・アイ

だから二〇一三年の三月で全頭調査をやった後は、あとは粛々とそういう餌の調達や現地調査や、材料採取、牛が病気になったときの治療や、もう駄目な牛の安楽死、解剖などをやっていました。飼い方として、周りの土地も借りて、柵で囲って牛を放していました。牛を放していると雑草が生えてこないので農地保全にもなる。周りの方々のご理解もあってどこの農家もそうしていました。そしたら除染が入ってきますと。そうすると、牛を牛舎に入れなければいけません。ところが、震災後は野良牛だったので雄が増えてしまい、自然交配して牛が増えてしまっています。牛舎に収まりきりません。さらに警戒区域ですから、毎日そこに行くわけにもいきませんし、仕事を持っている人は当然行けません。だから、ある程度放し飼いにしておかないととてもじゃありませんが飼いきれないということで、除染の進行に伴って飼える場所が減ってきてしまって、泣く泣く安楽死処分をして飼うのをやめたところが南相馬市で一軒と浪江町で二軒と、合計三軒ありました。

あとは、富岡町の一軒が、ウェルフェアレベルの改善ということでいろいろなことを要請しましたが、全然言うことを聞いてくれず、さらに管理をきちんとしてほしい、脱柵をしないようにしてほしいというのも、県との約束でした。脱柵をする飼い方は駄目ですが、そこの農家では頻繁に脱柵を起こしていて、改善しろと言っても変わってくれませんでしたので、メンバーから外れてくださいとこちらからお願いして外れてもらいました。ということで四軒いなくなりまして、今は三か所の牧場です。牛もだいぶ減りました。松原監督は希望の牧場の取材を続けながらこちらの取材も続けてきたので、どちらに対しても理解を持っている人です。

是恒　映画へは出演依頼があったのですか。

岡田　依頼というか、松原監督だけではなくいろいろなところから取材で同行させてほしいと来たので、それはまったくお断りしませんでした。来たら当然インタビューを受けます。それをまとめてテレビで放送するなり、映画にするなり、それはもう取材した方々の勝手なのでいくらでもどうぞ、というスタンスでやっていました。結局、忘れられた存在になっていくのはよくない、風化させるのはよくないというところがあったので、そのあたりは地元の人たちにとっていろいろな思いがあります。早く忘れた方がいいというのもあるかもしれません。とくに岩手県や宮城県あたりではそういうこともあるのでしょうが、福島県に関して言えば、原発が存在している限り忘れてはいけない話になってきますし、いまだに解除されても人の戻らない廃墟の町があります。でも、多くの人たちはそういうことをほとんどもう認識しなくなってしまい、原発再開がどんどん進んでいるなかで、やはりこれは発信しなければいけない情報だということで、取材はウェルカムでした。書かないでほしいと言ったことを記事にされ、出入り禁止にしたメディアもあります。取材に来るメディアも減っています。

是恒　完成した映画をご覧になって、どう思われましたか。

岡田　きちんと現場の状況はとらえられている、現場から伝えたいことは伝わってくると思いました。

是恒　映画で触れられている牛の白斑について、原因はわかっているのでしょうか。

岡田　わかりません。被ばくの影響だと決めつける証拠は今のところは挙がっていません。ただ、あそこでしか出ていないという問題はありますが、線量の低いところでしか出ていない。線量の高いところでは一頭も出ていないところがあって、池田牧場と希望の牧場という線量の低い、超過密飼育のところで発生しているというのがあります。だから過密飼育牛のストレスと考えざるを得ませんが、日本の畜産農家で肥育農家だと、あれくらいの過密飼育をするところはあります。そうした場所で白斑が出ていませんので、被ばくの影響を否定することはできませんが、まだその証拠がつかめません。だから、一般には被ばくの影響だと言ってしまうかもしれませんが、科学者としてはまだ何とも言えないというポジションしかとれません。

是恒　牛を飼い続けている農家さんには、やはり最期まで面倒を見たいという思いがあるのでしょうか。

岡田　そうですね。ただ、農家の高齢化も進んでいるので、農家が飼いきれなくなるときがきます。それから、研究者も高線量の地域に入ることで若い人は連れていかないという方針でやってきたので、研究者も高齢化してきています。なので、牛も農家も研究者も高齢化で、先細りの状況に今なっています。

農家にとってはとくに、厳しい状況をともに生き抜いてきた家族のようになっているのでしょう。もともと少頭数飼いの繁殖和牛農家は、牛と飼い主とは家族のような付き合いをしますから。

是恒　映画の中でも紹介されていましたが、牛を放射性物質フリーの状態で飼い直すことも可能ではあるのですか。

岡田　可能ではあります。可能ではありますが、生体除染です。生体除染でセシウムの除染はできますが、現地で長く飼ってしまったので、ストロンチウムが骨に沈着しています。ストロンチウムは除染できません。骨を食べる人はいませんから、骨は廃棄しますからそれでいいのかもしれませんが、骨が廃棄物処理でレンダリング（編註：不可食部分を食品原料と工業用原料に再資源化すること）に回って、肥料なり家畜の飼料なりになっていきますと、これはまずいので、現時点で生体除染をして区域外に出すことは考えない方がいいです。ごく初期にそれをやればよかったのですが。そういう体験をしたことのない災害だったので、誰も何をどうやればいいかわからなかったということです。

是恒　日本の畜産のシステムとして、こういう状況に考えられた他の対応はありますか。

岡田　ないです。チェルノブイリの場合は軍隊が運び出しました。運び出してきちんと受け入れるところがありました。日本の場合は受け入れ先がないので、原発の近くでは動物は飼えないという話です。本当は人間もいてはいけないのですが。人間の避難ができないなかで動物を避難させることができないのは当たり前ですよね。福島ではそういう状況でした。だから、伊方《いかた》原発も半島の根元に原発があって、その半島の人たちは逃げるところがないですよね。そういう無理な原発立地は問題であって、今後そういう事故が起きた場合にどうするかという話をした場合には、畜舎に閉じ込めて、汚染されない飼料を与えて、生体除染をして食べてしまうのが一番手っ取り早いです。ただ、それを食べたいという人はいないでしょう。安全だといくら言っても難しいです。

吉沢正巳さん
（映画『被ばく牛と生きる』より）
©パワー・アイ

是恒　映画の中で吉沢さんが白斑の牛を国会の前に連れて行き、演説を行っています。ああした扱いはいかがなものでしょうか。

岡田　動物虐待です。長距離トラックで、それもゼロ泊二日でやっているわけですから、虐待以外の何ものでもないです。

是恒　こうしたドキュメンタリー映画を活用していく可能

性について、どういったことが考えられるでしょうか。

岡田　現地の状況を認識してもらうという意味では、いろいろな場所で上映されることがいいのだと思います。末永く。ただ、やはり地域性もあります。

是恒　こうした映画に研究者が関わっていく際の取り組みとして、どのように制作すれば間違いなく真実を伝えられるのでしょうか。

岡田　映像をつくる側が針小棒大《しんしょうぼうだい》なものではなく、きちんと現実を現場から切り取ってそのまま伝えることが重要であり、不確定なことに関して余計なことを加えないのは重要です。どうしてもメディア関係の人はセンセーショナルなことを求めて余計なことをたくさん書いてしまう人も多いです。『被ばく牛と生きる』は非常にきちんとつくってくれていると思います。

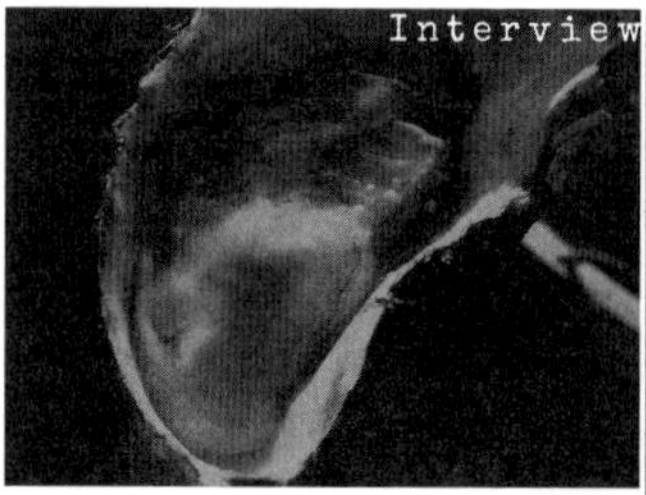

小西晴子

こにしはるこ／『赤浜ロックンロール』監督

安岡卓治

やすおかたかはる／
『赤浜ロックンロール』プロデューサー、日本映画大学教授

二〇一九年三月九日　東北大学東北アジア研究センター

是恒　昨年（二〇一八年）は東北大学で『赤浜ロックンロール』を上映しました。これまでの映画制作と『赤浜ロックンロール』、そして映画を通した大槌町《おおつちちょう》との関わりについて、掘り下げてお聞きしたいと思います。

まず、映画の世界に入られたきっかけというのはどういうことですか。

小西　監督としては『赤浜ロックンロール』（二〇一五）の一本で、あとはプロデュース、企画した映画です。『Little Birds ～イラク戦火の家族たち～』（二〇〇五年公開）は企画、『イラク　チグリスに浮かぶ平和』（二〇一四）はプロデュース、『アトムとピース～瑠衣子 長崎の祈り～』（二〇一六）はプロデュースでした。

安岡　順を追うと、二〇〇四年九月放送のテレビ番組『Little Birds ～バグダッド父と子の物語～』が企画としては先行していましたね。

小西　イラク戦争の市民の日常を撮るジャーナリストの綿《わた》井《い》健陽《たけはる》さんという方がいて、彼がイラクに行って取材をして戻ってきた物語をテレビ番組にしたのです。安岡さんにご相談して、みんなに見てもらうべきだということから、映画にしました。それまでは映画とは無縁の人間でした。

安岡　『ドキュメンタリスト』シリーズの話はした方がいいのではないですか。

小西　『ドキュメンタリスト』シリーズはテレビ番組ですが、ディレクターとしてもプロデューサーとしても、ドキュメンタリーをつくり始めたのが二〇〇三年からです。月一本、ドキュメンタリー制作者をドキュメントするというシリーズで、三年半ぐらいやっていたでしょうか。ソネットエンタテインメントという会社の中にアジアの番組を放送するCS放送局が立ち上がって、そこでドキュメンタリーの番組をつくりたいという企画書を出し、その企画が認められて、『ドキュメンタリスト』というシリーズをつくり始めたということです。それが二〇〇三年です。

是恒　プロデューサーとディレクターというのは、関わり方がかなり違うものですか。

安岡　作品の方向性というのをつくっていく、まさしくディレクションですが、意味的に言うと、それが監督の仕事と言えるでしょう。プロデューサーは、テレビであれ、映画であれ、映像作品の企画から撮影、ポストプロダクションまでの制作の枠組みをつくります。さらに、その作品をどのように世間に送り出すかを決めていきます。テレビの場合でも、放送だけでは終わらないこともあるわけです。映画であれば、まずは劇場公開があって、その後、テレビ、DVD、CS、BS、インターネット配信と、非常に幅広くなるわけです。そういう環境をある程度コントロールしていくこともプロデューサーの仕事です。コンテンツ、中身の方向性を切りひらくのはディレクターの領域だと思います。

是恒　ドキュメンタリー映画監督の中には、プロデューサーと監督を兼ねている方も多いと聞きます。

小西　ものをつくっていくと、とくにディレクターおよび監督は、自分の思い込みでどんどん進んでいってしまうのです。観客の視点から離れてしまう。プロデューサーが観客の視点で、「これは少しわかりにくい」とかアドバイスをくれて軌道修正をしてくれるのです。だから野球でいうと、ピッチャーとキャッチャーみたいに、やはりお互いになくてはならない存在です。私はディレクターとプロデューサーを同時にやることもあるのですが、やはりしんどいです。役割分担をきちんとして、ディレクションはディレクション、プロデュースはプロデュースで。役割分担はあった方が、私は本当は助かります。

安岡　何らかの枷《かせ》がないと、ディレクターの要望は際限がなくなるのです。言うならば、「まだここは足りない」とか、「もっとここを追求したい」とか。それは当然、つくり手としては誠実な意欲なのですが、その意欲にはじつはとめどがない。僕の知っているある監督などは、一〇年に一本しかつくれないのです。彼の場合は途中でプロデューサーをクビにしてしまったりしています。つまり、プロデューサーが「これだけお金を使ったのだから、もうこのぐらいのところで、まずちゃんと出そう」という提案をしても、監督が「まだやります」と言ったら、プロデューサーは「では、僕は責任を負えない」というかたちになり、長期化してしまうのです。両方を背負いますから、監督兼プロデューサーはすごくたいへんです。

小西　その二つをやるときは、けっこうプレッシャーが強いです。プロデューサーの場合、とくに映画だと興行収入を稼がなければいけない、というお金の計算もあって。観客動員を考えなければいけない、かつ作品のことを考えなければいけない。やることがありすぎて、作品の中身に集中できなくなるのです。一人でやっている人はたいへんです。

是恒　小西さんがこれまで関わった作品では、海外のテーマを扱うことが多かったのでしょうか。

安岡　まず、小西さんがそういうラインナップをつくったのは、先ほどお話にあった『ドキュメンタリスト』という、ドキュメンタリーのつくり手を主人公にしたドキュメンタリーを客観的に撮る仕事でしたね。例えばベテランでいうと原一男さんとか、土本典昭さんとか。

小西　黒木和雄さん、森達也さんもです。

安岡　平野勝之さんとか。そういうドキュメンタリーのつくり手たちにフォーカスをした番組の制作がスタートラインだったのです。僕はちょうどその頃に小西さんと知り合いました。そのシリーズの企画の中に僕が関わった作品の監督が二人いたのと、その番組そのものの制作に力を貸してもらえないかという相談が僕にあったのです。そのうち、このシリーズでは、監督を撮るのではなく、その監督に託して作品にする、番組にするというかたちを取り入れました。最初が、寺田靖範《やすのり》というドキュメンタリストが主人公で、その番組は寺田靖範が撮る自分の家族というものでした。つまり客観的にそのドキュメンタリストを観察して撮るというのではなく、そのドキュメンタリストにつくることを託すというものです。

小西　だから、私もディレクターからプロデューサーに変わっていったのです。自分がつくりたい、自分が知りたいから、この人に作品をつくってもらおうというふうに変わっていって。シリーズをやっていくなかで、自分が変化していったという感じです。綿井さんにつくってもらうときに、イラクから帰ってきたばかりで、二〇〇四年に二〇〇本のテープを破れそうな紙袋に入れて持ってきたのです。「これは僕の命ですから」と渡されて、これはやばいと、この編集はもう半端にはできないと思って、安岡さんにご相談に行ったのです。『ドキュメンタリスト』シリーズで、『Little Birds〜バグダッド父と子の物語〜』をつくったのですが、よくできたと思います。CS放送だと見る人が限られているので、やはり映画にして見せた方がいいということで、そこから映画になったものがいくつもあります。古居みずえさんという同じアジアプレスの『飯舘村の母ちゃんたち　土とともに』(二〇一六)というドキュメンタリー映画をつくっていらっしゃる監督さんも、最初は『ドキュメンタリスト古居みずえ〜パレスチナの詩』(二〇〇五年九月放送)をつくったのですが、そこから映画『ガーダ　パレスチナの詩』(二〇〇五)になりました。

私は企画者として直接映画に関わらなかったのですが、横で見ていて、観客動員のたいへんさはあるけれども、やはり届けた先で、お客さんの生の声が聞けるのです。そこがテレビだとどうしてもわからない。その怖さと楽しさ、劇場でお客さんと一対一で話をして、初めて映画というのは完成するというか、スタートするというか、そこからも発展するのか、ということを見ていたので、自分もやりたいなという気持ちが出てきたという、私自身もだんだん変化している感じです。

是恒　そのなかで東日本大震災があって、大槌町に通われるようになって、テーマを見つけたのですか。

小西　大槌にはボランティアで行って、何かできないか、何かしなければと思ったのです。「遠野《とおの》まごころネット」に行って、たまたまボランティアバスが大槌にたどり着いたのです。そこでお墓の掃除とか、そうめんを作って住民にお出ししたりしていました。撮影をするつもりもあまりなく行ったのですが、出会う人たちがあまりにも自分の価値観と違う、魅力的な人たちだったので、この人たちのよさを伝えられないかと思ってカメラを回し始めたという感じです。

是恒　最初に大槌に行かれたのは二〇一一年の八月ですね。

それからカメラを回し始めるまでは、どれくらい期間があったのでしょうか。

小西　ちゃんと撮り始めたのは一年後です。それまではあまり覚悟も定まりませんでした。

安岡　当時は震災を題材として膨大な数のドキュメンタリーができていたのです。一番早く公開したのが、僕の仲間の大宮浩一の『無常素描』(二〇一一)です。震災から三か月ぐらいで劇場公開したのではなかったでしょうか。

僕は震災の二週間後、縦走というのでしょうか。ルートで言うと、高速で花巻《はなまき》まで行って、花巻から大船渡《おおふなと》に行って、大船渡から下っていって、福島で双葉、福一(福島第一原発)の八キロメートル手前ぐらいまで一週間ぐらいの行程で行きました。それは『311』(二〇一一)という映画にして公開しました。森達也をはじめ、僕と一緒にドキュメンタリーをつくってきた仲間、先ほど紹介されたジャーナリストの綿井健陽が「一緒に行きましょう」と言ってくれたのです。あとは松林要樹。彼はその後、長期間福島に残って、二つドキュメンタリー作品をつくっています。この三人と僕の四人で行ったのが最初です。

映画『赤浜ロックンロール』より
©ドキュメンタリーアイズ

是恒　東日本大震災に関連してつくられた映画・映像は四〇〇〜八〇〇本ともいわれますが、どうすれば正確に数えられるのでしょうか。

安岡　自主制作系のものも含めると数えきれないです。僕は日本映画大学で、前身の専門学校時代からかれこれ三〇年ぐらい映画づくりをしたい若い人たちの指導をしてきましたが、五〇代になるOBでCMのカメラマンをやっている人が、震災後にキャメラを携えて被災地を巡り、二〇分ぐらいの短編作品にして、インターネットでリリースしている。そういうものも含めると、これはもう数えきれません。つまり、単にある場面だけを切り取ったものをYouTubeに発信するというのではなく、つくる人が何らかの意図、何かを伝えたいとか、こういうことを表現したいと思ってつくったもの、これを僕らは作品と呼ぶのですが、震災を題材とした作品が、本当に数えきれないほどあるのは間違いないです。そういうなかで、映画館で上映できるとか、放送できるというのは本当に氷山の一角だろうと思っています。

是恒　震災直後からドキュメンタリー映画のつくり手はかなり被災地に行っていたのですか。

安岡　行っています。

是恒　何らかの記録を残したいというモチベーションからなのでしょうか。

安岡　というよりも、規模の大きさでいうと、今の日本人が経験したこともない自然災害ではないですか。その現場を見ておかないわけにはいかないだろうと。僕はそうでした。

小西　私は少し怖くて行けなかったのです。テレビでもえんえんと燃え盛る気仙沼《けせんぬま》の画とかをずっと見ていたので。

安岡　ボランティアから入るというのは、わりといい入り方かもしれないとは思います。僕らの場合はどうしても、記録しなければいけないという意識はあるのですが、ただ『３１１』という作品を見ていただくとわかるのですが、結果的に意図を見失うんです。どうしていいかわからない、けれどキャメラは回さなければいけない。結果的に、そういった自分たちのある種の揺らぎを作品のテーマにしました。だから被災地を撮るとか、震災に迫るとかというよりも、そういう現実に直面したわれわれがいかに右往左往し、茫然自失として、なおかつ滑稽で醜悪であったかということを描いたわけです。だから山形国際ドキュメンタリー映画祭などでは、「何をやっているのですか」とみんなから叱られました。

小西　死体を撮っているので、バッシングを受けたり、賛否両論でした。

安岡　教え子で監督の松江《まつえ》哲明《てつあき》などが言うのは、「ＯＫが一つもないではないですか」。だから、答えました。「これはＮＧをつないだのだ」と。ふつうなら外に出さない、見せないもの。つまりわれわれ自身、登場人物は僕らなのです。もちろん、被災された方々にもインタビューしたりしていますから、そういった場面も当然入っているのですが、主人公は僕らなのです。震災が起こり、それを撮りに行こうと思った映画監督とジャーナリストとプロデューサー、その四人が、いったいそこでどう葛藤したか。そういう記録だと思っています。当初は作品として発表するつもりはなかったのです。ただ、無様な自分たちの姿を形にして残し、そこを自分たちがスタートラインにしなければいけないのではないかという思いで公開してしまいました。

是恒　『赤浜ロックンロール』の場合は、最初から被写体が決まっていて、被写体のこういう面を見せたいというつくり方ですか。

小西　もう入り方がボランティアですから、何を撮ろうみたいな気持ちが決まらずに入っていました。そこで出会った人たちがあまりにも魅力的だし、私が思っていたことが次々と壊れていく。例えば、「コンクリートは五〇年しかもたないだろう」とか川口(博美)さんに言われて、「そうなのですか」と聞くと「当然だ」と言われたりしました。防潮堤はいらないのですかとか、どうして造らないのですか、みたいなところから入っていったのですが、自分の既成概念がいかに根拠のないものだったかということを思い知らされました。

そのうちに、最初はよくわからなかったのですが、やはり海と生きている人たちの、何かいいなという。今思うと、自然を敬ったり、畏敬の念があるから、団結しなければ生きていけないし、だからこそご先祖様は大事にするし、子孫のことも考えます。それまで私は会社勤めで、「今月の売上はいくら上げなければいけない」とか、日々数字の世界で生きていたので、いかに自分が浅はかだったかということを学んだのです。でも、それを映画にするのはまた別で。テーマを決めて入っていないから、初めからこういう物語をつくる、という意図のあるつくり方とは違うので、いろいろと反省するところはあります。

是恒　映画を拝見して、やはり大槌の山から海へのつながりというか、湧き水が多くて、清流が映っていて、阿部(力)さんたち漁師の人たちの海産物との付き合い方がすごく伝わってくるなと思いました。それがあるからこそ、防潮堤が必要ないという考えになる。他の土地、とくに都市部に住んでいるとわからないことだと感じました。

小西　私はあの人たちの魅力をどうやって出したらいいかと、あれもこれも入れたくなってしまっていました。そのときに安岡さんは編集もしていてくれて、「これはストーリー・オブ・ウォーターだ」と言ってくれたのです。私も何となく心の中にそれがあったのですが、そう言ってくれたおかげですっと筋が通ったような気がします。

水が豊かで、水によって生かされている、循環なのだなと。人の命も循環ですが、あの地域では、あの世の人と近いというのでしょうか。「松明《まつあ》かし」という風習で、川口さんが、亡くなった孫の翔也くんを思って松を自宅跡で焚くのですが、「ここにいるから帰ってきてね」という、ご先祖様ととても近いところで、そういうもろもろの魅力が何かわからないけれども、すごくいいなと思うことが強くなったのです。かれらのこの魅力を伝えられないだろうかというのが、『赤浜ロックンロール』です。だからある意味で、私のかれらへのラブソングです。うまく伝えられたかどうかわかりませんが、基本はそうです。

安岡　キャラクターは本当にいいです。僕は現場に行っていないので、編集でしか会わないのですが。撮影されたものの中からキャラが見えてくると、ストーリーラインが見えてくるのです。やはり最初はボランティアで入って、人間関係、信頼関係を築く。東北批判ではないのだけれども、どちらかというとオープンな気質というよりは、クローズな、日本全体がそうなのかもしれないですが、よそ者を警戒する意識があると思います。

小西　東北は警戒意識が強いです。だから私もけっこう時間がかかりました。でも、理由がちゃんとあると思います。だから最初はけちょんけちょんです。阿部ちゃんには、もう最初はけちょんけちょんです。だから心を決めて、ちゃんとやろうと思って、「一年間撮らせてください」と阿部さんに頼んだときに、「はあ」みたいな。けっこう冷たかったです。後から阿部さんに聞いたら、みんな三月一一日の前後は来るけれども、あとは全然来なくなるから、また一人そういう人が増えたのかなと言われました。

映画『赤浜ロックンロール』より
©ドキュメンタリーアイズ

安岡　やはり取材者も観察されています。

小西　川口さんも最初はまったくとりつくしまがない感じでした。今でもはっきり覚えているのですが、松明かしのときの短冊に、亡くなった翔也くんの字で「みんなが幸せになれますように」と書いてあったのです。今でも思い出すとつらいのですが、それを見てもうぼろぼろ泣いてしまって。川口さんの態度が変わったのはそれからでしょうか。阿部さんの場合は、船で朝三時、

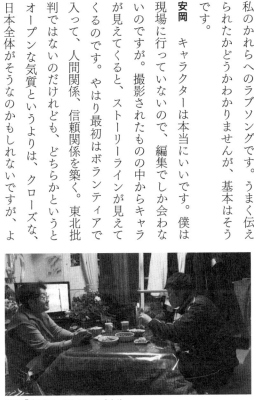

マイナス六度のときに出航するのです。もう死にそうに寒いという感じで、小さい船だから、風除けもないしストーブもない。何回も乗らせてもらって、「こいつは本気なのだ」と思ってくれた頃から、だんだん素を見せてくれるようになってきました。それまではもう全然駄目です。だからこちらの気持ちです。それが伝わった時期から、少しずつ出してくるようになった気がします。関係性というよりも、そんなことを考えずに、がむしゃらに撮らせてくださいみたいな。でもあちらは、「こいつは何だ」みたいな感じだし、こちらは本気だから、別に関係性を築くみたいなことも考えず、とにかく頼むという熱意だけはあったという感じでしょうか。

安岡　一生懸命つくろうとしているということは多分伝わったのだと思います。だから、報道のためにとりあえずこの番組をつくらなければいけないから撮りにきましたというのではなく、何か一生懸命伝えようとしている意思みたいなものが通じると、「信頼できないわけではない」と変わってくるのだと思います。

小西　けっこう時間がかかりました。

是恒　映画を制作するなかで一番の苦労はどういうことでしたか。

小西　ストーリーライン、物語をどうつくればいいかわかりませんでした。撮り始めたのが二〇一一年八月でした。その頃はちゃんとした撮影をしていませんし、番組にしようとも思っていないので。防潮堤の議論が早く終わってしまって、二〇一一年一〇月には国が町民に説明をしていたのです。そこを撮っていないから、決定的に欠落しているわけです。防潮堤映画ではなく、防潮堤というものをメタファーにした国の地方支配みたいなこと、それに対して地元住民のコミュニティを大事にする心がどう立ち向かっていくかというところが物語の主軸なのですが。水と海の物語と防潮堤の物語が、どう縦糸と横糸で入れていいか、私の中でぐちゃぐちゃになって。それが一番たいへんでした。それを整理してくださったのは、編集者であり、プロデューサーです。

　私の中では、地元の人の地域愛みたいなものと、国のコントロールの対立構造があったのです。国のコントロールを映像で描くのは難しい。これをどうやって描いたらいいのか、映像でどうやって出すのがいいのか、それが本当にたいへんでした。防潮堤を描きたいわけではないのです。

ただ、その地域のことは地域で決めるという住民たちのことを阻む力、つまり権力とは何か、というところに迫ろうとしたのですが、なかなか難しかったです。かれらの気持ちは描けたとしても、権力構造はどこまで描けたか。

是恒　登場するのが主に男性なので、大学での上映会でも意見がありましたが、女性の地域社会というのもまた描かれていない部分があるのかなと思いました。

小西　女性は大きい網元の娘さんを一人、けっこうフッテージ（未編集の映像素材）は撮っているので、一つの物語があるのではないかと思っているのですが、今の段階では主人公になっていないという感じです。

安岡　『赤浜ロックンロール』も、女性編とか漁業編とか、いろいろと発展形はあるのではないかという話はしているのです。

是恒　『赤浜ロックンロール』以降も、制作されているのですよね。

小西　続編は二つつくって、いちおう完結したと思っています。二〇一六年三月、震災五年目に一本、『民意のゆくえ～東日本大震災から五年』という番組をつくりました。住民の生活再建がいかに遅れているかというものでした。二〇一八年三月に、『未来につなぐために～赤浜　震災から七年』をつくって、これで完結です。これは、中央のコントロールによっていかに住民の自治がつぶされてきたか、中央の支配のコントロールが及んできたかというのを描いた作品です。未来のためにそれでも頑張る住民、子どもたちのために頑張る住民というところに夢を託したいと思い、作品をつくりました。『未来につなぐために～赤浜　震災から七年』は総集編だと思っていたので、『赤浜ロックンロール』からのフッテージも使っています。

是恒　二〇一四年の『赤浜ロックンロール』から、約二年おきに作品を発表されているわけですね。二年おきにつくられる作品が、赤浜のことを伝える一つの記録になっていくのではないでしょうか。震災も、直後の記憶と、何年か後の記憶と、八年経った記憶というのは、被災した方の中でも違っている。その変化を追っていくことの意義ということも考えられていたのでしょうか。

小西　みんなが防潮堤に反対しているのに、なぜできてしまうのかということが最初から謎だったのです。なかなかその原因が見えない、構造も見えません。そうこうするうちに、住民の生活は立ち遅れているけれども、道路とか、公共の建築ばかりばんばんできてしまって、住民はまだ仮設に残っているし、地元の商店街も再建しない。誰のための復興なのかというところをずっと見ていくわけです。

　そうするなかで、今度同じことが起こった地域の人のために、記録を残しておかなければいけないという強い意志がありました。同じ轍《てつ》を踏んではいけないと。だから、自分たちの地域は自分たちが守って自分で決めてもらいたいというのが、この八年を通して思うことです。国に任せてはいけない。八年見ていて一番言いたいのは、やはり自分たちの町は自分たちで守りましょうということです。

是恒　ボランティアの体験があったからこその視点でもありますね。

小西　怖かったのです。火がずっと燃えるのをまんじりともしないで見ていて。人とトラックが波に飲み込まれる寸前にNHK（の映像）がぷちっと切れたのですが、あの後、あの人はどうしたのだろうとか、そういうものが浮かんでしまって、怖くて現場に行けないのです。でも、やはり何が起こったのか見ておかなければいけないと思って、やっと行ったのが（二〇一一年）八月です。そういう意味では第一線に立つ勇気はないのです。それができない人間に何ができるかといったら、やはり長い時間をかけた語り口が、多分私のスタイルなのではないかと、最近は思ったりもします。

是恒　すごく誠実な向き合い方だと思います。

小西　時間がかからないと見えてこなかったものが、たしかに今回はありました。

映画『赤浜ロックンロール』より
©ドキュメンタリーアイズ

是恒　『赤浜ロックンロール』から二年ごとに新しい作品を発表していって、それぞれ異なる視点で赤浜のことを描いて大槌町に行って、ということを繰り返されていて、地元の方との関係で変化したことはありますか。

小西　私の場合は、立場をはっきりさせているので、主人公の川口さんに反対する人は私に対する警戒感を強めました。白黒はっきり付けてしまった映画なので、警戒する人もいらっしゃると思います。仲が深くなる人は深くなるので、関係が深まる人

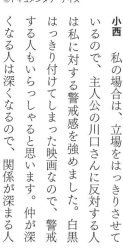

たちと疎遠になる人と、はっきりしてきた感じです。

是恒　『未来につなぐために〜赤浜震災から七年』で完結ということは、一つの区切りになったのでしょうか。

小西　完結というか、要は、おらが浜はおらが守るんだ、という物語は一つの完結です。違う視点で、例えば漁の話、海の話では、じつはそれこそクジラを獲っていた古い歴史があるので、それはまた別の意味でとても惹かれるのです。だから別の物語をつくりたいと思っているのですが、ただこれからどう変化していくか、もう少し人口が減って、もしかしたら水揚げも減って、漁師がもっと減って、この町はどうなるのかとつねに心配をしているので、やはり定期的に見に行かなければいけないという気持ちです。

是恒　ドキュメンタリー映画のつくり手は、小西さんのようにある特定の土地に深い関わりを持っている人が多いのでしょうか。

映画『赤浜ロックンロール』より
©ドキュメンタリーアイズ

安岡　みんなほぼそうです。

是恒　東日本大震災に関するドキュメンタリー映画は、なかなか上映機会がなく、とくに東北で上映されるよりも、どちらかというと東京、大阪の方が上映機会が多いと聞きます。

『赤浜ロックンロール』も含めて震災に関する映画を、一般受けする映画とは違う文脈で社会に広く流通させていくために、行われていることなどはあるのでしょうか。

安岡　ジャーナリストとか、それこそドキュメンタリーを長くつくっている人たちは、それぞれの問題意識で、それぞれのフィールドを決めて、それぞれのメッセージを構築し続けています。首都圏はやはり人口が多く、行政の在り方の大きな矛盾、というよりも誤謬に気がついている人たちが多いです。ドキュメンタリーを通して現実を確かめておきたいという意識の観客に恵まれています。だから震災関係の映画は興行的には比較的うまくいっているのではないでしょうか。

小西　『赤浜ロックンロール』の興行は、西日本は厳しかったです。

安岡　東日本大震災ということについてのリアリティが薄いですから。

小西　「こんなことが起こっていたのですか」と大阪でも質問が来ましたが、西日本では基本的に遠いものだと言われました。

安岡　やはり京阪神圏にとってみたら、阪神・淡路大震災というすごく強烈な記憶がまだ大きく、東北のことはよくわからないという感じにはなると思います。

小西　制作者で、その映画だけで食べている人とかというのは多くなくて、アルバイトをしたりしています。テレビ局も、ドキュメンタリーを流しますが、ドキュメンタリーの枠は減っていると思います。

私は一つチャレンジをしていて、震災には限らないのですが、海外との国際共同制作です。日本でも、パートナーおよび支援していただく方が必要なのですが、プラス国際共同制作で海外の人たちと一緒につくることによって、その国のオーディエンスに見てもらえる、その国からお金をもらえるということのチャレンジはずっとやってきました。共同制作をするのはなかなか難しいのですが、やはり見てもらいたいという気持ちがある限りは、それも一つの方法論かなと思います。

安岡　今後は、被災者にキャメラを向けてその体験とか生活史を聞く、というスタイルとはまた違うアプローチをもっといろいろとやっていくべきだと思います。だから劇映画で、ドラマでつくるという方法も意義深いと思います。

園子温《そのしおん》さんなどは震災を取り入れた劇映画を三本監督しています。『ヒミズ』(二〇一一)は衝撃的です。撮影期間中に震災が起きて、急遽、脚本を直して被災地の場面を入れています。彼が監督・脚本を務めたSF映画『ひそひそ星』(二〇一五)は、宇宙を一人で旅する女性が被災地にたどり着くというお話で、震災の精神性を描いているのです。『希望の国』(二〇一二)は福島そのものが舞台です。

それぞれの作家の創作性を生かしながらアプローチしていくことが、僕はこれからもっと必要だと思っています。だからドキュメンタリーとか、劇映画とか、もしくは実験映画とか、映画の中にもいろいろなジャンルがあるのですが、そういう垣根を越えながら、その作家が震災からの八年、もしくは一〇年をどういうふうに表現するか。それがもっとなされるべきだと思います。

被災者へのインタビューは、ちゃんとアーカイブとして残しておくことが絶対必要です。一方で、一切の言葉が出てこない表現もあってしかるべきだと思っているのです。場合によってはノーダイアローグで綴られるイメージがあってもいい。つまりそれも表現の戦略の一つです。

是恒　ドキュメンタリー映画の制作で、研究者に協力を求めるとすれば、どのようなことができるでしょうか。研究者の視点というのは、俯瞰的に事実をとらえているところがあり、ドキュメンタリー映画の視点はより相対化できない個人の考えや生き方を見せている。それがどう協力し合っていけるでしょうか。

安岡　歴史学や民俗学を背景としている作品はすごく多いと思っています。パーソナルな物語であったとしても、その人物のバックグラウンドは何か、これをやはりちゃんと研究しておかないと精度の高い作品づくりは難しいのです。

小西　それを知るともっといいものがつくれると思います。知って撮るのと知らないで撮るのとは全然違います。

安岡　じつは今、大学で教えている学生が、北海道ですごく難しい題材に取り組んでいるのです。樺太です。近現代史が公教育の授業で軽んじられているせいもあるのでしょうけど、とにかく歴史に弱い。学生たちは今、北海道大学に通いながら歴史資料と向き合っています。要するに戦争の記録をどう読み解いているかという、つまり帰ってきた人の話を描きたいのだけれども、その人は認知症を患っていて。では、樺太からの帰還がどうであったのかを、可能な限り正確に確認することが課題です。研究者にコンタクトをしなさいとアドバイスしたら、北海道大学でそのことを研究されている教室があって、そちらと連携を取り始めたところです。研究者との共同作業はやはり必要だと思います。

小西　歴史に興味がある人たちも見に来てくれるかもしれないですね。例えば一つのドキュメンタリーを上映するとして、民俗学の視点からこの映画を語るみたいなものを付けるとか。

安岡　もっとコラボレーションするべきだと僕は思います。

是恒　東北大学ではドキュメンタリー映画の上映会を昨年秋から開いています。会場のアンケートを読んでいて感じたのが、やはり一般の方にとっては、ドキュメンタリー映画というと、すべて現実を映しているものという認識がある。でもじつは、監督の視点に立ってストーリーがあると思うのです。フィクションとドキュメンタリーの差というか、かなりかぶってくる部分もあるのでしょうか。

安岡　見かけの差はあるのですが、つくり手の意識はそんなに違いはありません。俳優を使えば劇映画だというのは明瞭ですが、俳優を使わない監督もいるのです。じつは劇映画とドキュメンタリーの境界線は、そんなにはっきりとしているわけではないのです。僕がドキュメンタリーを編集するときは、僕の視点で編集します。劇映画でも、僕が編集を託されれば、僕の視点でつなぐわけです。実際の現実の人間もキャメラを向けるとちゃんと演技をしてくれるのです。例えば『赤浜ロックンロール』でも、信頼関係ができるということは、気持ちを開くと同時に、映画を通して自分を見せる、ある種の腹のくくり方をしているわけです。うそ芝居ではなく、その人がその人自身を演じる。その演技には、その人らしさが出ているのです。僕は、ドキュメンタリーの素材を編集のために見直しながら、つい「いい芝居だ！」と言ってしまうことがあります。その人の情感が、話し方や仕草に表されているからです。

優れた俳優さんは、その役に自分をどのように憑依《ひょうい》させるかということを模索し続けていると思います。その役というと、じつはシナリオライターが書いた実在しない人物。文字で書かれたものを人格化する、肉体化するのです。そうすると俳優たちは、「その人物はいったいどういうふうに息を吸うだろう」というところから考えつつ人格を造形していって、その人になっていくわけです。「用意、スタート」と監督が号令すると、俳優はその人になって動くわけです。このことと、ドキュメンタリーの実際の登場人物が自分自身をキャメラの前で動かすという行為は、近いものがあります。二〇一七年の山形国際ドキュメンタリー映画祭のグランプリ作品を見ると、それが明確でした。

小西　『祝福～オラとニコデムの家～』(アンナ・ザメッカ監督、二〇一六)ですね。

安岡　あれは本当に見事にいい芝居をしています。

小西　演出をしているのではないかというぐらいです。

安岡　NGを出していると思います。テイク2、テイク3があると思います。

是恒　海外だとそういう撮り方がふつうなのでしょうか。

安岡　ふつうではないのですが、ヨーロッパの一部でそういうつくり方がされます。

小西　ベルギーで今、クリエイティブ・ドキュメンタリーというのがもう主流ではやっていると聞きました。脚本があって、演出もして。『祝福〜オラとニコデムの家〜』も、その流れだと。

安岡　人物はもちろんかれら本人です。けれど、そのストーリーが実際かというと、じつは映画としての現実であって、実際の現実がどうかはわかりません。そのような方法論で劇映画を撮る監督もいます。シナリオに縛られない監督、是枝裕和《これえだひろかず》さんもそうだし、一番代表的なのは諏訪《すわ》敦彦《のぶひろ》さんです。日本ではあまり撮られていませんが、フランスでは名監督として知られています。諏訪さんも最初の作品こそ、シナリオを書いたみたいですが、その作品の途中でシナリオを捨ててしまったのです。俳優さんと、この人格はどういうふうにあるべきかみたいなディスカッションをしながら撮っている。最近の作品『ライオンは今夜死ぬ』(二〇一七)などは、実際の名優が名優役をやるというものでした。その名優が、かつて自分が愛した一人の女の亡霊と出会うというすごくファンタジックなシチュエーションで、いたずら好きの子どもたちに取り巻かれる現実が交錯します。どう見ても、シナリオがあるようには見えないわけです。だからこそ予期せぬ表情とか、予期せぬアクションやセリフが映画の面白さをつくる、そのような方法でつくられているわけです。だから、劇映画とドキュメンタリーの境界線うんぬんみたいなことはあまり考える必要はないのではないかと思います。

小西　つくっていくと、どう物語を組み立てていったら自分の思いが伝わるのかということは考えざるを得ないの

映画『赤浜ロックンロール』より
©ドキュメンタリーアイズ

です。どう組み立てたら伝えられるのか、伝えられないかみたいな。だからストーリーがないと、人には伝わらない。ストーリーテリングとよくいわれますが、最初からそのストーリーテリングを頭にある程度入れて撮らないといけないのではないかと、安岡さんにはよく言われたりもします。私は少しそのへんが欠けているのです。だから次回はそういうことに気をつけながらやろうと思っています。あとインタビューは少し安易なので、映像だけで見せられるようなものにしたいと思うと、やはり物語の組み立てなのです。私の場合、なぜドキュメンタリーが好きなのかというと、やはり自分の偏見というか、自分が思っていたことがぼろぼろと崩れる、その快感がたまらないという、ある意味、少し変ですよね。

安岡　固定概念が崩壊していく。それがドキュメンタリーです。

小西　好奇心と目の前に新しい自由が開ける楽しさ。これが何ものにも代えがたいのです。あといろいろな人に会える。私の場合は、そちらの方が自分の物語をつくるよりも勝っているので、だから少し物語づくりが足りないのです。外向きのベクトルの人間だからです。内向きのベクトルをもう少しつくらないと、人にいいものを伝えるのはできないので、そこを少し練らなければと思っています。

安岡　もっと広がるべきだと思うのです。それこそ震災に関して言えば、3・11からイメージをどこまで広げていくか、イメージということだけではなく、考えることというのか、研究するということをどんどん広げて深めていかないといけないと思います。

小西　ニュースフッテージがなぜつまらないかというと、感情移入できる主人公が誰なのかわからないではないですか。人はやはり、感情移入ができる人を探していると思うのです。だからその人がどういう人生で何があってどうなったか、みたいなところがあるストーリーがないと、感情移入できないのではないかと思います。

安岡　ストーリーがわからなくても、例えば一人のおばあさんがいたとして、そのおばあさんの表情をずっと見ているとそこにじつはストーリーがあるのです。

小西　もう少しくわしく言っていただけますか。

安岡　例えば二〇一八年の東京ドキュメンタリー映画祭で、ドック・ノマズというヨーロッパのプロジェクトの作品がありました。ノーインタビュー、ノーナレーション、もちろん字幕解説も一切なしです。

小西　表情だけですか。

安岡　見ていてどこの国のどこの町かまったくわからないのです。ただ古い町で、そこのキリスト教の祭礼なのだということはわかる。最初に打ち鳴らされる鐘から始まって、これはキリスト教の何かだ、古い建物だ、歴史がある、みたいな。そこで主人公はいないのです。ただ、じいちゃん、ばあちゃんがやたら出てきて、じいちゃんがふっとキャメラ目線になって、そこからよたよた自転車を押していくという。それだけで、そのじいちゃんのある人生のイメージみたいなものが観客に伝わる。そういうことを積み重ねていく作品です。ちゃんとストーリーテリングができていると思いました。ただ、これをシノプシス(あらすじ)に起こしなさいといったら、多分できなくはないけれども、セリフがないし、みんな苦しむでしょう。

小西　ストーリーテリングというのは、文章だけではないのですね。画でできるのですね。

安岡　じいちゃんのしわの寄り具合とか、帽子のへたれ具合とか、ズボンのほつれ方とか、そこに何かすべてがあるというようなものです。

小西　やはり映像で感じることは多いですね。「こいつは少し怪しい」とか、「この人は優しそうだ」とか。視覚だけでなく、人の感覚的なものでしょうか。

安岡　だから「怪しいな」とか、「怖そうだな」という人。『赤浜ロックンロール』の川口さんなんかそうではないですか。川口さんなんか、一見怖そうだなと思うけれども、笑うと、もう赤ん坊みたいなかわいい顔をするという、そこにその人のキャラクターが出るわけです。やはりそういう見せ方、映像の力というのはそういうことだと思います。だから『赤浜ロックンロール』は、やはりあの二人のキャラクターに出会えたというか、かれらとの関係をつくったのは大きいですよね。

小西　本当に、主にあの二人から教えられました。だから価値観がまったく変わりました。そこまで変わるのかと、自分でもびっくりするぐらいです。人は、ドキュメンタリーをつくることによって変わりますよね。

是恒　今後の防災、減災に向けて映像にはどういう可能性があるでしょうか。

安岡　ドキュメンタリーの制作者は、防災学の研究者ともコラボレーションするべきではないでしょうか。映像の見せ方というのを僕らは知っています。だから、その対象をすごく危険なものとして脅威に感じるような見せ方もできれば、もっとクールに、科学的に説くという見せ方もできます。そのとき、どのような伝え方が適切なのかは、防災、減災を考えていらっしゃる研究者の人たちとコラボをすべきだと思います。そうしないと、それこそパニック映画とか、ホラーみたいな、恐怖をあおり立てるようなつくり方もできてしまいますから。過大評価することも過小評価することもできる、そういう映像の見せ方を僕らはコントロールするわけです。最近よく映像で出ているのは、東南海地震が起きたらここはこうなります、みたいな怖いものがあるではないですか。

是恒　恐怖をあおるようなものですね。

安岡　とりあえず恐怖をあおればいいのか、と思いますよね。もっと冷静になって、どう対処すべきかを説くべきであって、パニック映画のような方法論ではないと思うわけです。映像の情報の伝達能力はものすごく高いだけに、配慮すべきだと思います。

減災、防災として何を伝えたいかという具体的な方向性はやはり研究者の人たちにちゃんと出していただいて、それをできるだけ集約的に、効果的に見せていくというふうな映像の使い方だと思います。東日本大震災などに関しては、膨大な映像があります。それはドキュメンタリストたちとか、ジャーナリストとか、テレビ局がつくった映像だけではなく、一般の人たちがとらえた映像があって、それを防災、減災というある種の方向性のある意図で再構築していく。そうすると有効な映像的なメッセージになっていくと思います。

映画『赤浜ロックンロール』より
©ドキュメンタリーアイズ

小西　この防災、減災というのは一般的な言葉ではないので、少しブレイクダウンして、例えば避難とか、もっと具体的なレベルに落として、その中で映像を例えば分類してはどうでしょう。先ほど言った民俗学でもいいのです。行政の視点とか、避難とか、あと私が思いつくとしたら、高台とか。行政用語ではないキーワード、人が見たくなるようなキーワードを出して、掲示法みたいなかたちで、それにマッピングしていったらどうですか。

安岡　面白いですね。

小西　面白いでしょう。そうしたら、例えばピッとボタンを押すと映像も出るけれども、マッピングで先生が解説をしてくれるとか。防災、減災という言葉が無味乾燥としているから、もう少しブレイクダウンした上で、映像にしか伝えられないこと、今までの3・11から考えるということ、

3・11の映像から何が見られるかを、研究者でマッピングをやってみたらどうですか。それでこれから何を未来に伝えられるのか、未来マップにしたらどうでしょうか。それをおやりになると、私たちも本当に助かります。それに3・11からのことを人に伝えられる映像画マップみたいなものができるから、それは後世の人のために残してもらいたいです。

是恒　良いアイデアだと思います。

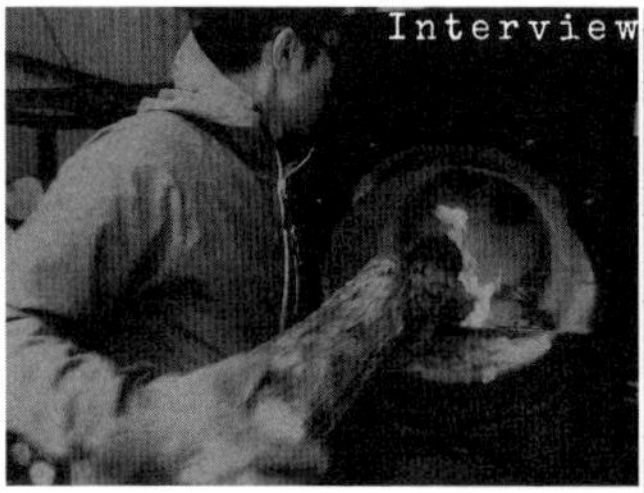

渡辺智史

わたなべさとし／『おだやかな革命』監督

二〇一九年二月五日　東北大学東北アジア研究センター

是恒　渡辺監督は東北芸術工科大学の建築環境学科のご出身ですが、映像を始めたきっかけを教えてください。

渡辺　映像に触れるきっかけは山形国際ドキュメンタリー映画祭で、その後、東北文化研究センター（東文研）で赤坂憲雄《のりお》先生が立ち上げた文科省のオープンリサーチの事業に参加しました。東文研でセミプロ向けの機材を購入していて、それを使わせてもらえると聞きつけて、機材を使いたいという理由で出入りしたというのがきっかけです。そこに民俗映像にも精通している飯塚俊男《いいづかとしお》さんというドキュメンタリー映画監督が教えに来ていて、機材を実際に使いながら取材の仕方を現場で教えてもらえたんですね。学生が主体で、あくまでオブザーバー、アドバイザーとして飯塚さんがいて、現場で学生が困ったりわかんないことを教えつつ、基本的に学生がどんどん取材していくっていうスタイルでやっていましたね。大学卒業後は飯塚さんの会社に勤めました。

　映像に限って言うと、ドキュメンタリー映画祭のコンペティション部門は、二〇〇一年からデジタルビデオが解禁になっています。それまではフィルムでないと国際映画祭の大きな賞を受賞できなかったんですけど、九五年にソニーで発売されたデジタルビデオがドキュメンタリー映画界を変えてきたわけです。ちょうどそのタイミングでドキュメンタリー映画に興味を持ち始めたので、何か新しい動きが起きるだろうという確信がありました。

建築環境学科では建物のデザインなどを勉強したんですが、当時のデザイン教育って、海外や東京のいわゆる有名な建築家の人たちの理論や方法を学ぶことが重視されていました。山形というローカルな場所の大学に来ているのに、なぜ東京やヨーロッパなど海外の建築を勉強するんだろうと疑問に思っていたときに、赤坂憲雄先生の東北学と出会い、自分たちの足元にあるものを通して自分たちの頭で考えるプロセスがとても新鮮に感じました。それと同時に、デジタルビデオという非常に安価で誰にでも扱いやすい道具が開発され、これをやってみたい、と。

是恒　ご出身は山形県鶴岡市ですが、ドキュメンタリー映画祭には大学生になる前から興味があったのですか。

渡辺　大学に入ってからですね。一九九九年に大学に入学したんですが、そのときに映画祭に「アジア千波万波《せんぱばんぱ》」っていう部門があって、雨宮処凛《かりん》さんが出演する『新しい神様』(土屋豊監督、一九九九)っていうドキュメンタリーや、在日コリアンの学生が自分の家族を撮ったドキュメンタリー『あんにょんキムチ』(松江哲明監督、一九九九)がすごく注目されたんですよ。身近な問題や身近な人を通して、社会の問題を語っていくっていうことがすごく新鮮に見えたというか。映像、映画をつくるって、身近なところから物語をつくるわけですよね。映画ってものすごく緻密な脚本があって、有名無名問わずやっぱり芝居のできる人が出て……、というイメージだったんですけど、身近な人や知人を撮影して完成したドキュメンタリーのストーリーテリングの力強さにびっくりしました。

是恒　地域の暮らしを見つめ、魅力を発見、編集していくクリエイティブチーム「いでは堂」が立ち上がった経緯と、主な活動について教えていただきたいです。

渡辺　いでは堂の役員メンバーはみんなそれぞれ自立して、フリーランスでやっているので、実態は今、ほとんど映画制作だけに限られています。映画の制作と配給が中心です。もともとはフリーランスのクリエイターが集まって自分たちで社会のために役立つ仕事、ソーシャルデザインという呼び方もできると思うんですが、社会的課題を解決に導くようなデザインプロジェクトを立ち上げていこうと考えていました。

そのデザインの中に映像制作とかイベントとか、いろんなデザインワークと呼ばれるようなものを自分たちで発案して、行政や企業に提案してプロジェクトをつくろうというスタンスで始めました。

いでは堂の「いでは」っていうのは、中世の時代に出羽国《でわのくに》のことを「いでは」と呼んでいたらしいんですよね。秋田とか山形のあたりを中世の出羽国ということで、東北ということをかなり意識した名前です。

例えば委託事業でビジネスプランコンテストの事務局スタッフの仕事を請け負ったり。自分たちで提案したものでは、若者たちが地元でどんな仕事をしているのかを紹介する冊子をつくり、その表紙や中面に地元の高校生をモデルとして起用しています。

今後は基本的に映像制作を軸に、あるいは映画の配給を軸にプロジェクトを立ち上げようと思っています。映画をウェブで見るのが当たり前になった若い世代の人たちにも、映画館で自分で見たい映画を見るという目的で、劇場と交渉してチケットを売ったりチラシを配ったりして映画文化を創っていくことを、山形を拠点に実践していきたいと思ってますね。映像をつくり、それを流通させるのが配給なんですけど、美術でいえばギャラリーのようにキュレーションをする側面もあるので、配給という仕事はとてもやりがいがあります。映画をつくること、自作でつくった映画以外のコンテンツも含めて、どう社会の関心を高めていくか、プロジェクトをつくっていくかということを考えています。

会津盆地の風景
（映画『おだやかな革命』より）
©いでは堂

是恒　山形国際ドキュメンタリー映画祭の方々の熱意はすごいですよね。これから世代交代が進んでいくところだと思うんですが、映画をつくりながら自分で配給もしていく、広めていくっていうことに難しさはないですか。地方のクリエイターにはそういういろんなことができる能力、多方面にわたる働き方が必要なのかとも思いますが、どちらかに専念することは考えられますか。

渡辺　将来的には、多分そういうかたちもあると思うんですけど、やっぱり規模で考えてしまうんですよね。事業的な規模で見たときに、外注して配給を東京の配給会社にお願いしてうまくいくかっていうと、それだけ回収できる規模というのはちょっと厳しいだろうなと思います。

そうじゃない規模感であれば、顔の見える関係で映画をつくってお金集めをする段階から、企画側が自分たちで情報発信をできますから、いろんなニーズを聞きながらやっていけます。撮影段階でも情報収集ができるので、映画を配給するときにあらためて配給会社にお願いすると、その人たちはゼロから学ばなきゃいけないので、タイムラグがあるんですけど、僕らは撮影やお金集めの段階からいろいろ宣伝するので、結果的にスムーズに配給や宣伝ができています。

そういう合理的な面もあるんですけど、最近よくいわれる「お金より信用をためろ」ということも、ドキュメンタリー映画にも言えると思います。いろんな業界でいわれていて、お金の価値よりやっぱり信用、クレジットを高めていくという文脈で見たときに、映画制作っていろんな人に出会うので、それ自体が資産なんですよね。

露出ではテレビの方が圧倒的に大きいんですけど、コンテンツがどんどん流れていってしまうので、視聴者との関係性って希薄なんですよ。でもドキュメンタリーの場合は必ず人と出会って、小さい上映会でも名刺交換したり意見を聞いたり、そういう人の口コミでまた小さい上映会や大きい上映会が企画されていきます。それは社会関係資本ともいえるし、その信頼とか信用みたいなものを蓄えていけるから、お金以外の部分で得られるものはすごく大きいです。それを配給会社に委託すると、そのプロセスがなくなっちゃうので。だから時間をかけてでもやるべきだと思っています。

是恒　いでは堂の紹介で「ソーシャルデザインとしての映像制作」という言葉が出てきますが、お話を聞いてすごくしっくりきました。映画をつくることで人と出会って、そこに関係性が生まれる。出来上がった映画によって、例えば地域の人たちが忘れていたことや考えてなかったことが再発見される。『おだやかな革命』だと、いろんな土地の人たちが登場しますが、観客にとっては自分たちの生活の在り方を考えるような内容になっていると思います。そこがソーシャルデザインですよね。

渡辺　山形をフィールドに事業を立ち上げて考えてると、だいたいどの地域も抱えている課題は大なり小なり違っても、同じ課題に直面しているわけです。なので、ローカルな場所において、今の地域の課題とか日本社会の課題を見て映画を企画すると、他の地域でも上映できる映像がつくりやすいっていうことはあります。

それがけっこう重要なポイントです。大都市の配給会社とか映画制作の人はどうしても時事的なニュース性や話題性とか、大きなマーケットを目指していきます。でも、二、三万人くらいがちょうど良い規模と私は考えています。三万人を超えたら黒字、という規模です。山形にいても、東京に行ったり上映会に行ったりしてると、けっこう全国の人に会えるんですよね。それがネットワークとなっています。

東京って巨大なんで、結局どこにそういうポイントがあるかというのが見えにくくて。なので、意外と田舎に暮らしていて面白い人とか面白い情報に出会えたりできるのって、けっこうローカルで活動しながらの方が、今の情報社会の中では自分のアンテナがチューニングしやすくなるんですよね。

山形国際ドキュメンタリー映画祭って、アジアではとても有名な映画祭で、文化的な資産として見たときに、山形を拠点にドキュメンタリーをつくると他の県では得られない大きなメリットがあるんです。

是恒　『おだやかな革命』を見てすごく思ったんですけど、やっぱりローカルな場所であっても、秋田、山形と、例えば岡山の西粟倉村《にしあわくらそん》とか、距離で考えるとすごく離れてるんだけど、ローカルな場所で培われている価値観はすごく共感できるところがありました。それは都市を経由していなくて、ローカル同士でネットワークができていく共通の価値観があるんだなと思いました。

渡辺　そういう共感の輪でネットワークがつくられていくっていうのが面白いですよね。

是恒　共感が生まれるっていうのも、例えばこれが人類学的な論文だったりすると、やっぱり難しいのかなと思うんです。それが映画っていう一つの作品をつくっていく強みだと思いますね。

災害人文学研究ユニットに所属する研究者にとっては、東日本大震災が大きな転機になっています。震災に対して人類学や社会学、宗教学、民俗学といった人文学の研究が即座にできることが本当に少なかったんですよね。自分たちが研究してきたいろんな地域の文化とか伝統行事なんかが、本当に跡形もなく流される、または継承されなくなっていく。地域自体が崩壊してしまっている、ということがあって。今後もこういう災害が繰り返されるなかで人文学に何ができるのかって考えたときに、それはそういう伝統の継承とか、また新しい地域づくりとかっていうことが一番関われることでもあるのだと思います。

「西粟倉ローカルベンチャースクール」
（映画『おだやかな革命』より）
©いでは堂

そのなかで、文化を継承していく目的で、とくに人類学や民俗学の領域で取り組んでいきたいという声があがるのが、映像なんですよ。でも研究者の中に映像制作の経験がある人がそれほどいるわけでもなく、自分たちで撮影はするけど、記録にしかならない。何が必要なのかを考えると、表現力というものではないか、という話があがります。その表現力って何なのかと考え始めると、研究者のものの見方ってリサーチ、フィールドワークを重ねて、結果を集めて、データを集めて、論文というかたちにまとめていくことなんですけど、それは映像制作、映画制作とは違うじゃないですか。だから、映画をつくっている人たちの考え方というか、どういう思考でどう表現していこうとしてるのか、ということを研究者も知ることができたら、研究者が取り組んできたことを、もっと世に広く伝わっていく媒体である映像にしていける可能性があると考えています。

渡辺　映画では「三幕」という言い方もありますけど、「序」「破」「急」っていう三つの構成でストーリーがつくられているんです。人間の脳みそがそういうふうにできていて、人間の感情移入の仕方なんだと思うんですよね。一方で研究の分野では、ストーリーとしてちゃんと見られるかということは違い、アーカイブされたものがどう社会に対して接続できるかっていうか、それに対してアクセスしやすいかどうかが一つのきっかけにはなると思いますね。

是恒　単なる記録だと、見る方はなかなか入り込めないんですよね。やっぱり例えば伝統芸能なんかにしても、例えば神楽を踊るシーンだけを見るんじゃなくて、それが例えば一年に一度だけ上演されるものであるとか、あとは集落、地域社会の中でどう継承されていくとか、そういう背景がわからないと、見る方もやっぱり神楽自体に触れられないというか。そこは感情移入ともいえるし、何か共感できる取っかかりみたいなものって、そういうストーリーがあってこそ成り立つんじゃないかって思いますよね。

ここから『おだやかな革命』についておうかがいします。まず、基本的なところから。なぜこの映画を撮ろうと思ったのか、どのようなきっかけで撮影を開始したのかということをお話しいただけますか。

渡辺　『おだやかな革命』のきっかけはひょんなところからだったんです。前作の『よみがえりのレシピ』(二〇一一)という、伝統野菜の種を守る農家の方と、鶴岡市にある「アル・ケッチァーノ」というイタリアンレストラン、山形大農

映画『よみがえりのレシピ』
提供：映画「よみがえりのレシピ」製作委員会

学部の先生の三者で食のコミュニティをつくる活動のドキュメンタリー映画を、二〇一一年に山形で、二〇一二年に東京で公開しました。その後の企画を模索していたときに、たまたま鶴岡市に環境エネルギー政策研究所の所長の飯田哲也さんがいらっしゃっていて、彼にごあいさつをして『よみがえりのレシピ』を紹介し、この映画は市民出資でつくった映画なんですって話をしたら、「市民出資、へー!」となって。「来週、衆議院議員会館でコミュニティパワーっていう会議があるから、そこで映画のPRをしたらいいよ」と言われて。コミュニティパワーって、な

んかいいタイトルだなと思って。きっとコミュニティにまつわるいろんな悩み事とかを相談する会議だと、勝手に思い込んで。チラシを大量に持ってPRしに行ったら、そこに集まっている方たちは、なんと市民エネルギーを立ち上げようとする市民団体や個人の人たちばっかりだったんです。野菜の映画の説明をしに行ったのは僕だけで。みんなそれぞれ、エネルギー会社を立ち上げたという話をしていました。二〇一三年の六月でした。震災から二年半くらい経って、日本中でそういうエネルギー会社が立ち上がっていた時期だったんです。そうしたひょんなところからこのテーマに出合ったんですが、じつはそのとき『幸せの経済学』(二〇一〇)という映画のことを思い出したんですよね。二〇一一年に日本の配給会社が全国上映したんですけど、震災直後に上映して広まった映画なんです。今の社会の気候変動も含めた大きな課題っていうのは、グローバル企業の経済活動による弊害であると。リーマンショックのような経済危機もそうだし、あまりにも巨大な多国籍企業が、さらなる成長を求め続けてきたために弊害が生まれているんだということを言っています。それを解決するのはローカル経済、地域経済しかないと。地域経済をみんなでちゃんと考えて、立て直していこうという映画だったんです。その中に食とか種の話もありましたし、あとエネルギーのこともあって。それで次のテーマはこれにしようと直感しました。『よみがえりのレシピ』は種の問題が社会的な関心を持つということを想定してつくっていたんですが、その根底には自治があります。自分たちで自分たちの暮らしを治めていくという自治、種を自治していくという物語の続きでエネルギー自治を撮れば、『よみがえりのレシピ』で語れなかった地域経済の自立や個人個人の生き方の選択というものが、より明確に描けると思いました。

3・11以降に日本中で起きている再生可能エネルギー事業とか、資源エネルギーの取り組みを通して、自分たちの手でもう一回、地域経済を創造していく物語をつくりたいと思ったんですよね。中央集権型の右肩上がりの経済モデル、成長モデルではなくて、地域分散型で大きく経済成長はしなくても、志とお金と人の知恵も含めて、地域の中で好循環が生まれる経済モデルをつくろうという提言を打ち出したかったという感じです。

是恒　『おだやかな革命』を制作する上で苦労したことはありますか。

渡辺　取材範囲が広く、遠隔地なので、事前取材をやってから取材に行くというよりも、構成、台本を固めずに撮影しながら取材していました。一本の映画としてはかなり多岐にわたる取材になったんですよ。それをまとめていく一つのキーワードが、「豊かさとは何か」という問いでした。3・11以降とくに、人口が減少していくなかで、あらためて問い直しが生まれているような気がするんですよね。高度経済成長期のような公害問題とか、右肩上がりの時代の活動家の人たちと比べて、ふつうの人たちが豊かさを問い直してる。気を張らず、自分たちの普段の暮らしのなかから問い直しが生まれてるっていうことが、見ている人の心の中に響いているというか、共鳴していくところなんじゃないかなと思うんです。

是恒　原発事故によって3・11以降、東北から東京へというエネルギーの供給関係が明白になり、暮らしや経済への見方が変わった面があると思います。それまで福島の人たちは知っていても、他の土地の人たちは気づかずに、みたいな構造もあるのではないでしょうか。その歪みに気づいたからこそ、これからの暮らしのあり方を各地で考えている人がいる。人と人の結びつきが一つの力になっていくという状態は、「革命」という言葉がぴったりだと思いました。

渡辺　これまでは道路やインフラをつくる公共事業を国が中央集権型でやってきたわけですよね。それが今、経済の中心がそうした土木工事ではなく、情報産業になっていくなかで、経済の社会構造自体が大きく変化してきている。人口減少も始まるなかで、価値観の転換が急激に求められている。豊かさとは心の問題だと思うんですけど、その問い直しが求められていると思います。

それは「懐かしい未来」という言葉でも言えるし、コミュニティとか自然というものに回帰していく部分があると思います。今までとまったく同じやり方ではなく、都会からの移住者であったり、新しいテクノロジーであったり、そうしたものの組み合わせの中で懐かしさとか、自分たちが心地よいと思うものを再定義したり創造していくプロセスだと思うんです。とてもクリエイティブなことだと思うんですよね。こういうふうに自分は生きたいっていう、感性の部分で動いていく手段として、エネルギー自治や衣食住をつくるという活動がある。それが今までの革命とは違うということです。

是恒　根が生えるような活動ですね。先ほど話されたように、いかに視聴率を稼ぐかということじゃなく、三万人とか五万人ぐらいにでも何か伝わるものがある、変化が起きるような革命のあり方ですよね。

渡辺　そうですね。だから小さい経済、顔の見える関係でのもののやりとりとして循環する経済の一つの象徴として地域経済がある。例えば西粟倉村は一五〇〇人の村で物事が回って、人の気持ちや志が回っていけば十分生きていける。もちろん、東京のような大都市と決して分断されてるわけじゃない。お互いこれからの時代は手を携えていかなきゃいけないという部分で、生活クラブのような都市生活者と一緒に事業をやっていく、あるいは支え合っていくという文脈も映画の中では描いています。

　それを外してしまうと、地域が独立するみたいな話になりかねなくて、けっこう過激な話になってしまう。全然おだやかじゃない。それを中和するというか、圧倒的に都市部に多くの人が住んでるなかで、農村が自立する理論はなかなか難しいと思います。農村には都市部にはない食べ物や環境がある。お互いないもの同士、補う関係で、事業や場を提供するような、価値の交換をやっていく時代だと思うんですよね。

石徹白の小水力発電設置風景
（映画『おだやかな革命』より）
©いでは堂

　映画に出てくる石徹白《いとしろ》の平野（彰秀《あきひで》）さんが立ち上げた、郡上《ぐじょう》カンパニーという若者定着の企業育成型のプログラムがあり、都市と農村が手を携えて、競う「競争」ではなくて、共に創る意味の「共創」というキーワードで活動しています。

是恒　『おだやかな革命』に登場する被写体の方々やコミュニティとは、どのように関係を築いていったのでしょうか。先ほどリサーチは撮影と同時並行という話がありましたが、何か大きく影響を受けた資料や本などはあったのでしょうか。

渡辺　ドキュメンタリー映画によくある手段ですが、その分野に精通してる方をアドバイザーに立てたんです。今回は高橋真樹さんという、ジャーナリストでご当地エネルギーを全国取材されている方と組んで、いろいろアドバイスをいただきました。もちろん、一〇〇パーセント高橋さんの意見だけでこの映画がつくられたわけではありません。京都大学の広井良典《よしのり》先生のように、エネルギーの専門家ではない方も加わっています。それは、人口減少社会とかもっと違う文脈でこの映画を語りたかったので、あえてそうしたのです。枝廣淳子《えだひろじゅんこ》先生はエネルギー政策に精通する環境ジャーナリストですが、辻信一《しんいち》先生は文化人類学者です。

この三人とも石徹白を訪れているという共通点があります。だから、石徹白という場所がこの映画の中心にあって、会津や西粟倉村や生活クラブという、それぞれの違う場所を石徹白の物語として結びつけているハブのようなところがあるんです。

是恒　例えば石徹白だと、偶然、平野さんご夫妻に出会って、映画の中で焦点を当てていったんですね。

渡辺　そうですね。やっぱり取材対象者を通して地域の方に働きかけていった方がスムーズです。例えば私がいきなり自治会長に電話して、「今日取材をさせてください」と言うより、平野さんが地域の中でとても信頼されていたということが大きくて。平野さんからいろいろアドバイスをいただいて、人選を進めていきました。

是恒　民俗学者や人類学者のフィールドワークに似ていますね。

渡辺　ドキュメンタリー映画の先人たちもフィールドワークの手法を取り入れてますので。似ているのだと思います。

是恒　そうした手法は、東文研のプロジェクトに関わっていた影響もあるのでしょうか。

渡辺　いかに面白い話を聞けるか、ということなので。映画でいうと、どういうシーンを撮りたいのか、です。そのシーンがいくつも重なって、シークエンスという固まりになるんです。

そのシークエンスがいくつも連なって、起承転結でいう「起」というかたちになり、「承」が終わったら「転」になってくる。なので、どういう場所で話を聞くかとか、どういうふうに登場してもらったらいいのかとか、話の内容は悲しい話なのか、怒りの話なのか、というふうに、構成を書いていないとは言いながらも、そういうかたちで人を選んでいきます。

情報収集としてまんべんなく話を聞いていって、多分必ず陥るのが、平等の意識が働いて全員登場させようとするわけです。僕らは取材しても全部使わないことはあるんです。それは謝りに行きます。最初の映画なんかでも、いろんな人に謝りました。台本を書いてもそういうことは起きますし、ドキュメンタリー映画って、編集の中で物語を紡ぎ出していくので、省略した方がいい場面っていっぱい出てくるんです。

平野さんから紹介されて向かっても、この人でいいんだろうかということはかなり考えます。なので、紹介されても行かない場合もあります。平野さんが一推しする人でも、あえて別の人を取材することもあります。それは、石徹白という物語の全体図の中でどういう人がキャラクターとして映えるのかというのを考えます。

是恒　象徴的な存在ということでしょうか。

渡辺　登場人物のキャラクター造形ですね。その人がどういう人なのか、という。今回の場合ですといろんな人がまんべんなく出てくるので、キャラクター造形としては、中心メンバーの会津電力とか平野さんぐらいしか印象づけられないんです。移住者の平野さんご夫婦がいて、子育てをしていて、地域の人たちから支えられるというキャラクターとしてつくっていくわけです。フィクションというのは、だいたい葛藤をもとに物語を展開します。こういうふうにしたらうまくいかなかった、とか。今回の映画の中でもいろんな葛藤を描きたかったんですけど、お客さんの感情移入によってストーリーを展開していこうとすると、今回みたいな映画はつくれなかったんですよ。そういうストーリーテリングをしようと思ったら、多分、石徹白だけで絞った方がよかったんですけど。あるいは会津とか飯舘《いいたて》村《むら》。

でも、あえてそうはしないで、なぜこういう物語にしたのかというと、『幸せの経済学』を監督していたヘレナ・ノーバーグ＝ホッジも研究者ですが、物事を複雑化してる社会を俯瞰する大きな地図をつくりなさい、と言っています。だから単なるお涙ちょうだいの映画じゃなくて、見た人自身が何に迷っていたり、何に生きづらさを感じているのか、映画という大きな俯瞰した地図を通して、ポスト3・11の日本社会をどう生きていくのか考えながら見ていく映画をつくりたかったんです。

是恒　キャラクター造形やフィクションという言葉が出てきました。今年度（二〇一八年度）から私たちの災害人文学研究ユニットではドキュメンタリー映画の上映会を毎月開催してきました。そのなかで、ドキュメンタリー映画と真実とフィクションとは、どういう関係性にあるのだろうと考えるところがあります。一般的にはドキュメンタリー映画は真実を映していると考えられている部分が多いですよね。

でもじつはそこにはストーリーがあり、それは監督の視点でつくられたストーリーというか。真実をベースにしていても、こういうところを見せたい、こういう思想を表したい、こういう地図を見せたい、というものがあって、ストーリーができている。けれど、それはフィクションともいえないものなんだろうと、今のお話を聞いていて思いました。現実を際立たせていくというか、現実に石徹白に行くだけでは出合えないような真実にも出合わせるような、そういう錬金術といってもなんですけど、そんな力もあるのかなと、ふと思ったんです。

渡辺　映像はすべてフィクションと言うと極論ですけど、カメラというファインダーで切り取った瞬間に現実じゃないわけです。現実っていうのは切り取れないですよね。例えば隣に誰かいても、切り取ってしまえば一人でしゃべってるというふうに、そこでフィクションになる。現実を切り取る時点で恣意的になるわけじゃないですか。意味を生み出そうとして切り取るので。

最近、『万引き家族』(二〇一八)をつくられた是枝裕和さんの本を読んでて、腑に落ちた言葉があるんです。あえて言うならフィクションは陶酔を目指す。映画の世界に浸って酔いしれる傾向がある。ドキュメンタリーは現実を編集して、現実を素材、題材にしながら覚醒していく。現実の世界に生きてる人が出ているっていうことが、見ている人の深層意識に働きかけて、スクリーンの中で起きていることに対して、無意識のうちに自分を投影すると思うんですよね。自分の家族とか、自分の幼少期のこととか。

それはフィクションでもそうだと思うんですけど、フィクションってどうしてもお話重視なので。僕の仮説ですけど、もしかしたらドキュメンタリーは自己を映像とストーリーに投影しながら自分が生きている現実を理解していくってプロセスなのではないかと思うんです。それで気がついたら覚醒しているというか。自分の中で得られない感覚でも、自分自身をドキュメンタリーに投影してるうちに何かに気づき始めたりっていう、スクリーンを見ている時間の意識の作用が、フィクションとは違うんじゃないかって。その違いをどういうふうに実証していいかわかんないですけど。
　中沢新一《しんいち》先生に『よみがえりのレシピ』にコメントをいただいて、「この映画は素晴らしい、目覚めの力を持っている」と書いていただきました。「目覚めの力」ってすごい言葉だなって。覚醒ですよね。だから、まさに是枝裕和さんが言ってる言葉と同じなんですけど、そうか、と思って。そういう先輩、大先輩の人たちの言葉を頼りにいろいろ考えてます。

是恒　たしかに、そういう目覚めの力っていうのは、フィクションよりもドキュメンタリーの方が強いというのは腑に落ちますね。ドキュメンタリー映画の登場人物は現実に存在していて、映画を見る体験が分け隔てられるものじゃない。こういう人たちがいる、と知ることで自分の行動も振り返るようになる。映画で出会っても、映画館の中だけで完結しないものだと思いますね。

渡辺　深層意識での受けとめ方の違いなのかなという気がします。よく、実際にあった出来事をフィクションにしますけど、どうしても作家の意図が入ってくるから、物語の展開が中心になってくる。つくられたお話って、意味が狭まっていくというか。削ぎ落としていくことによって、ピュアなメッセージを描こうとすることでわかりやすくなるわけですが、そういう点で言うと、ドキュメンタリー映画の場合はある種のわかりやすさとは違う、意味の多義性があることで、観客が考える余白がある。その隙間を縫うようにして、観客自身が能動的に物語を紡ぎ出すことができると、その可能性をつくり手が信じているとも言えます。
　だから、シネコンとかで上映すると、お客さんによっては、これ全然物語になってないよ、って怒る人もいるわけです。ドキュメンタリー映画を知ってる人は、自分で物語をつくって見てくれる。そういうお客さんが能動的に関わって物語を一緒に紡ぎ出していくというのが、ドキュメンタリー映画の一つの在り方なのかと思います。むしろお客さんに投げかける。その空白、余白の部分、行間をお客さんが埋めていくみたいなところはあると思うんですよね。

是恒　『おだやかな革命』は日本各地で撮影取材をされてますが、そうした地域で上映会もされたんですか。

渡辺　しました。とても反応がいいですね。

是恒　そうした場で、例えば他の地域のことを知ることもあるんですか。それとも、もともと皆さんはお互い知ってたような関係性ですか。

渡辺　この映画の上映会でさまざまなジャンルの人と知り合ったり、いろんなイベントで知り合うことがありました。

是恒　それもまた面白い動きですね。

私たちの災害人文学研究ユニットでは、東日本大震災に関するドキュメンタリー映画の上映会を毎月開催してきました。『廻り神楽』のように地域の芸能を伝えていく人たちの姿をとらえた映画、『被ばく牛と生きる』のように畜産農家さんたちへの五年間にわたる密着取材から福島の現状を伝える映画を上映してきました。作品による視点の在り方の違いに気づかされます。東日本大震災に関するドキュメンタリー映画は、時間の経過とともに減ってはいるものの、時間をかけてつくられたものもまだまだ発表されています。『おだやかな革命』は、東日本大震災に対してどういう観点を持っているのでしょうか。

渡辺　この映画は二〇一八年に東京で公開しました。撮影から完成までに四年かかりました。会津電力の撮影を始めたのは二〇一四年からだったので、震災から三年後に撮り始めたんですけど、本格的に二〇一五年から撮り始めて、飯舘村に行ったのは二〇一五年の夏だったんですよね。丸四年以上が経っていました。

福島の原発事故だけは、僕は経済の問題としてとらえました。自分たちの社会が抱えている問題、大きな矛盾が不運なかたちで表に出てきた、という理解です。話が飛躍しますが、やっぱり豊かさっていうものがお金に還元されたことで、早い話、お金を稼ぐために地方の人たちが東京に行くので人口が増えて需要が生まれ、火力、原子力発電所が必要になった。もちろん、政治的な文脈の原子力利用もあると思いますが、大きな方向性としては、経済のために大規模型発電所っていうのが出てきたと思うんです。

原発に賛成か反対かという政治的なイデオロギーではないかたちで、原発事故を語りたかったというのはありますね。やっぱりドキュメンタリー映画が難しいところって、プロパガンダ映画になる危険性があるんですよ。例えば地域経済を守ることが重要だと仮定した場合、それ以外の考え方を否定する映画をつくり続けることもできるわけなんです。

しかし、「北風と太陽」(イソップ寓話)じゃないですけど、危険だって言うだけでは思考停止になってしまうことがあるわけですよね。そうではなくて、こういうふうにしたら心地よいっていう、太陽に照らされて能動的に人が動いていくような映画をつくりたいと思った。『よみがえりのレシピ』がそのスタンスで、今回もそういうスタンスを前提に撮っていたので、日々の暮らしの目線で原発も含めたエネルギーのあるべき方向性を考える機会をつくりたかったんです。

福島のソーラーシェアリング
（映画『おだやかな革命』より）
©いでは堂

是恒　『おだやかな革命』の最初と最後に飯舘村が出てくるのがすごく印象に残っています。最初に出てきた飯舘村の印象は、除染された土が黒い袋に詰められて積み重なっていて、報道で目にしてるような原発事故の被害の、絶望しか見えないような状況でもあると思うんです。けれど映画で、石徹白だったり西粟倉村だったり、他の土地の生活を知ってから、飯舘村の場面に戻ってきて、ある種の希望みたいなものが見えたと思いました。

原発事故が起きた構造にも、日本のこれまでの経済構造が大きく関わっている。今も飯舘村で生活している人たちの姿、原発事故の影響で帰ってこられない人がいるという状況に絶望だけを見てしまうと、そこで思考が停止しているんだと思います。そこでの生活はまだ続いていくわけだから、希望を見ていかなきゃいけないんじゃないかとすごく思いました。『おだやかな革命』は飯舘村だけに焦点を当ててるのではなく、同じような価値観で希望を見る表現をされていますね。

渡辺　例えばマイケル・ムーアみたいに、ある種のプロパガンダふうにわかりやすく、悪いやつをやっつけようという映画のつくり方もあるわけです。マイケル・ムーアのうまいところは、誰かを悪いやつだと見せておいて、じつは批判する自分たちの考えの根っこに偏った考え方があったり、おかしな仕組みの中で当たり前に生きてる観客を突き放そうとする視点がある。そういう多様な視点を担保してるんです。

ですから、基本的にはお客さんが多様な視点や価値観を映画から知って、自分で考えるっていうのが、いい映画体験なのではないかという思いがあります。

『おだやかな革命』では、こういう生き方もあれば、ああいう生き方もある、こういう楽しみ方もあるよ、という共感をベースにした経済の在り方を、エネルギーとか中山間地域での暮らしの豊かさについての話と接続しながら語っています。かなり大胆な構成で、よく一本にまとまったな、という気はします。編集では構成作家の協力もあり、完成までこぎつけることができました。

避難先で牛を育てる飯舘村の小林さん親子
（映画『おだやかな革命』より）
©いでは堂

是恒　飯舘村も会津電力も、他の地域にもこれから変化が起きていくと思います。一〇年後とか二〇年後にも、『おだやかな映画』という作品が一つの記録として力を持つと考えますか。

渡辺　そうですね。すべての映像は、記録的な価値は持っていると思うんです。つくり手としては、記録的な価値っていうのは後からくっついてくるものなので、じつはあんまり関心がないんです。映像って動きがあるので、記録的な価値は高いとは思うんですが、じつは記述するっていう意味では文字とか写真の方が記録性は高かったりするんです。動画の映像の方が記録性が高いと言う民俗学者の方もいますけど、記録へのアクセスのしやすさとしては、どうなのかなと思うんですね。

アーカイブされた映像をいちいち再生して見なきゃいけ

ない、というより、文字や写真のアクセスのしやすさに比べると、動画の映像は記録的な情報量は多いかもしれないですがアクセスはしにくい。記録的な価値っていうのは、後の世代の人たちが思うことなので、やっぱりつくり手としては古びない映像、古びないテーマ、いつの時代、――いつの時代と言っても一〇〇年後まで見てもらえるかどうかわかんないですけど、向こう一〇年、二〇年、三〇年、できれば半世紀近くあとで見てもその問いが新鮮であるような、あるいは語っている内容がお客さんの心に響くような、そういう映画をつくりたいなと思ってます。

是恒　次の質問です。災害人文学研究会でドキュメンタリー映画の上映会を開催して、毎回、監督やプロデューサーの方をお招きしていますが、東日本大震災を扱っている映画は東北ではなかなか上映の機会がないと、皆さんおっしゃっています。東京や大阪といった都市部では上映されている。自主上映会を開いてもなかなか人が集まらない、映画館でもそんなにかかる機会がない。だから一般的な娯楽映画とは違う流通の在り方を考えていくものなんだろうと思うんですが、その点で『おだやかな革命』に限らず、これまでの作品においても、社会に広めていくために工夫してらっしゃることは何ですか。

渡辺　一つはタイトルですね。タイトルが覚えられない映画ってけっこう苦戦すると、『よみがえりのレシピ』のときにつくづく思いました。

是恒　タイトルは作品ごとに渡辺さんが考えていらっしゃるんですか。

渡辺　そうですね。今回はコピーライターと考えました。最初は「静かな革命」とか、あるいは「コミュニティパワー」とか「永続地帯」とか、全然違うタイトルを検討していたんですが。何となくダイナミズムを感じられる、社会の胎動を感じられるタイトルがいいなっていうときに、変革とか革命かなと思って、『おだやかな革命』にしたんです。

是恒　配給方法では、売り込みもしていくんですか。

渡辺　売り込みを当然します。ただ、今はとにかく作品の数が多いので、海外から買い付けてくる配給業者がすごく増えて、自社でつくって自社で配給してるのは、かなりレアケースですね。僕はこの手段が有効だと思ってやっていて、今後もやるつもりなんですが。

是恒　次は、『おだやかな革命』に限らず、ドキュメンタリー映画全体への考えをお聞きしたいと思います。私たちの災害人文学研究ユニットでは、東日本大震災の記録、記憶の継承という面、また三陸沿岸部は津波がこれまでにも起きてきた地域なので、今後の防災、減災に向けた取り組みとして映像を活用していけるんじゃないか、ということも考えています。映画・映像が防災や減災に力を持つとしたら、どのようなことでしょうか。

渡辺　難しい質問ですね。でもやっぱり、大島渚《なぎさ》さんがおっしゃったそうなのですが、人間は忘却の天才で、だから映画をつくるんだという言葉は、一つの真理だなと思うんです。忘れ続けるからいろんな過ちを繰り返す。忘却への抗《あらが》いとしての映像。

それは映画じゃなく、むしろ写真でもいいと思うんですよね。イメージなので。動画でなくていいと思うんですけど、イメージが持っている強烈なインパクトはあると思います。例えば一時間見た映像よりも、たった一枚の写真で、災害の恐ろしさも表現できるわけです。動いてない一枚のイメージ、静止画の方が圧倒的に記憶に残る場合があると思うんです。そのイメージが何かを語りたくなるような、語り継いでいくきっかけとなれば、動画か静止画かの違いは重要ではないと思います。

是恒　最後の質問です。映画のつくり手から、映画制作の中で研究者に協力を求めるとすれば、どのようなことがあるでしょうか。

渡辺　多様な視点、論点を示していただくことを期待しています。そういういろんな視点で学術論文を書かれていらっしゃいますから。とくに今回、『おだやかな革命』を考える上で、諸富徹《もろとみとおる》先生と広井良典先生の本を参考にしました。小さい規模の経済活動でも、これから社会にとって重要な意味があるということも、そうした文献を読みながら考えました。

第5章

東日本大震災以降、継続される記録活動

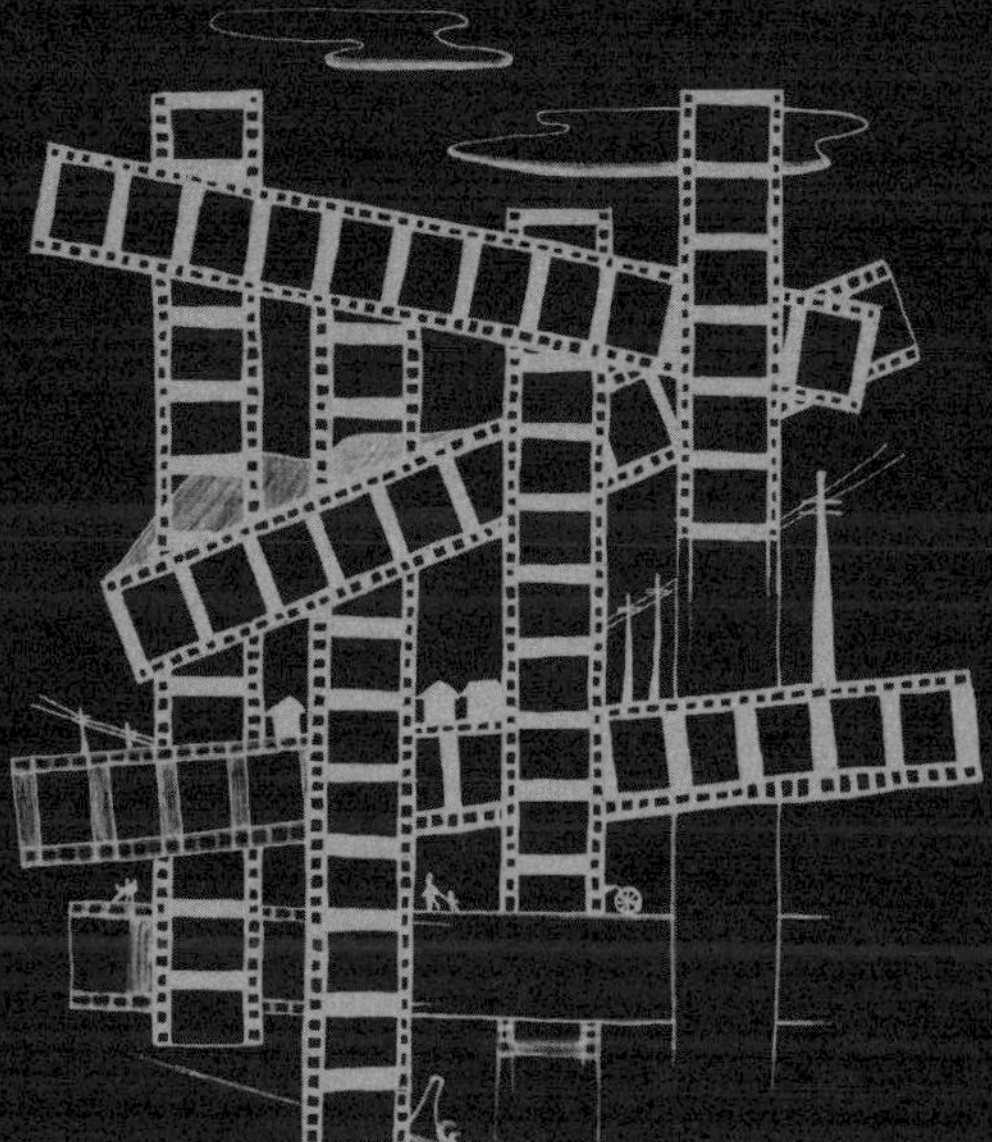

二〇一一年の東日本大震災に関して多数の写真・映像記録が残され、ドキュメンタリー映画や映像作品として発表されたものも数多い。震災発生から六〜八年が経った時点で発表された映画・映像作品には、震災以前の地域の歴史文化と現在の生活の連なりを伝える作品、被災地で暮らす人たちの心情を丁寧に描き出した作品が散見される。こうした作品は、震災以後の歳月のなかで、制作者自身が時には数年間をかけて被災地に身を置き、個々の被写体との関係性を構築する体験を経て制作されている。本章で報告する研究会では、東日本大震災の発生から現在に至るまで被災した地域と継続的に関わり、活動を続けてきた映像制作者、地域に残された写真記録の見直しや映像制作の活動によるまちづくりを実践・検証する研究者の活動を通して、過去から現在を俯瞰し、地域の未来へ向かう対話を橋渡しする〈記録行為〉〈記録の見直し〉の可能性について意見を交わした。こうした取り組みに、震災の記憶継承と今後の防災意識の向上を考える鍵があるのではないだろうか。

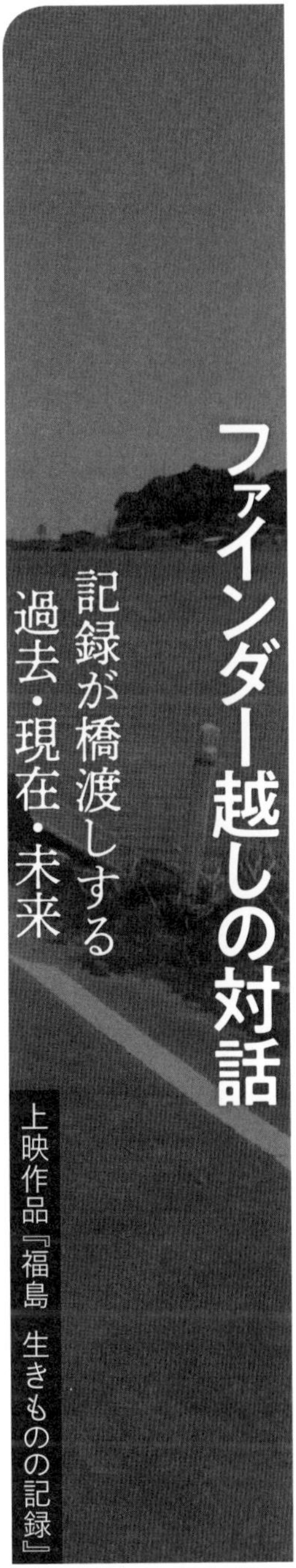

ファインダー越しの対話

記録が橋渡しする過去・現在・未来

上映作品『福島　生きものの記録』

報告

本研究会では、野生生物や環境をテーマに記録映像を発表してきた群像舎（一九八一年設立）が二〇一七年に発表した『福島　生きものの記録』シリーズの最新作・第五作を上映し、三名の登壇者とコメンテーターを交えて総合討論を行った。

まず、本作で録音を担当した群像舎の吉田茂一氏に、監督である岩崎雅典《まさのり》氏の作品に対する思いや、撮影地である福島での撮影過程、その場所を舞台に研究活動を行う科学者たちとの出会い、制作に至る経緯についてお話しいただいた。次いで、青山学院大学総合文化政策学部教授の黒石いずみ氏に「記録と対話からまちづくりへ」という題目で発表

◉登壇者

吉田茂一　よしだしげかず／群像舎

黒石いずみ　くろいしいずみ／青山学院大学総合文化政策学部教授

是恒さくら　これつねさくら／東北大学東北アジア研究センター学術研究員

原田健一　はらだけんいち／新潟大学人文社会科学系附置地域映像アーカイブ研究センター長

高倉浩樹　たかくらひろき／東北大学東北アジア研究センター長、教授

二〇一九年一〇月一六日　BOTA Theater（山形県山形市）
（災害人文学研究会「ファインダー越しの対話──記録が橋渡しする過去・現在・未来──」）

いただいた。発表では、震災後に赴くようになった気仙沼での活動について報告されたほか、防潮堤をテーマに学生たちが撮影・制作した映像作品が上映された。続いて、本研究会を企画した東北大学東北アジア研究センターの是恒さくらによって、災害人文学研究ユニットの活動報告が行われた。コメンテーターには、新潟大学人文社会科学系附置地域映像アーカイブ研究センターセンター長の原田健一氏をお招きし、各登壇者へのコメントをいただいたのち、東北大学東北アジア研究センターの高倉浩樹の司会で総合討論が行われた。

総合討論では、主に制作者の視点から、映像記録と記憶を想起する作品づくりについて討論が行われた。例えば、黒石氏からは「記憶」と「記録」に関わる作用や被災した当該社会への影響、さらに被災地域の外部の人間であり「他者」として関わり続けることによる表現の可能性が語られた。また是恒からは、連鎖し繰り返される自然災害に対して媒体にもなり得るドキュメンタリー映画の可能性や、芸術家が作品として非被災者を取り込むことで生まれる記憶の作用について話がなされた。さらに、映像作品の持つインパクトによる、記憶の固着化についても批判的な討論が行われ、映像を単に伝承するのではなく、映像を通して想像力を伝承する必要性が指摘された。そのため映像作品の制作者は見る人に「余白」を残す作品をつくる必要があること、そして固着化したイメージを解き剝がすことができる作品づくりを通して、制作者と視聴者がつながる期待が高まることが議論された。その営為は、制作者・芸術家だけではなく、研究者の研究・報告活動とも非常に類似点が多いこともわかった。

（工藤さくら）

意見交換採録

是恒　本日は、二〇一九年度第二回災害人文学研究会「ファインダー越しの対話―記録が橋渡しする過去・現在・未来―」にご参加いただきありがとうございます。東日本大震災以降、数多くのドキュメンタリー映像、映画がつくられてきました。その数は震災後の二年間で八〇〇本にのぼったともいわれています。震災に関するドキュメンタリー映画がつくられ続けているなかでも、とくに近年発表されるものは、被災地の過去と現在のつながりを伝えるもの、被災地で暮らす人たちの心のありようを描き出した作品が散見されるようになったと思っています。こうした作品は、震災後の歳月のなかで制作者自身が被災地に身を置く、あるいは何年も通いながらその土地に関わり続け、関係性を構築するなかでつくられてきた作品です。今回の研究会では、東日本大震災の発生から現在に至るまで、被災した地域と継続的に関わって活動を継続してきた映像制作者の方、また、地域に残された写真記録の見直しや映像制作の活動によるまちづくりを実践されてきた研究者の方をお呼びしています。過去から現在を俯瞰しながら、その地域の未来へ向かう対話を橋渡しする役割があるものとして記録行為、記録を見直し、その活動の可能性について考えていきたいと思います。

今回のプログラムをご紹介します。まず、『福島 生きものの記録』というシリーズのドキュメンタリー映画を上映します。これは、二〇一二年から継続的に福島県で撮影されてきた、原発事故後の生き物の変化を追ったシリーズ作品です。今日は、その制作会社である群像舎で録音を担当されている吉田茂一さんにお越しいただいており、活動の報告をお願いします。次に、青山学院大学の黒石いずみ先生にお越しいただいています。「記録と対話からまちづくりへ」というタイトルでお話しいただきます。もともと黒石先生は、建築やデザインを専門とされていて、建築やデザインに表れる人の心のありようや生活習慣から現在のまちづくりを見直すという活動をされています。被災地では災害によって町の風景が一変してしまったのですが、過去に撮られた写真など記録に残っているものから、その町の様子と、これからどのような町をつくっていけばいいのかということを考える活動をされています。そして三番目の報告として、私が、東北大学の災害人文学研究ユニットがこれまで行ってきた映像や記録に関わる活動について報告を行います。その後、コメンテーターとして本日、新潟大学の地域映像アーカイブ研究センターの原田健一先生にお越しいただいていますので、報告へのコメントをいただいて、総合討論に移ってまいります。

まずは、東北大学東北アジア研究センターのセンター長の高倉浩樹から、あいさつをいたします。

高倉　皆さま、今日は本当にお忙しいなか、ありがとうございます。密な議論ができる場になればいいのではないかと思っています。先ほども少し皆さんとお話ししたのですが、私自身がなぜこういう研究会をやろうと思ったのか、少しだけお話ししたいと思います。

私自身、人類学をやりながら映像人類学のようなことに少し関心を持って、自分でも映像をつくったりしています。映像のつくり方とエスノグラフィの書き方とは、たいへん似ているところがあるのです。つまり、ある視点に基づいて集められてきた情報をうまくまとめて、起承転結のある物語をつくるということです。もちろん違うところもあるのですが、情報の選び方と情報の組み合わせ方というのは、とても似ていると思っています。

一方、研究者側の視点では、広い意味で学問、つまり研究史があって、その研究史に基づいて自分が集めてきた情報を意味づけし、新しい知見が出るというかたちでつながってきます。多分、エスノグラフィと映像のつくり方との類似点は、被写体との関係性がとても大切だということです。被写体あるいはインフォーマント（情報提供者）との関係によって、自分がどういう情報を得られるのかも変わってくるわけです。研究者の場合でいくと、それをある体系の中に組み込んでいくよう試みています。そこで、映像と研究の接点をどう考えたらいいのかと考えていきたいのです。映像をつくっている方をお呼びして研究者とディスカッションすることによって、私自身、究極的には自分の研究にとって何か新しい方法が得られるのではないかという問題意識があって、この研究会を立ち上げました。

先ほど是恒さんも話されましたが、震災後に出てきたたくさんの映像があって、それが多くの場合は見られないままになっている。そういうものを研究者側としても何らかのかたちで全体を把握したいという、欲望のようなものがあるのです。ただ、やはり論文を読むのと違ってなかなかたいへんです。研究会として、映像の上映会を実施すること自体の社会的な効果を含めて、いかにたいへんかという

映画『福島 生きものの記録 シリーズ5 〜追跡〜』
提供：群像舎

ことも今日、ここでお話ししたいと思います。

違うかたちで表現しているものの、何となく問題意識を共有している領域があります。その対話をしながら、適切なかたちで記録と記憶ということを考える場を少なくとも数年間続け、議論していきたいと思って、今日のこの場を設けさせていただきました。

是恒　ありがとうございました。それでは、プログラムの最初にある、『福島 生きものの記録』シリーズ5の上映を行います。

『福島　生きものの記録』シリーズ5　上映

是恒　以上、『福島 生きものの記録』シリーズ5の上映でした。ありがとうございました。
続いて、この『福島 生きものの記録』を制作した群像舎で音声を担当されている吉田茂一さんにお越しいただいていますので、少しお話をおうかがいしたいと思います。この会場ではこの研究会に先立って、二日間かけて『福島 生きものの記録』シリーズ五作をすべて上映しておりました。私も五作を通して拝見させていただいて、すごく印象に残ったのが、シリーズの一作目はわりとナレーターの語りが多いのですね。監督の岩崎さんの視点で語られています。原発事故が起きて福島の生き物に何が起きているのか知りたいという熱意を最初の作で感じました。それから回を重ねて、毎年新しいシリーズが発表されています。例えば、ツバメなどは最初からシリーズに含まれており、ツバメに見つかる白斑《はくはん》を調べている研究者が出てきます。被ばくした牛にも白斑が現れています。五作目ではそれ以前と同様に動物や魚の被ばくについて扱われていますが、人間の子どもの甲状腺検査のことが出てきます。最初のシリーズでは、人についてはあまり触れられていませんでした。
吉田　そうですね。
是恒　このシリーズをずっとつくり続けていく、記録をし続けていくということのなかに、最初は生き物に何が起きているのかを知りた

白斑牛
（映画『福島　生きものの記録　シリーズ2 ～異変～』より）
©群像舎

いという意思があった。野生動物と人の間に距離がある関係から、放射能とともに生きなければいけないという同じ環境の中で、野生動物も人も含めて、どう生きていくかを考え続けなければならないという変化した意思を、記録し続けるという行為から感じたのです。二〇一二年から群像舎の活動を続けられてきて、チームとして何を目指してこられたのでしょうか。

吉田　『福島 生きものの記録』では、私たちはいつも監督とカメラマンと私、私は現場の音声の録音ですけれども、その三人でチームを組んで、二〇一二年から現地に入って撮影していきました。監督が夜、いつもカメラマンと話すのが生物多様性のことです。私たち人間も動物、生物の一種であるわけですよね。人間も生物の一種であるのにもかかわらず、母なる地球を汚し、汚染して、いろいろな環境破壊、森林破壊、海洋汚染を起こしている。何かしでかしているのは人間です。

ネズミ調査と撮影中のスタッフ
©群像舎

その結果として地球温暖化になって、自然災害が起きています。私にも孫がいますけれども、現代の大人である私たちがどう考えるかに、孫やもっと子々孫々、この地球で暮らしている私たちの子孫たちが暮らしていけるのかが懸かっている。私がいつも監督と話しているのは、『福島 生きものの記録』では原子力災害のことを描いていますけれども、底辺には野生生物に対する敬意、地球に対しての敬意があって、私たちはこういう映画をつくっているということです。群像舎はそういうことを考えながら、動物の映画を四〇年ぐらいやっています。ですから、人間を描くのは当然です。人間も動物も、私たちは本当に区別していないという考えなのですね。

是恒　群像舎の『福島 生きものの記録』以前の映画は、どのような動物の作品があったのでしょうか。

吉田　大きな作品ではイヌワシの作品、そしてニホンザルの作品があります。「モズ」という名前の四肢に奇形がある一頭のニホンザルが、長野県の地獄谷《じごくだに》野猿公苑《やえんこうえん》にいました。

モズが六歳のときから死ぬまでの二〇年ぐらい、岩崎さんと私たち撮影隊がずっと追い続けた映画です。

『福島 生きものの記録』でも、どうしてもニホンザルにはこだわりたいと思いました。今までの七年間、八年間、いろいろな研究者が、福島の人たちやいろいろな人たちに協力してもらって撮影はしてきているのです。奇形が出たり何か姿形が少しおかしかったりすると、映像にインパクトがあります。ですが、そういうことは起きていないのではないでしょうか。ただ、日本獣医生命科学大学の羽山《はやま》伸一先生がおっしゃっているように、白血球が減少して免疫力が低下している。野生のサルとか野生生物というのは、死ぬところをそんなに見せるものではない。やはり森の中、林の中で、そういう免疫力がなくなった野生のサルとか動物は、淘汰されて死んでいってしまうのです。それをずっと、一〇年、二〇年、三〇年と、野生の頭数を見ていなければ何も見えてこないのかなという思いもあります。そのへんがもどかしいというか、難しさを感じています。

是恒　群像舎の作品では、人がどう描かれているかということも特徴的だと思います。過去の作品に、最後の丸木舟をつくった方のドキュメンタリーがありました。そこに登場する丸木舟の職人さんのような人は、一般的な現代人よりも自然に近いところにいるような気がします。この『福島 生きものの記録』シリーズの中では、例えば「希望の牧場」の吉沢（正巳）さんは、被ばくした牛たちが殺処分になることに反対して、飼い続けています。そしてたくさんの研究者の方々が登場します。この映画シリーズに登場する研究者の方々とは、以前から関わりがあったのでしょうか。

吉田　岩崎監督は四〇年ぐらいずっと動物を撮り続けています。動物を撮るということになると、動物を研究している研究者がいないと、なかなか撮れないのですよね。ですから長年やっている岩崎さんは、いろいろな研究者とのネットワークがありました。吉沢さんのような住民の方々とは現地で出会いました。私たちはサルを追いかけていました。サルの場合、羽山先生はサルの研究者であるのですけれども、生きているサルを研究しているわけではなくて、福島市で殺処分をして駆除されたものを調べています。私たちは手探りでサルを追い回して見つけていました。そのなかで、福島の浜通りをあちこち見て回っているときに出会ったのです。

監督の岩崎さんは秋田出身なので、秋田弁で話します。

朴訥《ぼくとつ》としていて、すごく人柄がにじみ出ている人なので、会う人が岩崎さんの人柄に安心するのではないでしょうか。それで何かすーっと入っていく感じを私たちもはたから見て感じているのですね。初めて会っているのに、いろいろな話を引き出して、聞いてもそんなに変な顔をされないというか、信頼されてしまうのです。そういう性格でないとやっていけなかったと思っています。

是恒　シリーズに毎回登場する方がいるのも、そうやって関係性を構築したからなのですね。

吉田　そうですね。私たちのドキュメンタリーは、ほとんど動物を研究している人しか出てきません。動物などは私たちしかやっていないと思います。世に出回っているもののほとんどは人間ドキュメンタリーではないですか。そういう作品の監督たちとも交流はありますけれども、やはり人間関係をつくらないと、その人の内面は見えてこないですね。たった一週間現地に行ってインタビューしてきても、表面的なことしか見えてきません。人間関係を構築して信用してもらわないと本音が出てこないのだと、ドキュメンタリーをやるなかで感じています。

岩崎雅典監督
©群像舎

是恒　人間同士だけではなく、研究者や、希望の牧場の吉沢さんのような人の目を通した動物との関係もあるのだと感じました。

吉田　そうですね。岩崎さんも私たちも、動物、人間と、あまり区別していないのですよね。生き物として。ただ人間はやはり、いろいろと難しいところがあるので、岩崎さんも「人間関係、面倒くせえな」と言うような人です。動物の方がものを言わないですし、たいへんはたいへんなのだけれども、岩崎さんは同じ動物、生物として付き合っていくには面白いと感じているのかもしれないです。

是恒　最後の質問です。本日上映したシリーズ第五作目は二〇一七年の作品ですね。

吉田　そうです。それが最後でしょうね。

是恒　他の動きや継続する可能性はあるのでしょうか。

吉田　本来ならばこの場に監督の岩崎さんが来て、皆さんにいろいろな話をしてもらいたかったのですが、監督が体調を崩してしまって、今、外に出られないのです。ただ今後、岩崎さんと私と明石さんというカメラマンと、とりあえず三人なのですけれども、継続して一〇年、二〇年、生きている限りは撮り続けていきたいなと思っています。そのために、やはり健康ですね。今の世の中を見ても、みんなが自然に対して、地球に対して敬意を持って、いろいろな行動をしないといけないのかなと思います。この現代を私たちの分岐点と考えてもらえる作品づくりを、これからもしていきたいとは思っています。

是恒　ありがとうございました。

＊

是恒　続いて、「記録と対話からまちづくりへ」というタイトルで黒石いずみ先生にお話しいただきます。

黒石　こんにちは。青山学院大学の黒石といいます。今日は「記録と対話からまちづくりへ」というタイトルで、私たちが二〇一一年から学生たちと一緒にやってきた活動の中で感じたまちづくりと映像や写真との関係について、お話をさせていただきます。よろしくお願いします。

まず私たちは、映像を専門に扱っている研究室ではなく、生活環境とか地域のことを考える研究室です。私は今和次郎《こんわじろう》という人の研究を長くやってきていまして、エスノグラフィとか、ビジュアルな媒体を通した見る人と対象となる場所や人との関係性に、以前から非常に関心を持っていました。被災地との関わりとしては、先ほど岩崎監督は秋田出身だというお話がありましたが、偶然なのですが私もじつは秋田出身です。東日本大震災時は居ても立ってもいられなくなってしまいまして。危険だから行ってはいけないというときには街頭募金をやり、そのあとはがれき掃除に行きました。当初は記録するということはまったく考えていませんでした。

二〇一一年は学校も休みが長かったので、がれき掃除に行くたびに車で学生を何人か連れていっていました。それから、避難所訪問のボランティアを行いました。それまではボランティアというものにまったく興味がなかったのです。都市計画とか地域計画の研究はしていましたけれども、ボランティアにある種の偽善を感じていたので距離を持っていたのですが、結果的に、行くということそのものがボランティアとして名づけられたということです。二〇一一年は、そうして活動するなかでいろいろなことに気づいていくプロセスでした。

二〇一二年から二〇一四年はいろいろなところから助成金をいただいたりしながらですが、自分で何をやろうかということを決めていったという段階です。じつは二〇一一年、二〇一二年に建築とか都市計画の方々が「まちづくり」としていろいろな計画案を提示し、絵を描いたり模型をつくったりしているのを見て、非常な違和感を感じました。ある有名建築家のグループは、「何で俺らに仕事頼まないんだ」という会合みたいなものを開いたりしましたが、被災者とテレビの前でおやおやという感じで見ていました。そういうなかで何ができるかといったときに、避難所での出会いから手がかりを得て写真の力ということを考えました。それから、被災地の現状を実際に見て経験したことを、他の地域の方に伝えるために、スライドショーを主とした映像の巡回をいろいろなところでやるようになりました。写真の展覧会も各地でやりました。お客さんも最初はほとんど来ないという状況から、徐々に知人が来てくれる状況へと変化しました。だいぶ不定期でしたが続けていました。

左から高倉浩樹，黒石いずみ氏，吉田茂一氏，原田健一氏，是恒さくら

二〇一五年からは、徐々に写真や映像の持つ、伝える力の強さをはっきりと感じるようになりました。そこで生活環境というか、普段の暮らしがどのように変わったかを、被災者の人たちの生活をいろいろな角度から写真に撮った

り映像化しました。みんなが気づかないような部分、それから声に出せない問題を映像化して議論を引き起こしていこうと考えたのです。そのようにして三段階に、記録と対話の仕方、記憶の意味の理解が変わってきたと思います。それについて簡単にご説明したいと思います。

最初は本当にがれき掃除に参加していたので、カメラも持っていません。現地で目にしたもののなかでは、例えば被災した家のがれきの向こうに桜が美しく咲いているというのが、すごくショックでした。それから、自分が片づけている「がれき」といわれるものが、口紅とか子どもの教科書とかランドセルとか、そういう普段のものばかりで、日常を破壊される状況にショックを感じました。この人たちは私たちなのだということをはっきりと、がれき掃除の中で感じました。

そこで、写真をレスキューするという活動が行われていたので、だんだんと写真に関わるようになっていったのです。それでもまだ、あまりぴんとこなかったのですね。何かに気づいたのは、被災地の避難所とか仮設住宅地での食事会での人々との交流の中でした。皆さん、すごく一生懸命に、努力して頑張っていらっしゃったのです。被災の悲劇の話は誰もしたくないという感じでしたが、ふとしたときに、忘れるのが怖いと。「こんなに必死に生きてると昔のことを忘れちゃうんだよね。それが怖い」ということを一人のお母さんが言ったのですね。私は、そこでたいへんなショックを受けて、忘れたくないというのはどういうことなのかと考えるようになってきました。

じつは、ある被災した家族と仲良くなったのですけれども、おうちへ何度もうかがっているうちに、だいぶ流されてしまったけれども少しだけ残っていた写真があると、昔の写真を見せてくれたのです。とても立派なおうちで、家族が楽しそうにしていらっしゃるのですけれども、そこではっとしました。海のそばに住んでいることへの危機管理の問題はあるけれど、豊かな暮らしなのです。湾を隔てた向こう側でお父さんがカキの殻をむいていて、こっちで声をかけると船で渡ってきて、お昼を一緒に食べる。漁師さんというのはだいたい、離れたところに田んぼを持っているのですけれども、夫婦で船に乗って田んぼまで行って、くたくたになって帰ってくる。そういう暮らしの物語の豊かさというのがすごいと思いました。都会にいては絶対にない、その物語を忘れたくないのだなと思ったのです。それをどうやって私たちは記録できるかということを考えるようになりました。

次の段階では、このような記憶の記録のためには古い写真が手がかりになると思ったので、アマチュアカメラマンのグループで、写真をたくさん撮っていらっしゃる方々にコンタクトを取りました。たまたま明治、大正、昭和の銀板写真を保存している方にお会いしたので、その展覧会を表参道や横浜の小さなギャラリーでやり、その後、気仙沼でもやりました。

そのとき、表参道の人たちは、「あ、これ何か昔の家族の肖像だね」というようなことを言ってくれました。厳しい生活の中で雄々《おお》しく立っている人々のかたちが、あまりにも現代と遠いということに感動はするのですけれども、そういう反応に違和感も感じました。被災地の方々が見に来てくださったときは、皆さん、人の写真はほとんど見ませんでした。山とか川とか、風景の写真を見て行かれたのです。それで「なくなったけど、昔、ここで魚釣ったんだよね」という話を皆さんが互いになさるのです。被災者同士があちこち別の仮設住宅から集まってきて、「やあ」と言いながら、「小学校のときの友達なんだ」みたいな出会いの場になったことがすごく印象的でした。写真や映像というのは、見せるものの中身そのものも大事なのだけれども、今ないものをお互いに語り合う出会いの場になるのだと気づきました。

しかしその頃、共徳丸（津波で気仙沼市街地に打ち上げられた大型漁船）を解体するか保存するかで気仙沼の人は揺れていました。観光資源として残して震災遺構にという声もあれば、もう見たくないという人も、両方いる。被災地の様子を伝える写真集もテレビの報道も、激しい場面を伝えていた。映像やビジュアルのインパクトには、そうした両方の見方があることに、非常に危険も感じました。そういうふうに美化しないできちんと見るとは、どういうことでしょうか。そういう写真はどこにあるかと思って、被災者の方々のおうちや、被災せず残ったおうち、地域の皆さんの写真を探しました。それがどういう物語を持っているのかということを、ワークショップをやりながら集めていきました。しかし、これがまとまったかたちになったわけではありません。ずっと、細々とやっています。映像の会を各地でやって、お茶を飲みながら「見せて」という感じで少しずつやり始めたわけです。

第三の段階として言えるのは、記録して伝える方法としての写真や映像の問題に気づいた段階です。同じ時期にニューヨークの学会に行く機会がありました。そのとき、そこでまたたいへんな違和感を感じました。なぜかというと、そこでは「ありがとうジャパン」「We believe in Fukushima」などの言葉でいろいろなプロモーションが行われていました。外務省などによるものだったのですが、風評被害を避けるために日本の日常生活の風景を笑顔でアピールしているのですね。被災地ではみんな苦しんでいるのに、なぜこんなきれいな日本をアピールしなければいけないのかと思ったのです。

それから、写真展がたくさん行われていました。一番ショックだったのが、レスキューされた写真の断片を集めて壁いっぱいに貼った作品です。写真もオブジェとして作品化できるという事例です。もちろん悪意があるはずもないのですけれども、他者にとっての写真というものの恐ろしさをすごく感じました。こういうものを見て、すごく気になったのは、記憶、記録というものはただ保存していいのだろうかということです。忘れたいという人もいる、そして残されたものがどんどん変わっていってしまう。記録を演出することの怖さをすごく感じてしまい、なくなってしまった方がいいのではないかと、かなり悩みました。

さらに、東京の学生たちは、震災から二、三年経つと、もう自分のことではなくなってしまってまったく関心を示さなくなります。ゼミの子たちがボランティアとしては行くけれども、何をやっているか自分でもわからないという状況が来たのです。そのとき私は写真を撮っていては駄目だと思ったので、被災地に残る、震災の遺構のフロッタージュ(拓本)を取りました。みんなで歩き回って、被災の傷跡を探して拓本を取る。それを何十枚と集めて回ると、学生が「やっとわかった」と。今はがれきも片づけられた空き地に来て、被災のことはほとんど他人事のようだったけれども、傷に触ることでやっとわかったということを言ってくれました。手で触る、体をそこに置く、そこに関わる、人と話をするということ、それがわれわれのやるべきことなのだということをまたここで思いました。

というふうに、こうしてずっと思ってきたことについて考察のために客観的に整理すると、「原風景」といわれるものの力、記憶と記録、不在と忘却の問題だと思います。それから、日常と非日常。自分たちのように都市から来た者

なるのです。

いっているときに、人の話や実際のものの手触りが助けにになるのです。

そこで今度は、映像をつくり続けるということで、以前からやっていたことをまた少し見直しながら活動しています。そこで重点を置いているのは日常の暮らしと語りをどうやって描くかということです。それも、つくり手の学生がしっかり相手に向き合って何を感じるかということをみんなでディスカッションして、われわれは何を言えるのかということを形にしていくということをやっています。最初は、みんなに元気になってもらいたい。そして被災地や地方の状況、魅力を都市に伝えたいと、毎年学生と映像をつくります。映像をつくることで、何日もの経験や考察が持つ意味を深く考え、人に伝えられるまで整理し突きつめるのは、地域や生活、営みの実際の多様な意味を理解する上で非常にいい手がかりになります。

今、私たちが取り組んでいるのは防潮堤です。われわれはどう向き合うのか、そこで人はどう生きていくのかということで、未来へ感じる不安をかたちにしようというテーマでやりました。少しその映像を部分的にですが、ご覧いただきたいと思います。

黒石研究室の学生が制作した映像上映

黒石　上映させていただきありがとうございました。気仙沼でこの作品を上映した美術館でアンケートを取らせていただいたのですが、もっと踏み込め、と言われました。これだけでは駄目だと。ですが、私たちはずっとそこに住んではいないので、対象として表現しようとしたときに、どこまで踏み込んでいいのだろうかと考えました。やはりストーリーをつくって映像をつくってしまっているわけですが、それでいいのだろうかという悩みがあります。やはり、最初ボランティアで現場に関わったときの思いをいつまで持っていけるかというか、関わる行為の手がかりとしての映像を、もっと研ぎ澄ましていかなければいけないと思っています。

以上です。

是恒　黒石先生、ありがとうございました。この研究会の最後のコメントと総合討論の時間に、今回の報告の感想などもいただきたいと思います。どうもありがとうございました。

＊

是恒　それでは私、東北大学東北アジア研究センター災害人文学研究ユニット学術研究員の是恒から、「見る・作る・共有する：記録という体験」というテーマで報告をさせていただきたいと思います。

東北大学東北アジア研究センター災害人文学研究ユニットでは、二〇一八年から災害人文学研究会を開催してきました。そこでは主に、東日本大震災に関するドキュメンタリー映画の上映と映画の制作者、映画の主題に関連する分野の研究者との意見交換を開きました。また、研究会に関わっていただいた映画制作者の方、映画の上映などに関わる関係者の方に、それぞれの活動についてのインタビューを行ってまいりました。

そうした活動を深めるなかで、映画や映像作品、また記録を媒体とする作品を見る、つくる、共有する取り組みがどのように人と人とを結びつけ、コミュニティや共同体を形成し持続させ、地域の文化の記録や歴史の検証を担う可能性があるのかを考えてきました。今回、そのことを「場の共有」「視点の共有」「体験の共有」という三つのテーマから考えていきたいと思います。映像に限らず言葉や音声、写真などさまざまなかたちの記録の媒体による表現について、記憶を共有するツールとして、垣根を外して考えていけたらと思います。

まずは作品を見るということについてです。東日本大震災の発生後、一つの動きがありました。映画を見る場をつくることが、人と人の結びつき、コミュニティの形成を促していたということです。こうした動きを、場の共有という観点から紹介します。

現在、ここ山形市で開催されている山形国際ドキュメンタリー映画祭は、二年に一度のドキュメンタリー映画の祭典として国際的に知られています。一九八九年に初めて開催され、今回で第一六回目、三〇年目です。この映画祭の現在の理事兼プロジェクトマネージャーである髙橋卓也さんは、東日本大震災発生当時は山形県にいて、近隣の県の被害の状況を知り、被災地で映画を見ていただくことで役に立てないか、心のケアをできないかと考えていたそうです。そしてその後、被災地の支援活動に関わった方々と協力して、映画の上映会を開催されました。

その際に役に立ったのが移動映写の技術であったそうで

す。移動映写というのは、日本映画で長らく使われてきた映写方法で、映画館ではないところでも映写技師が映写機を運んで映画を見せるということが、かつては日本中で行われていたそうです。その映写技師の技術や機材というのは何十年も継承されていたのですが、現在は時と場所を選ばずに簡単に使えるDVDの普及もあり、映画を見る環境が選ばれるようになるとともに、そうした移動映写も減っていきました。

東日本大震災の発生後、髙橋さんら映画関係者は、忘れられかけていた移動映写の機材と技術を持って被災地を訪れました。そのときの活動について、今年(二〇一九年)の五月に仙台市内で開催した災害人文学研究会で髙橋さんからお聞かせいただきました。その際に髙橋さんがおっしゃっていた言葉が非常に印象に残ったのです。「映画が人を閉じ込めていく文化にどんどんなってきていた」、「そういう傾向がすごく強まったとき」に震災があって、移動映写という忘れられかけていた機材と技術を持って髙橋さんたちは被災地に赴いた、と言うのです。「そこでは当然、誰も閉じこもって映画を見ません。被災地あるいは避難所に集まって生活されている方は、本当にそこに居合わせるいろいろな方と映画を共有するのです」、「映画はもともと共有する文化だったのが、パソコンで見たり、今はもう携帯電話で見られるような、コンパクトに閉じられた時代になっています。人を閉じ込める、あるいは人が映画を所有する文化になってしまっていて、これが本当にいいのかなとあらためて思ったのは、被災地にわれわれが通って映画を見ていただいたときです」という言葉が非常に印象に残りました。東日本大震災の発生後に映画を見る、その場を共有することから未来について考えるような動きも、また別な場所でも起きていたのです。

「Image.Fukushima」という上映活動は福島県で始まり、その後全国各地で開催されました。映画を上映して、作品が伝える視点を交換することで、原発事故後の福島と東北の状況を考える場でした。上映作品は、東日本大震災に関するものに限らず、例えば青森県の六ヶ所村の核燃料再処理工場に関するもの、山口県祝島《いわいしま》の住民による原子力発電所建設計画への反対活動、水俣病、ヨーロッパの再生可能エネルギー政策についてなど、さまざまなテーマの映画が上映されました。原発事故後の福島に起きていることを歴史上にとらえ、世界で起きてきた出来事を通して見つめて、世界各地の人々の行動を知ることで、福島が抱える問題と向き合う道筋を探るという上映プログラムでした。

映画、とくにドキュメンタリー映画というものは、歴史の中で繰り返し発生してきた災害や連鎖している環境問題に対して、異なる国、異なる時代に生きる人たちを結びつける社会の媒体ともなり得るのだと、このImage. Fukushimaの活動からわかります。

また、ドキュメンタリー映画は娯楽映画に比べて、一般的な映画館での上映の機会が非常に限られる傾向にあります。けれども、こうした上映会や作品のテーマに関する意見交換の場があることで、人と人とが出会い、自らの視野を拡大していく、そして新たな活動に結びつけていくという動きが起きます。こうした活動を日常的に行っていくことは、防災意識を高めることにもつながっていくのではないでしょうか。

災害人文学研究会では、昨年度（二〇一八年度）から、東日本大震災に関するドキュメンタリー映画の上映および監督、研究者らとの意見交換の会を開催してきました。昨年度は五回の会を開催しました。主催は東北大学の東北アジア研究センターですが、こうした上映会を大学が主催することの強みとして、映画の主題に関する分野の研究者と意見交換の場を設けやすいということがあります。例えば『被ばく牛と生きる』という映画は、福島第一原子力発電所の事故後に国から家畜の殺処分命令が通達されましたが、その命令に反して被ばくした牛たちを生かそうとした畜産農家の活動に密着したドキュメンタリー映画です。

映画『被ばく牛と生きる』より
©パワー・アイ

この上映会の場の意見交換では、この映画の監督である松原保さんとともに、東北大学大学院農学研究科教授の小倉振一郎さんをお招きして、映画の中で触れられている被ばく牛の現状とその課題について意見をうかがうとともに、災害という非常事態が明るみにした、現代社会における人と家畜の関係性を見つめ直して、災害に強い生産システムの構築や動物福祉という観点から議論を行いました。

映画を通して原発事故後のより良い社会のあり方を考えるという時間を設けることができたと思います。

二番目のテーマが視点の共有です。東日本大震災の被災地では、震災の発生直後から数多くの映画、映像作品の制作者たちが被災地を訪れてカメラを回していたそうです。東日本大震災に関して数多くのドキュメンタリー映画が制作され、その数は震災後の二年間で約八〇〇本になるという専門家もいます。山形国際ドキュメンタリー映画祭でも、震災の同じ年、二〇一一年から「ともにある Cinema with Us」という、東日本大震災の記録映画の特集上映プログラムが続けられています。

私たちの災害人文学研究会で上映した映画では、震災発生直後の生々しい被害の状況ではなく、その土地の人々の営みや地域の民俗に焦点を当てた二つの作品が、とても印象に残っています。まず一つは、岩手県の沿岸部を巡る黒《くろ》森《もり》神楽《かぐら》という神楽の巡業を追った『廻り神楽』です。そしてもう一つが、原発事故によって居住制限区域となった福島県の飯舘村を含む全国各地の自然エネルギーによる地域再生の実践を伝える『おだやかな革命』という映画で、ともに二〇一七年、東日本大震災から六年という時を経て公開されました。

映画『廻り神楽』より
©ヴィジュアルフォークロア

『廻り神楽』の共同監督である遠藤協さんは、学生時代には民俗学を学んで、この東日本大震災後に関わってきた民俗調査をきっかけに黒森神楽と出合ったそうです。『廻り神楽』は、三陸の沿岸部の現在の様子や神楽に関わっている人々をとらえるとともに、昔話の語りが取り入れられており、民俗学的な視点から人の心のありようを映しています。こうしてドキュメンタリー映画のつくり手が地域に入り込んで、被写体となる人たちと綿密な関係を築いて作品を生み出すというさまは、人類学者、民俗学者の仕事にも共通するものがあるのではないでしょうか。

『廻り神楽』では、黒森神楽の巡業地に伝わる民話が効果的に映画の中で朗読されています。この表現のことについて遠藤協さんは、明治三陸大津波（一八九六年）の十数年後に民俗学者の柳田國男さんが『遠野物語』を編んだということに触れています。一〇〇年後には昔話になるであろう、現在の神楽衆と東日本大震災の姿を、三陸沿岸部で途切れなく続いてきた文化の延長線上にあるものとして表したと語っていました。映画になることを通して長期的な視点が共有されていたとも言えます。

続いて『おだやかな革命』という映画です。この映画の監督である渡辺智史さんも大学在学中からビデオカメラを携えて農村に赴いて、民俗映像を記録としてつくってきたそうです。そうした活動の中で、農村の人口減少や高齢化といった課題を知り、ソーシャルデザインとしての映像制作として、映画を見た人の行動を変えていくことから社会課題を解決することに可能性を見いだし、映像・映画の制作を行っているそうです。

東日本大震災の原発事故を渡辺さん自身が考察して、そのなかでエネルギー自治をテーマとした『おだやかな革命』の制作に取り組みました。エネルギーを象徴として、自分たちの生き方や経済、環境を自治していくというストーリーを描くことを目指したと言います。

『おだやかな革命』の中では、日本の各地方で自然エネルギーによる地域再生に取り組む人たちが結びつけられ、現在も各地で上映会が続いています。その上映会とともに開催される意見交換の場でも、それぞれの地域の未来のあり方について考える意見が活発に交換されているそうです。映画が視点の交換、ものの見方の交換を促し、より良いものの見方を共有していくという動きも起きているのではないでしょうか。

映画『おだやかな革命』より
©いでは堂

三つのテーマの最後、体験の共有というテーマについて紹介していきたいと思います。映画や映像作品は、制作過程から発表して鑑賞される過程の中で、多くの人との関わりも生み出しているものだと思います。それが、場を共有すること、視点を共有することを可能にしているのですが、作品をつくるつくり手としても、その制作体験自体を開かれた場として共有していくことができるのではないかと思います。

私は、美術家、アーティストとしても活動をしています。その活動の中から、記憶や記録を扱った作品制作の共同の実践を紹介していきたいと思います。

東日本大震災で大きな被害を受けた宮城県石巻市で二〇一七年から「リボーンアート・フェスティバル」という芸術祭が行われています。今年（二〇一九年）に第二回が開催されました。石巻市の牡鹿《おしか》半島を主な会場として、半島の入り組んだ地形に点在する集落や森、防潮堤、空き家などを利用して、アーティストの展示や滞在、パフォーマンスなどが行われました。日本では二〇〇〇年代の初頭から、農村や島などの地域を舞台とする芸術祭が各地で開催されており、よく知られたものとして新潟県の「大地の芸術祭　越《えち》後妻有《ごつまり》アートトリエンナーレ」や瀬戸内海の「瀬戸内国際芸術祭」などがあります。

空や青い海や広々とした畑や森林を背景として、屋外に芸術作品が設置される展示方法が多いことも特徴です。こういった芸術祭に足を運ぶ皆さんは、必ずといっていいほどカメラを手にしています。地域の風景と作品を背景に記念写真を撮る姿、広大な自然の中で芸術作品を撮る姿がよく見られます。こうした鑑賞体験は美術館の展覧会ではあまり見られないものです。地域の芸術祭というものは、芸術作品を通して鑑賞者自身がその地域での体験を記録する記録者となっているようにも感じられます。

私は二〇一六年から、宮城県の牡鹿半島や石巻市で、捕鯨に関わってきた方々の取材を続けていました。牡鹿半島の先端に鮎川浜という集落がありますが、ここは一〇〇年ほど前から近代捕鯨の基地として栄えた歴史があります。また、同じく捕鯨の基地として知られた和歌山県太地町《たいじちょう》との関わりも深くありました。この二つの町の人たちは、捕鯨という仕事を通してお互いの土地を頻繁に行き来していたということが、鮎川浜と太地町を訪れることでわかってきました。当時の交流を知る人たちを訪ねるうちに、今、人の記憶の中に残っているものとして、この遠く離れた二つの土地を結びつける昔話に出合ったのですね。

例えば、石巻の鮎川浜でクジラの解体士をされていたおじいさんは昔、太地町に仕事に行っていて、大きなクジラの頭をトラックに三つ積んで石巻まで持ってきたことがあるという話をされていました。あるいは牡鹿半島から太地町に働きに来た捕鯨船乗りたちが、いつも滞在していた民宿が太地町にあり、そのおかみさんが代々、その民宿の仕事を継ぐなかでの子どもの頃の記憶を語ってくださったこともあります。また、太地町に今住んでいる方で、自分のお母さんが石巻の鮎川浜からお嫁に来たという方もいました。

私はそうして聞き集めた物語、いろいろな人の体験談をもとに作品を制作しています。この石巻と太地町、二つの土地の合計七名の方から聞いたエピソードを、土地を行き来する物語として交互にまとめた冊子をつくりました。こうした話の一つひとつというのは個人個人の体験に根差していて、写真や文書の記録でも残っていないものがほとんどです。けれども想像力を持って向き合えば、東日本大震災を受けて風景が一変してしまった牡鹿半島や石巻のような土地でも、かつて栄えていた捕鯨産業を通した人と人、海と海、海を隔てた土地と土地の結びつきを再び思い起こさせる、再認識させるエピソードとなるのではないかと思いました。

そして写真や映像など、明確な形を持って記憶として残らないもの、個人個人の記憶をどう残していくかということを一つのテーマに、この「リボーンアート・フェスティバル2019」では作品を制作しようと思いました。そこで行ったプロジェクトを紹介します。私が石巻と太地町の二つの土地で集めてきたエピソードが、どうしたらこれから人と人の間で語り継がれていくのかということを考えて、その物語を声に出して届け、語る人の輪を広げていくことができたらと考えました。参加者募集のチラシを石巻各地で配って、朗読作品の出演者を募集したのです。短い期間だったのですが、計九名の参加者の方々が応募してくださって、石巻のほか、仙台市、岩手県宮古市、盛岡市、東京都、京都府から石巻に集まってもらいました。そして、私が集めて冊子にまとめていた物語を一人一話ずつ朗読してもらいました。

こうして集まった方々と関わるなかで印象的だったのは、私という一人のアーティストの作品への参加を通して、参加者自身の記憶も掘り起こされたり、自分が住んでいる土地への印象や思いが変化していったということです。例えば、牡鹿半島の蛤浜《はまぐりはま》で物語の朗読を収録したときのことなのですが、このときは蛤浜で暮らすご夫妻に協力いただだきました。そして一つ物語を読んでもらっておしゃべりをしていると、昔この蛤浜にもクジラが寄ってきたことがあって、浜の住民のみんなで囲い込んで食べたことがあったのだと、蛤浜に代々住んでいらっしゃるご主人が話し始めました。そうした物語が、朗読という体験をしたことで、ふと思い出されたということが驚きでした。

石巻市の旧河北町《かほくちょう》で生まれ育ったというある参加者の女性は、自分は山あいの町で育ったために、海の暮らしや海の幸にはなじみがなかったということをおっしゃっていたのですが、私が集めてきたクジラの話を朗読するという体験を経て、海の暮らしについてのイメージが深まったという感想をくれました。また、彼女は石巻の地元の演劇グループでも活動していて、東日本大震災後は演劇に参加することで、家にずっと一人でいる状況を避けられたそうです。演劇が外に連れ出してくれたという話もしてくれました。この朗読作品に参加することも、彼女にとっては一つの演劇に近い体験であったのかもしれません。

また一つ、私がすごく印象的に感じたのは、近年のドキュメンタリー映画の制作手法の一つとして、再演、再び演じるという手法があるのですね。一つ何か出来事があったときに、その出来事を体験した本人に、そのとき起きていたことを再び行う、演じてもらい記録を撮るという手法です。私の作品で人を巻き込んでいくという行為は、広い意味ではそうした再演に近いのかもしれません。また、県外からの参加者の中には、震災があってからずっと石巻が気になっていたという方もいて、この朗読の作品制作をきっかけに石巻を訪れようと思ったという方もいました。

そして最終的に、この芸術祭の期間中、収録した音声を私の作品の一部として展示していました。この作品を共有するという個人個人の体験は、人数も規模にしてもささやかなものであったと思います。しかし、映像や写真資料のような形のある記録や記憶として残されたものが、いつしか失ってしまうものがあるのではないでしょうか。その記憶を継承する、個人個人の体に宿っている感覚。そうしたものは、ひょっとすると何らかのかたちでそれをまた表現すること——例えば芸術活動として体験をつくること、体験を共有することで維持されるという可能性もあるのではないかと、この活動を通して考えています。

以上で発表を終わらせていただきます。ご静聴ありがとうございました。

＊

高倉　ここから、司会を東北大学の高倉が務めます。少し議論の流れるままに進めたいと思います。今、一本の映画と三人の先生方のたいへん刺激的な議論を、お互いに交差する論点がたくさんあるということを思いながら聞いていました。総合討論をするにあたって、新潟大学の原田健一先生にコメンテーターをお願いしています。

原田先生は、新潟大学の人文社会科学系の中にある地域映像アーカイブ研究センターのセンター長をされており、地域の映像をまちおこしや文化の発展にどのように使っていくかということについて、幅広い研究をされている方です。よろしくお願いします。

原田　新潟大学の原田です。新潟でふつうの人々が日常生活で撮っている写真や動画、ビデオなどを発掘してデジタル化して、共有化し利活用できるようにしていく地域映像アーカイブのプロジェクトをやっています。本日、いろいろな報告をお聞きし、コメントとして、なぜ私が新潟でこうしたプロジェクトをやっているのかということをお話しするのが一番よさそうですので、それについて少しお話ししたいと思います。

私はそろそろ六五歳ということで、気づいたらずいぶん長く生きてきたことになります。そこで、少し過去を振り返って、これから話すことも一九七〇年代の話となります。私は高校、大学を出た後、映像の制作現場に入って映像、ドキュメンタリーみたいなものを撮ろうと思っていました。高校生のときは、まだ学生運動が盛んな時期でもあり、さまざまな政治的なドキュメンタリー映画が多く制作されていましたので、それらを見てとても影響を受けました。山形国際ドキュメンタリー映画祭にも関係の深い小川紳介さんでいえば、小川プロの『三里塚』シリーズがつくられていた頃です。私が高校生のとき、第六作の『辺田《へた》部落』（一九七三）がつくられ、私の高校の文化祭では、小さな教室で『辺田部落』と『三里塚』の第一作から第五作の全作品の上映会が行われたりしました。上映会ではカンパを集めていたのですが、私は生意気でしたから「カンパというのは、別に金がなければ払わなくてもいいんだろう」みたいなことを言って、タダで見たりしていました。多分、小川プロとしては、高校での上映会は金銭的なものというより、運動的な流れとして行っていたので、カンパを払わなくても見たい学生には見せるという考えだったのでしょう。今考えると、立派なことだと思います。ところで、『辺田部落』というのは辺田部落の闘争を直接撮ったものではなく、農作業や日常生活のいろいろな仕事や行事といったものを撮った作品です。『三里塚』シリーズで唯一、闘争を撮ったものではない映画なのです。そして、この作品のあと、小川プロは山形に移ることになります。

ここから先の話は、私があくまでも当時、理解していたことをそのままお話ししたいと思います。今回、あらためて確認したわけではないので、少し間違っているところがあるかも知れませんが、ということでお聞きいただきたいと思います。当時、小川紳介さんなどが、こんなことを言っていました。三里塚に行って闘争を映像で記録し始めてみると、三里塚にもいろいろな村があって、もう五〇〇年、六〇〇年も続いているような村もあれば、二〇年、五〇年ぐらい前に開拓された村もある。反対闘争をすると、やはり二〇年、五〇年ぐらいの村の人々は民主的で、いろいろな知識もあったりして、闘争に対して非常に積極的で果敢だったそうです。しかし、五〇〇年、六〇〇年のところは何か保守的で頑迷で、なかなか動かないというのが当初の展開だった。けれど闘争が五年、六年続いていくと、闘争に積極的だった二〇年、五〇年ぐらいの村の人たちはいつの間にか離散していなくなったりする。五〇〇年、六〇〇年続いている何だか頑迷で「しょうがねぇじじいだな」と思っていたような村が、逆にしぶとく闘争を続けるということが起きたというのです。

そこで小川さんたちは、そこに何があるのだろうということを考えたと言うのです。つまり、一見すると新しい村の方が民主的でいろいろな知識もあって、きちんと政治的なことも理解して、活動にすごく一生懸命参加して、いいように見える。しかし、実際に闘争する時間が長期化していくと、そういう人たちの弱さというものがみえてきて、解体していくというわけです。一方、一見頑迷で無知蒙昧《もうまい》で保守的だと思っていた人たちの方が、逆にしぶとくて、すごく長期的な考えを持って闘い抜いてラディカルな部分がある。それを解くためにどうしたらいいのだろうということから、三里塚から山形に拠点を変えたという話を聞いたことがあります。これは問題提起として、私の記憶にずっと残ることになりました。

それは、私にとってたいへん興味深いことでした。地域のコミュニティの文化とか社会の持っている知識、「在来知」というものを考えるきっかけになったからです。高倉先生がお出しになられた『震災復興の公共人類学』(共編、東京大学出版会、二〇一九年)で、高倉先生は「在来知」について書いておられますね。単なる表面的な知識ではない、地域のコミュニティの持っているさまざまな蓄積された知識や知のあり方というものがたくさんあるのではないか、そういうものとしての「在来知」の問題です。小川プロについていえば、その後発表した『ニッポン国　古屋敷村《ふるやしきむら》』(一九八二)のような作品にそういう考えが反映しているのかもしれないのですが、ドキュメンタリー映画の作品という一つの枠の中でやっているので、その問題を正面から議論しているわけではありません。また当時、小川プロに関わっていたさまざまな研究者や知識人がいっぱいいたのですが、残念なことに、そういう人たちがその問題について十分な議論をし、論文など書いたものを、私は見ていません。

しかし、そのことに私は、ずっと引っかかっていました。それからずいぶん経って、二〇〇八年に新潟大学に赴任したときに、私は映像研究をしていたので、実際に、地域のコミュニティに住むふつうの町や村の人たちが何を考えているのか、そこに何があるのかということを、映像を通して考えることができないだろうかと考えました。そのために、これまであまり問題にされてこなかったふつうの人々の写真や動画を発掘して、どういう内容で、どういう使われ方をしているのかということを調査してみたいと思い、プロジェクトを始めることにしました。

発掘された実際の映像を見てみると、コミュニティの外と内では撮り方が違うことがすぐにわかりました。コミュニティの内側にいる人はいろいろな日常生活的な理由で撮っているわけですが、例えば、放送局のように外から来て、なんらかのニュースバリューをもとに撮るのとは明らかに内容が違う。もちろん、逆もありました。外から来た人は撮るけれども、内側の人は絶対に撮らないものもありました。当然のことですが、内側の人には撮れるけれど、外から来た人には撮れない世界というものもあったりして、このへんのバランスが非常に面白く、「なるほど」ということで、だんだんいろいろなことがわかってきました。そこらへんの細かい話は、必要があれば、また後ほどお話ししたいと思います。

もう少し話を、先ほどの報告に近づけてみたいと思います。映像に記録や記憶に関わる部分があるということは、誰でもよく知るところかと思いますが、それをどのように考えたらいいのかということがあります。つまり、映像というのは、ある面で映像を撮ることでわれわれの記憶をつくり出す部分があります。一枚の写真でも、時に私たちの想像力を刺激し、思ってもみない感情や気持ちを引き起こすことがある。映像は言葉とは違って直截に私たちの心に入り込む力があります。映像はイメージさせる力が非常に強いので、逆に私たちの心がその映されているものに支配されることにもなります。もちろん映像で記録することのメリットはたくさんあるのですが、同時に、あまりにも強すぎて映像に縛られてしまうというデメリットがあるのです。

例えば、儀礼や伝承芸能などを私も頼まれて撮ったりすることがあるのですけれども、やっているとわかるのは、儀礼として、例えば手をこんなふうに動かすとします。これは儀礼の中で、なんらかの意味があってやっている所作なのですが、重要なのは、その儀礼の中での意味があって、所作は変わったとしても、あるいは工夫して変えても問題ない場合があります。しかし、これを映像で記録すると、それを見た若い人たちは、その映像を見て同じように真似をすることになります。すでに述べたように、その手の動き、所作は、違う動きでも別にかまわなかったのかもしれません。本当は形が重要なのではなく、その動きの意味と、そこから引き出される私たちの想像力が重要だったと思うのです。もちろん、この想像力というのは、個人的なものではなく、その儀礼や芸能を育んできたコミュニティのさまざまな意識や思い、考えが蓄積されたもの、内包したものです。先ほどお話しした「在来知」が、そこにあるわけです。つまり、本当は形が重要ではないのだけれども、映像は強いもので目に見えるものですから、伝統を継承しようということになると、どうしても形を真似しようということから入ってしまう。映像を見てしまうと、「こういうふうにやっているから、そうやればいいんだ」と形だけを写して、その心意を考えなくなる。ですが本当に重要なのは形ではなくて、そうする理由と想像力だと思うのです。私たちがこうした儀礼や芸能を映像で記録するのは、映像を伝承したいのではなくて、映像を通して想像力を伝承したいわけです。そのバランスが非常に難しいと思ったわけです。これが一つです。

もう一つは、今日は動物の例が出たので、動物の想像力ということを少し考えてみたいなと思います。人の手が入らないと森林が原生林化するというのはよくある話なのですけれども、例えば、今話題になっているものとして有名な明治神宮があります。最初はある程度設計したものなのだけれども、手を入れないでいるとどんどん原生林化して、今やほとんど原生林とほぼ同じ状態になる。ここには明治天皇が祀られていますので、神聖にして侵すべからずということで一切手を触れないというわけです。

ところで、福島の場合はそういう宗教的な理由ではなく、放射能という問題があって、入るとまずい。明治神宮の問題は、自然環境保護のことを考えるときに議論される一つのよい事例として語られるわけですが、福島のことは自然環境保護とは言いにくいわけです。放射能に汚染されていますし、そのことで、人間のコントロールから離れたからです。しかしある意味で、自然環境保護という考えは、人間中心に考えると自然環境保護となるので、放っておかれている動物たちの立場になると、人間がいなくなってちょうどいいということもあるかもしれません。よく雑草という言い方がありますが、これは人間にとって役に立たない草なので、名前をつけるまでもないので、いろいろな草を「雑草」とまとめたわけです。もちろん、個々の草の立場で考えれば、そんなカテゴリーは人間側の勝手なものですし、また、人間の役に立たないといけない理由もありません。

この映画では、「動物はわからない」というようなことが言われていたと思うのですけれども、少し、これを人間の立場から離れて、動物を主体にして考えると、もしかしたら違った世界が見えるかもしれません。もし、動物に人間がわからないような知恵があるとするなら、「これを食うと具合が悪くなる」とか、じつはいろいろなことを動物なりにわかっているのかもしれない。また、「ここへ行くと、ちょっと調子が悪くなる」とかがあって、実際にはだんだん経験値が蓄積されていって、動物なりに避けるようになってきているのではないか。行動パターンを少し変えている可能性もあるのではないかと思うのです。もちろん、こうした研究があるわけではありません。あくまでも、映像を見た、素人の印象です。

つまり、研究とは違って、映像の力を借りて、少し動物の気持ちになって、動物を主体にして考えてみる、そのことで見え方、世界を変えてみる。もちろん、私たちは人間である以上、そこはあくまでも想像力の問題にしかならない。結果的に私たちは、何かを変えなければいけないとき、想像力でいろいろな考えのパターンを編み出していくしかないということがあるのです。私たちの考え方や見方は、どうしてもすでにあるものによって固着化されているので、それをどう変えながら考えられるかというのが、重要なものとしてあるし、映像はそうした想像力を創発するかもしれない。そんなふうに思って見ていました。これが私のおおよそのコメントです。

高倉　どうもありがとうございます。とても興味深いコメントでした。

＊

高倉　それでは時間も限られていますので。まず、動物の想像力という観点から、あるいはもう少し広げても構いません。お話をうかがって応答していただければと思います。いろいろなかたちの反応があってもいいと思うのですけれども、記録の橋渡しをするという意味で、映像の持っている強さをどのように考えていったらいいのかということが、少し気になると思いながら聞いていました。ではまず吉田さんから、よろしくお願いします。

吉田　今、原田先生のおっしゃったことについて、私も同じようなことを感じるときはあります。ですが、動物は物理的に危険なところは避けると思うのですけれども、放射能ということになりますと、人間でもわからないですよね。この映画でも伝えたように、臭《にお》いもしない、見えない、何も感じないわけです。餌の中に放射能があり、土壌に放射能があります。人間にも感じられないものが、動物はどうなのでしょうか。人間は、ガイガーカウンターの測定値だとか科学的なものを使って「ここは汚染されているから高い値が出る」とか、食べ物でも測れば何ベクレルである、ということはわかります。

ですが、動物はどうなのでしょう。チェルノブイリでは、動物の楽園ということをいわれていますけれども、私はそれは違うのではないかと思います。楽園ではないのではないかと。ああいう汚染地域にいること自体、動物たちは楽園だと思っているのかもしれませんが、どうなのでしょう。私は人間なので、よくわかりません。それは先生も先ほど言ったように、動物の気持ちにならなければわからないのですけれども、そこはすごく難しい問題だなと思っています。

原田　逆に言うと、人間というのは放射能の問題も可視化しないと気づけないということです。われわれの知のあり方として、視覚的なものが強くなりすぎてしまっている。本当は、もしかしたら何かの感覚、体感として、生物として感じるものがあるのかもしれないけれど、それがうまく知識として取り上げられない状況になっているのではないかと思うのです。

高倉　吉田さんに一つ質問です。映像は、福島の浜通りで撮られていたのですよね。

吉田　そうです。線量が高いという地域です。

高倉　映像を撮るか撮らないかとはまた別な話として、動物はどこまで動くのでしょう。例えば群馬県に動いている、あるいは北に上がっているという状況はあるのでしょうか。

吉田　サルに関してはないと思います。私たちが見ている限りですが。やはりテリトリーの中で動いている気がします。結局は餌があるところ、人家に下りてくるのは、今はもう人がいなくて、柿や栗の木もたくさんあるからです。昔からの里山がなくなってしまって、動物が人間のエリアにいると餌を簡単に取れるのです。

高倉　わかりました。逆に言うと、他の地域から流入しているのではないかと少し思ったのですが、また別の話になりますね。では続いて黒石先生、よろしくお願いします。

今日の三人の発表は、私はすごく共通していると思いました。最初に『福島 生きものの記録』の映像の中ではっきりと示されていたと思ったのですが、まず映像を撮る前に被写体を観察する、被写体との関係性がある。そして黒石先

映画『福島　生きものの記録　シリーズ4 ～生命(いのち)～』より
©群像舎

生の被災地で拓本を取る活動のように、実際に触るという
ことがされている。黒石先生は「傷を触る」と表現されてい
ましたけれども、そうして現地にいる人たちとの関係性を
つくるなかで映像が出てきたと思うのです。

じつは是恒さんの話も、まさに同じようなプロットに
なっていて、最後に参加者が体験をしています。しかもと
ても面白いなと思ったのは、そこに出演者を募集して、か
れらが来るのを待ってコミュニケーションをとるようなか
たちになっていました。その点、被写体からこちらに来た
作品というのが、まさに動物を撮った映像だったのではな
いかなというようなことを私は思いながら見ていました。

今日のテーマは、ファインダーを通した対話、そして記
録が橋渡しする過去・現在・未来ですね。その中で、原田先
生がコメントでおっしゃったことというのは、映像が持っ
ている、記憶を固定する強さというのでしょうか。また、
カメラを回す人の立場が外側か内側かという問題もあった
と思うのです。その問題意識を踏まえて黒石先生の方から、
どういうふうに記録を橋渡ししていく可能性があるのかと
いうことをお話しいただければと思いました。

黒石　私たちにとって、見えないものを描くということが
テーマなのです。動物と放射能の関係はよくわからないの
ですけれども、見えないものをどうやって描くかというと
きに、自分たちだけが描くのではなく、対話などでいろい
ろな声が集まってくるときに立ち上がってくるイメージが
あると思っています。

今回はご紹介しなかったのですけれども、被災地のお年
寄りの方たちと対話をしていました。その人たちは、失っ
てしまった自分の家の思い出を抱えて、新しい仮設や復興
公営住宅の中で再建しようとするのですね。その関係性を
もう一回つくろうとするのですけれども、同じには絶対に
ならないわけです。そこで、どのようなことが住まいの空
間に起きてくるかを見に行きました。

そうすると、言葉とか写真ではなく、その人が生きてい
る普段の、ごはんを食べて人を迎えて寝るという、その空
間のスケールや向きとか組み合わせ方が、その人たちの自
己投影になっていました。映像の歴史というのは、まさに
そういう歴史だったのではないかなと思っています。過去
と現在、未来もそうなのですけれども、見えないものと見
えているものとをつなぐ橋渡しだと思います。

あと最近思ったのは、失われたものの思い出が自分を支

えるということです。お年寄りがとくにそうなのかもしれないのですけれども、昔の物語を語ることで、その人らしくあることができる。失われた思い出を語るというかたちにしていく……、もしかすると、そうしてしまってはいけないのかもしれないのですけれど、そのように今、思っています。

原田　その逆のケースが、黒石先生の研究室でおつくりになった防潮堤の作品ですね。つまり、本来はなかったスーパー堤防ができてしまいました。それがないところで今まで記憶がつくられていたのに、できたおかげで何も見えなくなってギャップが出てきていると思うのですけれども、気仙沼の皆さんはどのようにそれを受け入れているのか、あるいは、受け入れていないのでしょうか。

黒石　まさにおっしゃるとおりなのです。よくわからない基準で安全だと言って、理解できない状況がむりやり押しつけられています。それに対して我慢しているか、しぶとく抵抗するか。先ほど原田先生がおっしゃっていた古いコミュニティの方が強いということは、まさにそのとおりなのですけれども、たいへんな葛藤がいまだに起きています。やはり自分の家が壊れて、そこに防潮堤が建ってしまって、そこに行っても全然自分の過去とのつながりを見いだせないという方が自殺なさる事例も今は出てきています。表にはあまり出ないのですけれども。

そういう悲惨な状況がある一方で、お年を召された漁業の人とかお母さんたちが、どうやってリハビリしようかと話しているのです。絶対にリハビリすると。まだまったく何もわからないけれども、このままでは済まないと何人かは言い始めているのです。本当にこれからどうなるのかな、怖いな、と思いながら見ている。反対のことが起きていますが、そこを何とか再生の物語として描けたらと思っています。

高倉　私はそこは、両方とも興味深いと思ったのです。一つはいわゆる日常の空間のスケールとか組み合わせとか、動きとおっしゃられたことというのは、想像力の範疇というか、写真や映像に写らないけれども、そこにあったものです。そのことが大切な一方で、私は防潮堤の映像をすごく興味深く見ました。たしかにいろいろな問題も含んでいるのだろうけれども、防潮堤から未来が広がっているのだということを、ネガティブな意味も含めて感じて、それはとても強いメッセージだなと思いました。では是恒さん、お願いします。

是恒　映像の強さと、それがいかに記録の橋渡しをするかということを考えていました。私はアーティストとして活動をしていますが、これまで映像という表現は取り入れてきませんでした。石巻だったり、いろいろな捕鯨の町の体験談を集めて、自分でまとめて本にして、本にする際には写真を使わず、自分で布に刺繍をした挿絵が付いているのです。それは自分の中で一段階、抽象化したいという思いがありました。

少し、捕鯨の話に偏ってしまうのですけれども、今の捕鯨問題で、なぜこれほど日本がバッシングされるのかということを捕鯨に携わっている方々と話しているなかで、よく出てくる話題が、これまでクジラの解体の様子が、映像や写真としてあまりにも公開されすぎてきたということがあるのです。例えば牛や豚の場合、屠場はそれほど目に触れることはないですよね。ですがクジラに関しては、その解体のシーンがあまりにも目に触れてきて、残虐、残酷というイメージと簡単に結びついてしまった、ということを捕鯨に関わる方々はおっしゃっています。それは一つの真実かもしれないです。

そういう意識もあって、作品によって体験談を受け渡していくという活動をしたいけれども、映像を挟まずに一段階、抽象化した物語を読んでもらい、想像力を持ってもらう余白をもたせたまま表現していこうという思いがあったのです。映像自体が持っている強さによって印象づけられてしまうことの大きさに、表現者としては恐怖を感じるところもありました。見る人に余白を与えておくようにしておきたいと個人的には思っているのです。

高倉　ありがとうございます。会場の方々で何かコメントや感想、あるいは質問がありましたら、どなたでも。いかがでしょうか。

参加者1　映画祭を見にきている市民です。先ほど見てきた映画で、映画は神のまなざしということを言っていました。全部を細かく解説したり映し出したりすることではなく、観客が自分から考える余白を残しておくということをおっしゃっていました。まさにそういうことではないかと思うのです。映像を撮る人が全部、どこまでも責任を持つということは、なくてもいいのではないでしょうか。あと、さらに言うと、私はもう少しで七〇歳に手が届くような年齢まで来ています。先ほど原田先生がおっしゃっていた年齢と近いですけれども、学生運動とかいろいろなことを見てきました。映画というのは社会派、共産系とか、昔はそのように見られていたのですね。何も考えない人に刺激を与えて考えていただくきっかけをつくるというような、そういうものであるべきではないかと思ったのです。

高倉　ありがとうございます。東北歴史博物館学芸員の小谷竜介さんがいらっしゃっていますので、コメントをいただきます。

小谷　東北歴史博物館で学芸員をしております小谷です。お話をうかがって、原田先生のおっしゃった、固着化をしているものを剝がすという視点の切り替えがとても重要なのだろうと感じました。それは映像の持つ力とセットになっているところに意味があるのではないかということです。黒石先生の映像で扱われた防潮堤の話はとても難しい問題なのですけれども、まさにその固着化を剝がすというところにつながるのではないでしょうか。外の人間が見ると明らかに、異常な防潮堤が出来上がっています。一方で、ずっと話を聞きながら思い返してみると、三陸の人たちは明治のときから高台移転を繰り返しています。例えば昭和に高台移転をした人は、三〇メートルぐらい高いところに移転をして、毎日歩いて三〇メートルの崖を上り下りして魚の水揚げをしていたという話をします。「なんてひどいところにお嫁に来たんだろう」と思っていたけれど、東日本大震災で家が流されずに済んだとき、「私のうちだけ流れなくて申し訳ない」と思ったとのことです。

漁師の人たちは海が見えないということに対して、本当はどう思っているのかと言ったとき、そこにもすでに固着化した視点がきっとあるのだというのを思います。というのは、昔の高台移転で三〇メートルの崖の上に上がった人たちは、そこでも日常的に漁師をやっていたわけで、今の防潮堤による「海の見えない漁師」とはまた別の話なのだろうなと思います。「今の人たちはいいじゃない。どうせ軽トラでぴゅっと行けば海に行けるでしょう」というのが、そうやって崖の上にお嫁に来たおばあちゃんの言いぶんなのです。「私は毎日三〇メートル、魚を載っけて上っていたのよ」という話は、もう言い得て妙ではないでしょうか。言っていることと行動とに、ギャップがある。そうすると、防潮堤の見方というのも変わっていく。どの話でも、「きっとこういう話なのだろうな」という先入観があり、会って聞くとよくわかった気もするし、また、知らなかったことを知らされると驚いたりする。固着化したものを引き剝がすという話は、ドキュメンタリーも民俗誌も同じことなのだろうと思います。事前の思い込みを映像の中でどうコントロールしていくのか、ということが必要なところかなと思いました。黒石さんの、「もっと踏み込まないと」という話は、じつはそこにつながってくるのではないでしょうか。

黒石　ありがとうございます。

高倉　では、最後に一言ずつ。マイクを回します。

是恒　私はこの災害人文学という研究に関わるようになって、まだ二年目の半分少し過ぎたぐらいなのですけれど、やはり記録をいかにつくり、残していくか、また共有していくかということについて、しっかり考えていきたいと思います。

原田　なかなか難しいことなのですが、同じような問題を扱っても、是恒さんみたいなクリエイターの立場と、研究者の立場は、やはり多分違うのではないかなと思っているところがあります。クリエイターというのは、どちらかというと感覚で、直感でいいからうまく表現というか形にして、人に理解してもらうということが求められるというところがある。それは理屈というのとは少し違うことがたくさんあると思うのです。ですが研究者はやはり少し理屈を入れていかないといけないところもあります。そのことは、多分とても重要なことで、その違いがあるということが、逆に今後、私たちに何かをもたらすかもしれないと思います。

吉田　今日はありがとうございました。私も先ほど言ったように、映画というのはわかりやすくつくればいいものではないと、私の感覚でやっています。この映像の奥に何を見るか、それは人それぞれでいいと思うのですが、ただ映っていること、言っていることだけではない。つくり手の私たちのつくり方によるのでしょうけれども、それが稚拙だとなかなか伝わらないのではないかと思います。その奥に何があるのだろうというのを考えさせるような映像づくりをしていきたいなと思っています。

黒石　今回は、いい機会をいただいて、ありがとうございました。私も昔、デザインの仕事をしていまして、建物を造ったりしていたのですね。こういう研究と、それを実践すること、美しいものをつくるのか、その人の生活に合わせてつくるのかということとか、いろいろなことを考えてやってきました。被災地では残念なことに、自死する人は家族がいない方が多いのです。何とか踏みとどまってほしいという人には家族がいたり、強さというのとはやはり違う、現実の厳しさみたいなのがあって、どうしようかというのが今の課題です。

高倉　皆さん、本当にどうもありがとうございました。主催者としてもたいへん刺激的で実のあるディスカッションとなりました。皆さんと意見交換ができ、まさに映像をテーマとしたこの会が現実をつくり出すような場面をわれわれは共有したのではないかと思います。

映画『おだやかな革命』より
©いでは堂

第6章

デジタルアーカイブと映画から考える災害映像記録の価値

高倉浩樹

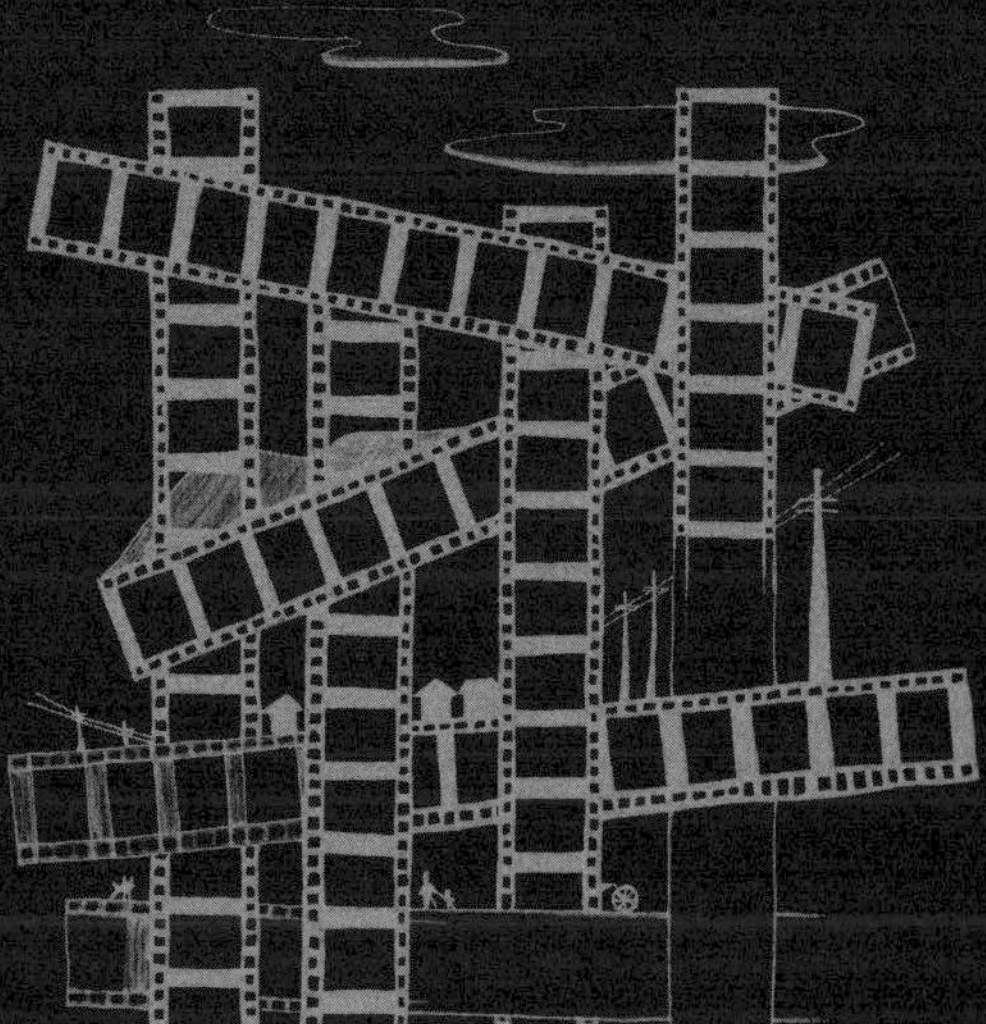

1　はじめに

災害映像記録はなぜ大切なのだろうか。その答えはおそらく、いつ、どこで災害が発生したのか、どのような人々が、どのように被害を被ったのかなどについて、一定の時間的推移を伴う情報を視聴者にわかりやすく伝えることができるからである。災害記録としては他にも文字や絵画などの媒体もある。これらは作者による制作意図が明確な情報でもある。文章と絵のいずれも不要な要素を捨象した上で抽象化しているからである。かつてカメラがなかった時代には、そうした手法による記録が残された。現在のわれわれはそれらの媒体を使って、どのような災害であったのか、なぜ被害が発生したのか、そこからの教訓を考察することができる。

写真や映像を撮影するカメラがつくり出す媒体は、文や絵とは大きく異なっている。レンズを向けた被写体とその含まれる撮影範囲の事象全体を、光学的な仕組みで投射し固定化し、それ自体で意味ある塊を瞬時にほぼ自動的につくることができるからである。その特徴は抽象度が低い点にある(Collier 1986: 7)。記録は文字や絵画と比べれば、カメラによる撮影はきわめて系統的な情報収集であるため、撮影者の意図を超えた(あるいは捨象した)情報が刻まれているからである。こうした性質の違いは、利用方法や記録が持つ意義にも及ぶことはいうまでもない。

デジタルカメラやビデオが一般的になり、しかもスマートフォンによって誰もがデジタル動画を撮影できるようになった現在、災害記録としての映像の重要性はあらためて主張する必要はないだろう。大震災はいうまでもなく、台風による洪水情報などのテレビ報道にあっても、視聴者から提供された動画が用いられる昨今である。

東日本大震災に関する映像は膨大な数が存在している。市民の携帯電話による動画撮影からはじまり、プロのカメラマンによって撮影されたもの、さらにドキュメンタリーとしてテレビや映画用の作品になったものまでさまざまである。それらは巨大なデジタルアーカイブの中に収集され、インターネットで公開されている。その数は膨大であり、専門家によれば、テレビ番組を除くドキュメンタリー映画作品だけで八〇〇を超えるという。

本章の目的は、写真・動画・映画の媒体としての違いを踏まえながら、災害記録における映像の役割について考えることである。東日本大震災以降、災害動画などを含む記録とその集積化としての災害デジタルアーカイブの重要性と可能性は数多く主張されてきた（今村 2016, 今村ほか 2012, 北村ほか 2018, 柴山 2018, 杉本ほか 2018, 諏訪 2014, 三浦ほか 2019）。しかし批判的な視座を含む包括的な検討は少ない。写真・動画の利用の可能性は述べられているが、その意義は自明視されており、十分に言語化されてはいない。災害ドキュメンタリー映画に至っては、議論はほとんどないに等しいと思う。そのなかにあって、例えば、大量のデータは集まるものの、そこには警察・消防・自衛隊などの資料が欠如している点をどう考えるか（長坂 2016）、被災経験は個人的、主観的であるとすれば、震災の「いま」はいつ終わるのだろうかという震災資料（データ）の定義をめぐる問いかけ（川内 2014）は重要な問題提起である。災害記録の意義を考えるためには、そもそもデジタル技術を用いたアーカイブ化とは社会にとってどのような意義をもつのか再考しながら（原田 2019, 水島 2018）、災害記録に関わる写真・動画・映画の役割を考える必要があると思うのである。

この本全体の目的は、災害ドキュメンタリー映画の制作者たちの意図や制作過程、そしてその活動の社会的効果を記録し、アーカイブ化するというところにある。この背景には本書の編者である是恒が本書全体で紹介しているように、映画の連続上映会を行うという過程があった。その活動に関わりながら、災害研究においてドキュメンタリー映画作品をどう考えたらよいのかわからなくなったのが、この文章を書くきっかけである。

筆者の専門は社会人類学である。それゆえの文化相対主義的な発想もあり、災害に関わる記録として写真・動画・映画の区別はなく、単なる形の違いにすぎないと思っていた。とりわけ、「iPhoneを持った瞬間から、人は映像作家になる」（樫原・角田 2011）といわれたほど、映画制作の敷居は下がっている。写真は別と思われがちだが、複数の写真を組にしてスライドショーで音楽を付ければ、動画とそう大きくは変わらないのだ。しかしながら、上映会を繰り返すなかで、もちろん両者の境界が曖昧になっている事実は認められるものの、むしろ映画の独自性、特徴をしっかり理解すべきではないかと思うようになった。プロデューサーや監督の明確な監修のもとで制作された映画作品と、それ以外の動画や写真の違いを明確に言語化するべきではないかと考え始めたのである。この章では写真や動画を利用する災害デジタルアーカイブの考え方を振り返り、さらに災害ドキュメンタリー映画の特徴を述べた上で、災害映像記録のデジタル化の可能性と意義について批判的視座も含めていろいろな角度から検討してみたい。

なお、本章で用いる用語について説明しておこう。映像（image）という言葉は、写真（photo）・動画（video）・映画（film）すべてを含むものとして用いる。写真は通常の辞書的意味で、光学的方法で写し取られた映像媒体のことである。動画と映画の区別は厳密には難しいが、動画はビデオカメラ（携帯電話も含む）によって撮影された連続写真を動かして見せる媒体全体を指すこととする。映画はその動画の一種ではあるが、編集などを含み作品化され、題目などの付与、制作者の明示などの条件が加わるが、それにもまして重要なのは、制作者が自らの作品を「映画」とみなしているものとする。

2　デジタルアーカイブ

ある研究者によれば、二〇一一年はデジタルアーカイブ元年というらしい(ゴードン・森本 2018)。それは、東日本大震災のテキスト・映像に関わるデジタル記録が膨大に収集され、それを貯蔵する電子的仕組みの重要性と潜在性が、防災や減災の上できわめて重要であると国家によって承認され、急激に実践されたからである(諏訪 2014)。災害デジタルアーカイブは、その後の自然災害も含めて数多く構築されている(三浦ほか 2019)。

その典型は、筆者が勤務する東北大学の東日本大震災アーカイブ「みちのく震録伝」であろう。これは震災に関わる映像・写真・音声・文書・報告書などの膨大なデータを収蔵・公開し、利用可能にする電子的仕組みである。二〇二一年三月までの一〇年間にわたって、データ収集がされることになっている。収集と利用については、国会図書館、NHK、IBMやハーバード大学などを含む一二〇以上の機関が参加する巨大な産学連携事業である一方で、被災者などが協力するという意味で市民参加型事業の特質も持っている。データの量の膨大さは容易には想像がつかない。例えば、市民参加型で収集されたものだったとしても、二〇一二年二〜三月に地元の人々によって、写真二万点とヒアリングは八〇〇件が収集された。二〇一三年時点で写真は非公開のものも含めて二〇〜三〇万点ほどあるという。二〇一三年以降は一〇万点ほどが公開されている[1](今村 2016, 柴山ほか 2018)。

こうしたデータの一つである写真はGPS情報や撮影日時が含まれるため、例えば建物を同定し、さまざまな撮影者による時間の異なる写真を一覧化することも可能になっている。また提供された報道番組などは、音声認識技術を用いてテキスト化されてもいる。デジタルの写真には画像サイズ、解像度、撮影日時、焦点距離、F値、露出時間、緯度・経度や撮影方位等の情報がタグ付けしてデータ化されている。これらをテキスト情報などと合わせて縦横無尽に検索し、利用者の意図する情報を取り出すことができるわけである(今村ほか 2012)。

映像データは——その多くは写真であるが——時間と空間情報が付けられることによって、災害で何が起きたのか、その後どのような事態が進展しているのかを提示する資料となる。そのメタ情報があることで、同じ建物写真であっても時間の移り変わりによってその時々の様相を提示することができるからだ。

アーカイブとは元来、公文書・歴史資料の収蔵庫であり、役所において作成された文書記録や歴史的価値を有する資料そのものであると同時に、それらを整理・収蔵・公開する機関を指している。なお、デジタルアーカイブは和製英語であり、英語ではデジタル文化遺産と呼ばれている(馬場・研谷 2007)。デジタルアーカイブ＝デジタル文化遺産(digital heritage)とは、コンピューターベースで構築された、将来の世代に向けて維持されるべき永続的価値を持つ資料群ということになる。(2) デジタルの複製性をどう考えるかという問題はあるが、アーカイブ資料の原型性・唯一性があるがゆえに、それらが修正されずいつでも参照可能であることが重要なのである(原田・水島編 2018)。

写真一枚だったとしたら断片的すぎて十分理解できないかもしれないが、利用者は関連し合うデータを束ねること(クラスター化)で、一片のデータ以上の意味作用をつくり出すことができる。縦横無尽な検索とそれに基づく関係し合うデータのクラスター化こそがデジタルアーカイブの本質である。「みちのく震録伝」など災害データアーカイブの特徴は、防災政策や復興支援事業、防災教育等、そうしたデータを必要とする組織と事前に協力しながら仕組みを構築している点にある。

3 動画アーカイブ

例えば一秒間に三〇コマの連続写真を配置することでテレビ映像となるように、写真と動画は光学的な原理に基づく記録という点では同じである。ただ、記録としての性質や社会的効果は異なっている。その差異はデジタルアーカイブの利用のされ方にも反映してくる。写真は他の媒体の記録と縦横無尽に混在したままで検索可能であり、クラスター化されたある資料群として一覧することができる。写真は他のデータ群と容易に統合化される。しかし、動画は原理的には同じようにデジタルアーカイブに収蔵されるとはいえ、その効果的な利用＝公開は、映像に特化されたデータベースあるいは映像アーカイブによることが多い。それはデータの特性というよりも、データを理解する人間側の能力によるものである。動画はいうまでもなく、その記録に時間的持続性が含まれており、動画が続く一定の時間、観察を続けないと記録内容を理解することができないからだ。

代表的な動画のアーカイブとして、NHKによる「東日本大震災アーカイブス～証言WEBドキュメント～」が挙げられよう。(3) これは、震災時・復興に関するニュースや、被災者などの証言や将来の防災のための番組をアーカイブ化したものである。映像は「震災の記録」「復興に向かって」「教訓を生かす」の三種類に分類されている。

例えば「震災の記録」の中には下位カテゴリーがあり、「3・11の映像」「地震発生から七二時間」「一〇七三件のあの日の証言」「三一の証言まとめ」「一六一件の被災地からの声」「一三六件の人々はあの日」と再区分され、それぞれを開くと収録された映像を見ることができる。キーワードで動画検索もできるので、利用者は自らの目的に照らして動画データを得ることもできるが、むしろ動画アーカイブの制作者であるＮＨＫの体系化（目次化）――それはデータの意味づけと秩序づけ（階層化）――に即して動画を見た方が理解しやすい。この点で、写真を含む災害デジタルアーカイブが利用者の目的に応じてどのようなデータでも自由に検索しクラスター化するあり方とは若干異なっている。

利用者が自由に考えるというよりも、アーカイブの制作者の意図に即した方が動画データの利用が行いやすいのは、動画に時間的持続性が含まれ、写真と比べて記録された内容の意味の断片性が少ないからである。動画はそれ自体でそこに構築された意味を理解することを視聴者に要求する媒体だからである。

この特質が最も発揮されているのは、例えば「3・11の映像」に含まれる、二〇一一年三月一一日の一四時四八分以降に東京渋谷区のＮＨＫ放送センターから報道された一四のニュースである。これを見ると、田んぼを遡上する津波の映像とともに、緊張したアナウンサーの声の震え、激しいヘリコプターの音を体験することができる。理論的にはこれらを縦横無尽に検索し、関連する動画データを集積し、利用者の目的に照らしたデータ群を束ねることは可能である。しかし、そうした利用者本位の利用ではなく、制作者の分類に即して見た方がわかりやすい。正確にいえば、制作者の分類は利用者にも理解できるものであり、そこには何らかの共通認識の存在が前提とされている。一方、写真などが含まれるデジタルアーカイブが検索によって自由に情報群をつくり出す際には、そうした共通認識は必ずしも必要ではない。端的にいえば、動画アーカイブは一定の歴史を共有するような認識共同体においてうまく機能するのに対し、写真等のデジタルアーカイブはより広い利用者に開かれている。

災害に関わる映像において、圧巻なのは動画のアーカイブに収録されたいわゆる証言であろう。例えば先のＮＨＫのアーカイブでは、一〇七三件もの証言が記録されている。二〇一七年六月五日に報道された「津波が奪った夫の命」を視聴すると、どのように自分が助かったのか、その一方で亡くなられた夫の遺体をどのように埋葬したのか、そのときの思いが当事者の顔写真と音声で記録されている。該当するウェブページには、地図情報や話者の名前、放映された番組名も掲載されているほか、おそらく「みちのく震録伝」の協力のもとに、証言内容はすべてテキスト化されてもいる。もちろん、タグ付けられた情報は参考になるし、証言の意味はテキストを通して理解することできる。しかし、この動画の災害記録としての価値は、被災者が震災の過程で何を経験したのか、その一瞬あるいは数年間が凝縮されて語られようとする際の当事者の声と表情、そして沈黙である。無形の情報が、テキストの内容と結びつき、ひとかたまりの意味作用をもって、聞き手に迫ってくる。言い換えれば、タグ付けられず、テキスト化されない、つまり(少なくとも現在においては)検索不可能な情報が含まれているがゆえに重要だと思うのである。

同じような証言集として、「つくば映像アーカイブ」というものがある。これは被災者支援団体や文化人類学系の研究者、映像作家の協働によってつくられたものである。内容は、福島原発事故によってつくば市に避難した人々やその支援団体のインタビュー映像をアーカイブ化したもので、動画共有サイト「Vimeo」に収蔵されている(武田 2019, 箭内 2019)。この動画の中で紹介したいのは、津波に遭遇し助かった男性の言葉である。彼は津波に巻き込まれる直前に、(くわしくはわからないが)二メートルの深さの堀に偶然落ちたため、その上を一〇メートルの津波が「がれき」を伴いながら動いているさまを下から見ていた。(4) この証言は、時間的にはわずか二〇秒でしかない。しかし、津波がどのように通り過ぎるのかを海底側の視点から語るという誰からも聞いたことのないものだった。そして何よりも、そのような偶然のなかで助かったということを結果として伝えている。(おそらく)死を意識しながらも淡々とした観察がされているという点で、私には強く印象に残った。この種の証言はすぐに防災にはつながらないかもしれないが、津波がどのような経験なのかを視聴者に理解させるという点で、きわめて貴重な価値を持っていると思う。

二〇秒という短い証言であっても、動画であればきわめて強いメッセージ性＝意味作用を持ちうることにも留意したい[5]。このことは災害の証言録を見るなかであらためて感じたことであった。たとえ短い断片であったとしても、動画そのものの中に価値が内包されている。写真や文字情報などは、利用者の目的や誰が利用するかによってデータの価値の多寡が変わるが、動画はそれとは違っている。「黙って動画の前で佇みなさい」とでも言いたくなるものなのだ。ただし、そうした動画の数は膨大すぎて、とてもではないが全体を展望し、一般化できるものではないだろう（むしろそんなことは無意味だ）。それはむしろ動画の制作者が道筋をつけた動画アーカイブの目次に即してみるか、あるいは偶然の枚挙的な遭遇か、あるいは知っている地名や活動の限定のなかで検索したデータの一群にしか接近する方法はないのである。

4 映画の特徴

本章の冒頭でとりあえず動画と映画を区別してみたが、実際のところ厳密にそれを区別するのは難しい。その代表例が、仙台市の図書館複合施設である「せんだいメディアテーク」の中に設置された「3がつ11にちをわすれないためにセンター」（略称、わすれン！）のプロジェクトである。これは東日本大震災の直後の二〇一一年五月三日に開設され、市民・専門家・アーティスト・職員が協働し、復興プロセスを独自に発信、記録する基盤構築をつくろうとするものである。この中に膨大な映像がアーカイブ化されている。この事業は、公共施設の中にありながら、市民からの情報提供を呼びかけている市民参加型であり、また同時に芸術家が協働していくという点で組織の面でも特徴がある。興味深いのは、施設の中にスタジオと放送局を備えており、撮影機材の貸し出しによる撮影・編集・発信が可能となっていることだ。[6]

プロジェクトのウェブサイトを通して、そこで収集された写真や動画などの映像を見ることができる。それが興味深いのは、先に述べたような震災経験に関わる証言や風景に関する動画がインターネット上で公開されていると同時に、題目・制作者・制作年が明記された動画がＤＶＤとして作品化されていることである。このＤＶＤはインターネット上では閲覧することができず、図書館機能の視聴覚ライブラリーに配架されており、館内で視聴するか、あるいは貸し出しが可能となっている。「わすれン！」の参加者が提供した動画からＤＶＤの映像作品がつくられたことは明記されているが、どのような基準でＤＶＤ化されるのかは不明である。ただ、おそらく「わすれン！」のスタッフが、作品として、著作物として価値があると認めた場合にＤＶＤ化されているのではないかと推測できる。とはいえ、この「3がつ11にちをわすれないためにセンター」のウェブサイトに収録された映像資料一覧を見る限り、写真も含めて動画と映画の区別は曖昧で、あえて区別しなくてもいいのではないかと思ってしまう。

冒頭でも述べたように私自身、災害人文学プロジェクトで映画の上映会をする前はそのように思っていた。しかし、上映会をするなかで、やはり動画と映画は区別するべきだと思うようになった。その理由は本書のこれまでの記録を読んでもらえればわかってもらえると思う。とはいえ、その区別を言葉で明示するのが本章の目的でもあり、以下で本書の登壇者たちの言葉も引きながら述べていこう。

第一の違いは「わすれン！」のＤＶＤ作品化にも現れている。端的にいえば、インターネット上で自由に視聴することはできない点である。この視聴の相対的な難しさは、映画が商業活動と密接な関わりを持っていることが関係し、アーカイブ化を難しくする一因でもある。[7] 学術情報はオープンサイエンスが理想とされるように、商業性ではなく公共からのアクセスが担保されることに価値がある。(8)災害デジタルアーカイブもそうした性質を強く持っている。つまり、動画と映画の違いは商業性の有無によるという考えである。これは間違ってはいないと思うが、当てはまらない場合も多々ある。

むしろ重要なのは、デジタルアーカイブの特徴である縦横無尽な検索とクラスター化でないだろうか。映画はそのような利用者本位の利用を拒否するのである。映画は一つひとつの動画の意味作用の集積ではあるが、その集積のされた方＝秩序化は、制作者によって強く規定されている。監督が制御する意図によって動画のシークエンス(一連の場面)は構造化されているのだ。デジタルアーカイブが目指すのは、利用者が自らの目的によって、いわば動画のシークエンスにあたる情報を構造化できるようにすることである。動画アーカイブであれば、先に述べたようにアーカイブ制作者がある程度、目次のようなものをつくっていれば、その情報を過去の歴史として共有している利用者が、ある程度自由に自分の好きな動画群をまとめることができる。写真やテキストを含めた情報の関連づけによる構造化は、まったくそうした過去についての認識を共有しない者であっても可能である。利用者は自らの目的に即したデータの集積をつくり出すことでそこに価値を見いだすのである。つまりデータの価値づけはあくまで利用者次第ということである。もちろんそこで前提にされているのは、データの原形性(オリジナリティ)と唯一性ということである。さらにいうまでもないが、アーカイブに収録されているデータは改変されてはいけない。

しかしながら、映画は違う。どのようにデータのシークエンスが構造化されるかは、制作者(撮影者・編集者・監督・プロデューサー等)の意図が絶対である。これを第三者が自由に組み替えることはできないのである。映像の価値づけはそれら制作者が構築したものである。もちろん、映画の解釈がさまざまに可能であるように、いくら制作者が意図づけたとしても、唯一の正しい理解が存在するわけではない。解釈は利用者に開かれている。しかしそれでも制作者の意図の存在抜きにして、その動画の集積を理解することはできない。こうした映画の特質を述べるとすれば、「ドキュメンタリーとは映像で捉えられた事実の断片を集積し、その事実がもともともっていた意味を再構成することによって別の意味が派生し、その結果生み出される一つの〈虚構＝フィクション〉である」（佐藤 2001a）ということになる。「フィクション」という言葉に抵抗がある読者もいるかもしれないが、断片的映像データの構造化の視点からすれば、この説明は言い得て妙である。現代にあってはこの映像データがデジタルゆえにより柔軟に容易に再構成できるようになっている。

とすれば、映画は災害記録として価値がないのだろうか？　本書で取り上げた『被ばく牛と生きる』『赤浜ロックンロール』等の映画を思い浮かべれば、そのようなニヒリスティックな考えは不適切であると断言できる。なぜなら、われわれは映画監督が再構成した「虚構」である作品から、かれらが知るべきだと訴えるある種の事実に接することが可能だからである。かれらの構造化は、たしかにかれらの目的に即したもので主観的である。しかし、これは写真における主観性と客観性の問題と類似している。そもそもどこにレンズを向けるか、何を被写体として切り取るかという点で主観的な選択がはたらいているが、カメラはレンズに映ったものを系統的に細部にわたって客観的に記録しており、その事実をわれわれは知ることができるのである。(9)

人類学的にこのことを説明するならば、「部分的真実（partial truth）」という概念が近いだろう。民族誌家がある文化を研究するとき、人と人の関係性のなかでデータを得る調査であるゆえに、完全に自分の立場を逃れて記述することはできず、また客観性は相対的にしか担保されず、さらに全方位的な意味で完全に正しい文化の記述はできないという考えである（クリフォード 1996）。しかし、だからといって異文化の理解はあきらめるべきではない。部分的真実にしか接近できないという前提のもとに、にもかかわらず文化の全体的理解に取り組まねばならないのである。さらにいうならば、部分的・断片的である民族誌的事実は、適切に用いれば調査者の暮らす社会と被調査者の社会との間に異文化交流をつくり出すことも可能なのである（高倉 2015）。

この視座は災害研究にも当てはめるべきである。唯一正しい絶対的な災害の全体像などには誰も到達することはできず、それゆえに部分的真実と自覚した探求が必要だからである（Takakura 2018）。ある意味では、災害デジタルアーカイブは、たしかにそうした全方位的な情報を集めることを目的としてつくられた装置であった。しかし、デジタルアーカイブの断片化された膨大な情報をそれ自体で理解することはわれわれの脳にはできない。むしろ利用者の目的に即した「部分的真実」を取り出すための道具ともいえるのだ。この点で災害研究という意味において、デジタルアーカイブと映画は同じ仕組みにあるといえる。その違いは、前者が原理的には無限のデータを集積し、利用者に開かれるかたちで目的に応じたデータの構造化＝意味づけと価値づけができるのに対し、映画はデジタル化された無数の映像クリップの組み合わせを制作者が決定的に制御していることにある。

動画と映画の違いはもう一つある。動画アーカイブを利用することは個人的な営みでしかない。しかし、映画として制作されたということ自体が「事件」だということである。事件という言葉は大げさなので、社会的事象の方がいいかもしれない。作品を公表するためにさまざまな広告が打たれるし、映画祭で賞をとればニュースにもなってしまう。もちろんこれは映画制作が商業と結びついているがゆえのことでもあるが、制作者たちは自らの作品を社会に発信すべくさまざまな取り組みを行うのである。その様子は本書のインタビューの中に紹介されている。

そのような市場価値を持つ作品をつくるため、たくさんの動画が撮影され、念入りに編集される。映画の制作者たちは意図的・長期的な立場からこれを行う。そのプロセスには制作者の作家性と主体性が内包されている。批評家の佐藤真（2001b）によれば、優れたドキュメンタリー映画には被写体の人々の現実とその映像から作品のつくり手が何かを学ぼうとする姿勢が含まれており、それゆえに視聴者に新しい世界の見方を提示できると述べている。本書で編者の是恒が対話しているように、『赤浜ロックンロール』プロデューサーの小西晴子はドキュメンタリー映画に関わる理由として、自らの偏見が壊れていくような快感があると述べている。『おだやかな革命』の渡辺智史監督は、このことを「覚醒」という言葉で表現している。さらにそこには、「記憶、記録というものはただ保存して（いれば）いいのだろうか」（黒石いずみ談、本書第5章）という批判的な視座がある。

『ガレキとラジオ』のエグゼクティブ・プロデューサーの山国秀幸は映画撮影後にも被災地を何度も訪ねており、かれらの構築した関係が単に撮影のためだけではないことが示唆されている。映画の制作者たちは、強い思いを持ちながら動画を集め、そこには綿密な計画性と長期にわたる被写体との仕事を超えた関係づくりさえが含まれている。単なるスナップショット的な断片的動画の集積とは異なっているのだ。もちろんドキュメンタリー映画の制作方法として、シナリオをつくって撮影するのか、観察映画（佐藤 2001b，想田 2015）なのかの違いはある。しかし、映画が被写体との長期にわたる人間関係と、職業的な意識とそれを支える膨大な労働力が結晶した共同性で成り立っていることは事実である。

もう一つ重要なのは、映画は映画館、上映会あるいは映画祭という場での上映を前提にしていることである。本書で紹介された監督が述べていたように、かれらはそこで視聴者との関係をつくり出すことの重要性を認識している。映画を持って花巻から福島まで縦走した監督の話が紹介されているが、映画を映し出すイベントをつくり出すこと自体が復興支援となったりする（大高 2012，前野 2012）。どう上映するかということを含めて映画は社会的事業なのである。さらに、海外の映画祭に合わせて、英語の字幕を付けたり、視聴者の社会的文脈にあわせて映像を編集したりもする。『被ばく牛と生きる』の松原保監督の作品は当初は二〇分間の短編だった。しかし映画祭で受賞したことで現在の長編になり、さらに海外用となると、単なる言語だけでなく映像解釈の文化的差異を勘案した編集が行われると述べている。この意味で、映画はアーカイブ映像のように不変ではないことも留意しなければならない。編集可能性が制作者に残されているのだ。こうした点で、映画と動画の違いは明瞭なのである。

5 おわりに

これまで写真・動画・映画の違いを踏まえながらそれぞれの災害映像記録の特徴と意義を考えてきた。三つの媒体の違いはあるものの、災害映像記録において(相違点はあるものの)写真と動画は情報としての原形性と唯一性を保持し、このデータの価値を高める装置としてのデジタルアーカイブと組み合わせで用いるというあり方が強い。この点で、社会的事象としてのドキュメンタリー映画はやはり独自に扱う必要があると思われる。**表**に示したように、二つはその性質、具体的には検索性・原形性・閲覧性・作家性・証拠性・目的性・商業性といった点が対称的である。このなかで最も重要なのは検索性と作家性であろう。

一方が科学・学術的活動で、もう一方が芸術的・ジャーナリズム的活動という区分もできるかもしれない。しかしながら、災害映像記録の価値をどう考えるかという点において、私としては二つの差異を強調するだけでは十分ではないと思う。本章で繰り返し述べてきたように、映像の性質とその組み合わせ方＝構造化という観点からすれば、両者はデータの構造体としては同じメカニズムで出来上がっている。その点を理解することの重要性をあらためて提起しておきたい。

アーカイブに収集される断片の情報は、強い問題意識がないとそれを利活用することはできない。しかし、そのような利用者を受け入れるシステムとしてのデジタルアーカイブは、それ自体が価値を持つようになる。映像社会学の原田健一は、デジタルアーカイブの社会的起源とその価値を次のように説明している（原田 2019）。人間にはそもそも知的好奇心ゆえの収集癖があり、多かれ少なかれこれを系統的に行っている。結果として出来上がる個人的なデータベースは、その個人が独自のやり方で日常世界を理解し、また他者とつながることを可能にするという。それらを集積すること、例えば地域社会の映像（デジタル）アーカイブ化の価値は、地域の人々が撮りためてきた映像が一堂に会するがゆえに、「人びとをして自分たちの行為（の時間的蓄積）が独特の『詩学、美学、倫理学』を形成していることを自覚化させる」点にあるという。

［表］ デジタルアーカイブと映画の特性

	写真・動画（デジタルアーカイブ）	映画
検索性	自由	不可能
原形性	維持	編集可能
閲覧性	開放的（インターネット）	閉鎖的（映画館・映画祭）
作家性	なし，あるいは弱い	強い
証拠性	強い	弱い
目的性	強くなければ利用不可	なくても利用可能
商業性	少ない	多い

　アーカイブに含まれたデータも重要であるが、デジタルアーカイブそれ自体が重要な文化遺産となりうるのだ。ユネスコのデジタル遺産保護憲章では、デジタルとして誕生した資源は、デジタルとしての客体以外の様式は存在しないとされ、このデジタル遺産＝デジタルアーカイブそのものが継承されていくことが重要だと述べている。(10)それはデジタルアーカイブそれ自体が重要な社会的価値を持っていることを示唆している。考えてみればデジタ

ルアーカイブも、映画と同様に制作者の強い思いと目的と粘りある共同作業がなければつくり上げることはできない。こうした点は、映画がそれ自体として意味を発生させ、社会的交流をつくり出す媒体であり、視聴者の世界観に揺さぶりをかけようとするシステムであることとそれほど大きな違いはないのだ。

デジタル映像による災害記録の価値は、過去に存在した事態をわかりやすく同時代人や将来の世代に伝えていくことができ、これを見た（利用した）人々の世界観に揺さぶりをかけることができ、此の地、彼の地を問わずに人々のつながりをつくることができるという点にある。この目的に貢献する一つのかたちが災害デジタルアーカイブであり、別のかたちが災害ドキュメンタリー映画なのである。この二つはいずれも災害を忘れないという防災・減災の最も重要な根源を支えるかけがえのない媒体なのだ。二つを分離せずに、組み合わされた車の両輪と考え、デジタル災害映像の収集と構造化、利用を考えていく必要があるというのが私の結論である。この作業において、とりわけこれまで十分に行われてこなかった学術による映画への接近・関与・介入は、よりいっそう必要であると主張して筆を措くこととしたい。

註

（1） https://www.ibm.com/downloads/cas/WRN5ZOGB/（最終閲覧日：二〇二〇年五月一二日）

（2） https://en.unesco.org/themes/information-preservation/digital-heritage/concept-digital-heritage/（最終閲覧日：二〇二〇年五月一五日）

（3） https://www9.nhk.or.jp/archives/311shogen/（最終閲覧日：二〇二〇年五月一三日）

（4）　https://vimeo.com/154850039/（最終閲覧日：二〇二〇年五月一三日）

（5）　「決定的写真」という言葉があるように、写真においても強いメッセージは存在することはいうまでもないが（今橋 2008）、ここでは、そうしたメッセージ性を見いだせなくても災害記録としての価値は見いだしうるという点で動画との違いがあると、とりあえず述べておく。

（6）　https://recorder311.smt.jp/aboutus/（最終閲覧日：二〇二〇年五月一三日）

（7）　美術作品のキュレーション（収集・保存・展示）があるように、映像のアーカイブ化に関しては「フィルム・キュレーション」という概念がある（田坂 2011）（福田雄私信、二〇二〇年五月二一日）。この観点に立てば、国立映画アーカイブのように（岡島 2019）、災害の映像作品をキュレーションすることはできる。

（8）　これは芸術に公共性がないということを意味するものではない。芸術の公共性は国によって異なっていること、また少なくとも日本において現存する科学＝学術や芸術がどのように公共性を持っているかは歴史的な由来があることにも留意しなければならない。

（9）　デジタル映像、とくに写真の証拠性の問題についてはさまざまな指摘があるが、本章ではアナログ時代から最小限の処理として認められてきた画像処理を踏まえた映像利用がされている（飯沢 2004）という前提で議論を進める。

（10）　ユネスコ憲章一条および五条［https://www.mext.go.jp/unesco/009/1386520.htm］（最終閲覧日：二〇二〇年五月二〇日）。

参照文献

飯沢耕太郎（2004）『デジグラフィ――デジタルは写真を殺すのか』中央公論新社

今橋映子（2008）『フォト・リテラシー――報道写真と読む倫理』中公新書

今村文彦（2016）「視点　東日本大震災のアーカイブ「みちのく震録伝」の立ち上げと今後」『情報管理』59(2): 123–127

今村文彦・佐藤翔輔・柴山明寛（2012）「みちのく震録伝――産学官民の力を結集して東日本大震災のアーカイブに挑む」『情報管理』55(4): 241–252

大高宏雄（2012）「東日本大震災と日本映画界――震災後九カ月の映画界を俯瞰する」『キネマ旬報』1601: 43–46

岡島尚志（2019）「国立映画アーカイブ――その現状と展望」『デジタルアーカイブ学会誌』3(4): 370–374

樫原辰郎・角田亮（2011）『iphone で誰でも映画ができる本』キネマ旬報社

川内淳史（2014）「「震災資料」保存の取り組みの現状と課題――阪神・淡路大震災から東日本大震災へ」『情報の科学と技術』

64(9): 377–381
北村美和子・村尾修・柴山明寛(2018)「東日本大震災後のコミュニティアーカイブの活動——仙台市荒浜地区を一例とした報告」『デジタルアーカイブ学会誌』2(2): 12–15
クリフォード、ジェイムズ(1996)「序論——部分的真実」ジェイムズ・クリフォード／ジョージ・マーカス編『文化を書く』(春日直樹ほか訳)紀伊國屋書店、一—五〇頁
ゴードン、アンドルー／森本涼(2018)「日本災害 DIGITAL アーカイブの展開と展望」『デジタルアーカイブ学会誌』2(4): 347–352
佐藤真(2001a)「ドキュメンタリーは映像表現による現実批判である」『ドキュメンタリー映画の地平——世界を批判的に受け止めるために(上)』凱風社、一三—四三頁
佐藤真(2001b)「観察者に徹する——観客の中にうまれる批判的視点」『ドキュメンタリー映画の地平—世界を批判的に受け止めるために(下)』凱風社、一〇—一八頁
柴山明寛・北村美和子・ボレー・セバスチャン・今村文彦(2018)「東日本大震災の事例から見えてくる震災アーカイブの現状と課題」『デジタルアーカイブ学会誌』2(3): 282–286
杉本重雄・三原鉄也・永森光晴(2018)「コミュニティアーカイブとしての東日本大震災アーカイブ——オープンデータ連携による利用性の向上」『デジタルアーカイブ学会誌』2(4): 359–363
諏訪康子(2014)「国立国会図書館東日本大震災アーカイブ(ひなぎく)の現状」『情報の科学と技術』64(9): 343–346
想田和弘(2015)『カメラを持て、町へ出よう——「観察映画」論』集英社インターナショナル
高倉浩樹(2015)「調査写真・画像から展示をつくる——現地と母国の市民をつなぐ応用映像人類学」分藤大翼・川瀬慈・村尾静二編『フィールド映像術』古今書院、一二六—一四一頁
田坂博子(2011)「フィルム・キュレーションの可能性——映像アーカイヴとフェスティバル」『東京都写真美術館紀要』10: 11–15
武田直樹(2019)「避難者のセーフティネット作りから映像アーカイブ制作への発展」関谷雄一・高倉浩樹編『震災復興の公共人類学』東京大学出版会、五五—八六頁
長坂俊成(2016)「ボーンデジタルの時代における災害のデジタルアーカイブとその利用」『日本写真学会誌』79(1): 16–22
原田健一(2019)「「にいがた 地域映像アーカイブ」の実践を通して——地域をブーツストラップする」『デジタルアーカイブ学会誌』3(4): 383–387
原田健一・水島久光編(2018)『手と足と眼と耳——地域と映像アーカイブをめぐる実践と研究』学文社

馬場章・研谷紀夫(2007)「海外におけるデジタルアーカイブの動向」『映像情報メディア学会誌』61(11): 1582–1585

前野裕一(2012)「被災地で映画を映す――シネマリーン巡回上映会ルポ」『キネマ旬報』1601: 58–63

三浦伸也・鈴木比奈子・堀田弥生・臼田裕一郎(2019)「災害発生後の災害資料の収集・整備・発信とデジタルアーカイブ構築に向けての提案――被災地図書館、国会図書館、研究機関の取り組みをふまえて」『デジタルアーカイブ学会誌』3(2): 119–122

水島久光(2018)「デジタルアーカイブ・地域映像・コミュニティ」『デジタルアーカイブ学会誌』2(4): 318–323

箭内匡(2019)「灰色地帯を生き抜けること――「つくば映像アーカイブ」から考える」関谷雄一・高倉浩樹編『震災復興の公共人類学』東京大学出版会、三一―五四頁

Collier, John and Malcolm Collier (1986), *Visual Anthropology: Photography as a Research Method*, revised and expanded edition, Albuquerque: University of New Mexico Press.

Takakura, Hiroki (2018), The Anthropologist as Both Disaster Victim and Disaster Researcher. In Bouterey Susan and Marceau Lawrence eds., *Crisis and Disaster in Japan and New Zealand*, Singapore: Palgrave Macmillan, pp. 79–104.

おわりに

東日本大震災の発生以降、文化人類学・宗教学・歴史学などの各分野でそれまで基礎研究に力を入れてきた人文学の研究者たちは、災害復興や防災に関わるより実践的な調査研究を行うようになった。文化人類学や宗教学は民俗芸能など無形民俗文化財の調査を、歴史学は地域の歴史文書資料に関わる保全活動を行い、地域文化の復興を支えてきた。「災害人文学」はそうした活動の高まりから始まった。東日本大震災はさまざまな分野の人たちの活動に影響を与え、その中には研究活動のあり方を変化させた研究者も、本書に登場するような映画・映像制作者、映画関係者も含まれる。東日本大震災の被災地へ向かった彼ら彼女らには、記録すること・映像で伝えることへの意思も、「映画をつくっている時ではないのではないか」という問いもあっただろう。映画・映像作品として表現されたものは、そうした制作者の意思と問いを内包している。

私は美術家として活動し、災害人文学の研究活動に二〇一八年から参画した。表現の世界に身をおきながら大学における人文学分野の研究活動に携わると、表現者と研究者の活動の類似性と相違点をさまざまな面から知るようになった。二〇一八年から二〇一九年にかけての二年間、災害人文学の活動の一環として本書に紹介するような映画上映と研究会を開催し、東日本大震災の被災地と関わってきた映画・映像制作者、映画関係者と対談を行うなかで、研究活動を行う大学研究者に向けて、表現者である映画・映像制作者の思想を伝えたいと願った。個々の活動の根本にある思想を分かち合うことで、これまでとは異なる観点から表現者と研究者の垣根を越えた活動への糸口が見つかるのではないかと考えた。二年間の活動では具体的な協働は生まれなかったが、多くの研究者と表現者にとって、本書が今後さまざまな協働活動を導くきっかけとなることを願っている。

表現者の持つ、向き合う題材や被写体を見いだす感性、出会う人々や土地との間に築く関係性、独自の物語を展開し作品に昇華させる創造性は、己の感覚を信ずること・探求することによって先鋭となる。ある特定のテーマのために生活をかけ自己資金を費やすほどの熱意もつ人もいる。一方、研究者が目指すところは「オープンサイエンス」であり、所属機関、専門分野、国境を越えて、さまざまな産業や市民にも利用可能なものとして、没個性的な成果が求められがちである。だからこそ表現者と研究者は異なるかたちで社会に働きかける。東日本大震災やそれ以降のいくつもの災害・厄災に向き合うとき、表現者のように自己と向き合い他者をまなざす姿勢も、研究者のように物事を俯瞰する態度も、お互いを補うようにあることが必要なのではないかと考えている。

是恒さくら

二〇二〇年一一月

研究会登壇者・執筆者紹介

◉編者

是恒さくら［これつね・さくら］……東北大学東北アジア研究センター災害人文学研究ユニット学術研究員。美術家として活動し、北米や東北各地の捕鯨、漁撈、海の民俗文化についてフィールドワークと採話を行い、リトルプレスや刺繡、造形作品として発表する。災害人文学研究ユニットでは、研究会の企画運営および東日本大震災をめぐるドキュメンタリー映画の制作者らへの聞き取りを行ってきた。

高倉浩樹［たかくら・ひろき］……東北大学東北アジア研究センターセンター長、教授。社会人類学者。生態人類学や映像人類学の手法も交えてシベリアの民族学、北極域の気候変動に関する学際的研究を行ってきた。二〇一一年の東日本大震災をきっかけに宮城県や福島県での災害人類学研究を始めた。無形民俗文化財や農業・漁業の調査を行うとともに映像記録も作成している。

◉登壇者・執筆者（五〇音順）

遠藤　協［えんどう・かのう］……『廻り神楽』共同監督、プロデューサー。茨城県出身。大学で日本民俗学や文化人類学を学んだあと、映画美学校ドキュメンタリーコースを修了。全国各地の民俗文化を取り上げたドキュメンタリー映画、テレビ番組、教育映像等の企画・演出に携わる。二〇一二年から岩手県宮古市の「震災の記憶伝承事業」に参加し被災地に通い始める。

岡田啓司［おかだ・けいじ］……『被ばく牛と生きる』登場人物。岩手大学農学部共同獣医学科教授。専門はアニマルウェルフェアをベースにした生産獣医療。有畜複合経営や放牧畜産などの循環型畜産から、食糧自給率確保のための工業的畜産までを対象に、血液診断や護蹄管理、センサを用いた行動解析など、牛のＱｏＬ(Quality of Life)向上に関する研究を行ってきた。震災後、警戒区域内で猛獣化した雄牛の去勢をスタートに、被ばく牛の継続調査に関わっている。

小倉振一郎［おぐら・しんいちろう］……東北大学大学院農学研究科附属複合生態フィールド教育研究センターセンター長、教授。専門は畜産学・草地学。持続的で倫理的な土地利用型家畜生産システムの構築を目指し、土壌－植物－動物－人間の相互作用に関する研究を行ってきた。二〇一一年の東日本大震災発生後は草地、飼料畑、家畜の放射性セシウム汚染の調査も行っている。二〇一八年から農学研究科附属東北復興農学センター副センター長として、復興農学教育の推進に取り組んでいる。

岸　善幸［きし・よしゆき］……『ラジオ』演出。一九八六年、テレビマンユニオンに参加以降、数々のドキュメンタリー番組を手がける。演出のほか、プロデュースでも多くの優れた映像作品を生み出す。ＮＨＫ『少女たちの日記帳 ヒロシマ 昭和二〇年四月六日～八月六日』(二〇〇九年)は放送後に多くの反響を呼び、サンダンス映画祭ではノミネートこそ逃すものの国内外の選考委員に高く評価された。二〇一二年元旦から放送されたＮＨＫ大型ドキュメンタリードラマ『開拓者たち』(全四話)や東日本大震災被災地でロケを敢行した『ラジオ』など、ドキュメンタリーで培った独自の演出方法は、俳優陣からも絶大な信頼を得ている。

北村皆雄［きたむら・みなお］……『廻り神楽』エグゼクティブ・プロデューサー、構成。
早稲田大学第一文学部卒業。ドキュメンタリー映画監督、映像人類学・映像民俗学者、（一社）日本映像民俗学の会代表、早稲田大学アジア研究所招聘研究員、（株）ヴィジュアルフォークロア代表。沖縄、日本各地、ヒマラヤ、チベット、インドなどアジアの自然、文化、生活を描いてきた。

工藤さくら［くどう・さくら］……日本学術振興会特別研究員（PD）、国立民族学博物館外来研究員。二〇一九―二〇二〇年、東北大学文学研究科・学術研究員。宗教人類学が専門。ネパールをフィールドに人生儀礼や祭礼の変化に関する学術研究を行ってきた。東日本大震災、ネパール大震災（二〇一五年）の経験から、二〇一九年より災害人文学研究ユニットに参加、ゴルカ地方での調査を開始し、祭りや信仰などの無形文化が被災した人々に与える影響について関心を持ち研究している。

黒石いずみ［くろいし・いずみ］……青山学院大学総合文化政策学部教授。東京大学工学部建築学科および大学院修了。ペンシルバニア大学Ph. D.。近現代都市建築理論、今和次郎研究、生活デザイン研究。長年東北地方の近代地域開発史研究や生活史研究、まちづくり活動を実践。東日本大震災後には、気仙沼を中心に復興過程を調査研究し、地元の方々と協力して学生たちと映像制作ワークショップを行い、リアスアーク美術館などで発表。『東北の震災復興と今和次郎 ものづくり・くらしづくりの知恵』『時間の中のまちづくり』『Constructing the Colonized Land』『建築外の思考』など。

小谷竜介［こだに・りゅうすけ］……東北歴史博物館学芸員。日本民俗学者。東北大学東北アジア研究センター客員准教授。宮城県を中心とした東北地方をフィールドに、芸能と工芸を主たる対象に研究を進めている。東日本大震災では文化財の救援活動に携わり、多様な文化財の救済に関わった。最近は有形・無形を問わず地域社会の復興における文化財の果たす役割について関心を持っている。

小西晴子［こにし・はるこ］……『赤浜ロックンロール』監督。二〇〇三年から、土本典昭、黒木和雄、原一男など日本のドキュメンタリストを追った『ドキュメンタリスト』シリーズを制作。二〇一二年から海外との共同制作を企画。プロデューサーとして『イラク　チグリスに浮かぶ平和』（二〇一四年／監督：綿井健陽）の上映、海外展開を進め、二〇一五年一月、ＦＩＰＡ（Festival International de Programmes Audiovisuels）で「Young Europeans Jury Special Prize」を受賞。『赤浜ロックンロール』は初監督作品。ドキュメンタリーアイズ代表。

坂口奈央［さかぐち・なお］……日本学術振興会特別研究員（ＰＤ）。静岡県出身。東日本大震災のときは民放テレビ局の報道部アナウンサーとして被災地に泊まり込み、連日現場取材を敢行。その後、岩手県大槌町の被災者との出会いが契機となり、二〇一二年七月に退社し、住民にとっての災害復興とは何かを研究すべく研究者の道を選択する。現在、被災地域住民にとっての震災遺構とは何か、人々の生活史および漁村社会学の見地から探究している。

菅原睦子［すがわら・むつこ］……仙台短篇映画祭の前身である「仙台ムービーアクトプロジェクト」(一九九六年―)の立ち上げから現在に至るまで、映画祭の制作や広報、プログラム・コーディネーターとして活動。二〇一一年の東日本大震災の際には、仙台短篇映画祭映画制作プロジェクト『311明日』の制作スタッフの一人として携わった。一方、二〇一三年より「幕の人」という名目で上映企画を行いながら、イラストや絵画作品の発表も継続して行っている。

髙橋卓也［たかはし・たくや］……認定NPO法人山形国際ドキュメンタリー映画祭理事。フォーラム運営委員会と山形県映画センターで映画配給や上映に携わりながら、多様な映像文化を生かした地域づくりを目指す。「映画「蕨野行《わらびのこう》」の製作と上映を支援する会」事務局長、『よみがえりのレシピ』(二〇一一年／監督：渡辺智史)、『無音の叫び声』(二〇一六年／監督：原村政樹)、『世界一と言われた映画館』(二〇一七年／監督：佐藤広一)ではプロデューサーなどを務める。

土屋範芳［つちや・のりよし］……東北大学大学院環境科学研究科研究科長、教授。東北大学工学研究科資源工学専攻博士課程修了。工学博士。東北大学工学部助手、東北大学工学研究科地球工学専攻助教授を経て現在に至る。専門分野は地球化学、素材工学、地質学。第三一次(一九八九―一九九〇年)、第三五次(一九九三―一九九四年)日本南極地域観測隊員、第五一次(二〇〇九―二〇一〇年)日本南極地域観測隊セール・ロンダーネ山地地学調査隊長として南極に行く。岩石と流体の相互作用についての研究を進め、現在は超臨界地熱資源に関する研究を行う。

原田健一［はらだ・けんいち］……新潟大学人文社会科学系附置地域映像アーカイブ研究センターセンター長。博士（社会学）。地域と映像と資料の関係を研究する。新潟大学では、収蔵した映像や音源の各種資料をデジタル・データとしてアーカイブする地域映像アーカイブの実践として、「にいがた 地域映像アーカイブ」に携わる。

福田　雄［ふくだ・ゆう］……ノートルダム清心女子大学講師。専門は社会学、災害研究、文化財研究。二〇一八年四月から二〇二〇年三月まで東北大学東北アジア研究センター災害人文学研究ユニット助教。災害被災地や災害予想地域における民具（獅子頭や祭礼舟など）等の三次元計測調査を実施してきた。著書に『われわれが災禍を悼むとき――慰霊祭・追悼式の社会学』（慶應義塾大学出版会、二〇二〇年）がある。

松原　保［まつばら・たもつ］……『被ばく牛と生きる』監督。大阪生まれ。一九八六年、東京の番組制作会社に入社。テレビ番組やCM、企業PRなどを数多く手掛けてきた。二〇〇八年、パワーアイの代表に就任。3・11震災をテーマにしたドキュメンタリーを日本人として初めて、シンガポールのヒストリーチャンネルやブータン国営放送と国際共同制作を行った実績を持つ。古き良き日本人が持つ「自然との共生」を世界に向けて大阪から発信しようと、海外の放送局との国際共同制作を模索している。『被ばく牛と生きる』は初監督作品となる。

三浦哲哉［みうら・てつや］……福島県郡山市生まれ。青山学院大学文学部准教授。映画研究、表象文化論。著書に『食べたくなる本』（みすず書房、二〇一九年）、『『ハッピーアワー』論』（羽鳥書店、二〇一八年）、『映画とは何か――フランス映画思想史』（筑摩選書、二〇一四年）、『サスペンス映画史』（みすず書房、二〇一二年）。共編著に『オーバー・ザ・シネマ――映画「超」討議』（フィルムアート社、二〇一九年）。

安岡卓治［やすおか・たかはる］……『赤浜ロックンロール』プロデューサー。日本映画大学教授、映画プロデューサー。原一男監督『ゆきゆきて、神軍』の助監督を経て、松井良彦、園子温、平野勝之らのインディーズ映画をプロデュース。森達也監督『A』『A2』で制作・撮影・編集を担当。綿井健陽、古居みずえ、広河隆一、松林要樹らのドキュメンタリー作品をプロデュース。二〇一一年三月、森、綿井、松林と東日本大震災の被災地を巡り『311』を共同監督、編集・プロデュース。著書に『日本映画大学で実践しているドキュメンタリー映像制作の作法』（玄光社、二〇一九年）。

山内明美［やまうち・あけみ］……宮城教育大学社会科教育講座准教授。修士（学術）。専門は社会学、地域社会学、歴史社会学。自然災害の多発地域である三陸沿岸部の農漁村をフィールドに、「地域はいかにして、繰り返された災害を乗り越えてきたのか」を検証調査している。森－里－川－海といった自然と生業を背景とする生存基盤、風土形成、人的ネットワークなど重層的な生存の仕組みを明らかにし、行政単位とも異なる流域圏をとりまく持続可能な地域について検討している。

山国秀幸［やまくに・ひでゆき］……『ガレキとラジオ』エグゼクティブ・プロデューサー。(株)ワンダーラボラトリー代表取締役、映画プロデューサー。映画『ケアニン〜あなたでよかった〜』『天使のいる図書館』など企画、原案、プロデュース。

吉田茂一［よしだ・しげかず］……群像舎・録音担当。一九八一年に設立された群像舎は、主に野生動物、地球環境をテーマに記録映画、テレビ番組を制作してきた。各地の民俗文化に見られる人間・動物・自然の関係をとらえた作品、野生動物の生態を真摯に追った作品を数多く発表する。東日本大震災の発生後は、東京電力福島第一原発事故が生態系へもたらす異変を問い、二〇一二年四月より警戒区域解除となった南相馬市小高区を皮切りに、浪江町の「希望の牧場」、川内村でのアカネズミ捕獲調査、警戒区域と富岡町の離れ牛などを追った記録映像をシリーズとして継続的に発表してきた。

渡辺智史［わたなべ・さとし］……『おだやかな革命』監督。山形県鶴岡市生まれ。東北芸術工科大学環境デザイン学科卒業。卒業後上京、ドキュメンタリー映像制作に従事する。二〇一二年にドキュメンタリー映画『よみがえりのレシピ』を公開。同映画は香港国際映画祭、ハワイ国際映画祭に招待される。教育映像「在来作物で味覚のレッスン」が第九回キッズデザイン賞の「未来を担う消費者デザイン部門」で優秀賞。地域課題に真摯に向き合う、ソーシャルデザインとしての映像制作を探求している。有限責任事業組合いでは堂、共同代表。

［東北アジア研究専書］

災害ドキュメンタリー映画の扉
――東日本大震災の記憶と記録の共有をめぐって

二〇二一年一月三一日　初版第一刷発行©

編者……是恒さくら・高倉浩樹

発行所……株式会社　新泉社
東京都文京区湯島一丁目二番五号　聖堂前ビル
電話　（〇三）五二九六－九六二〇
FAX（〇三）五二九六－九六二一

印刷・製本……萩原印刷

ISBN978-4-7877-2001-6　C1036
Printed in Japan

聞き書き 震 災 体 験

［東北大学 90人が語る3.11］

とうしんろく 東北大学震災体験記録プロジェクト［編］
高倉浩樹・木村敏明［監修］

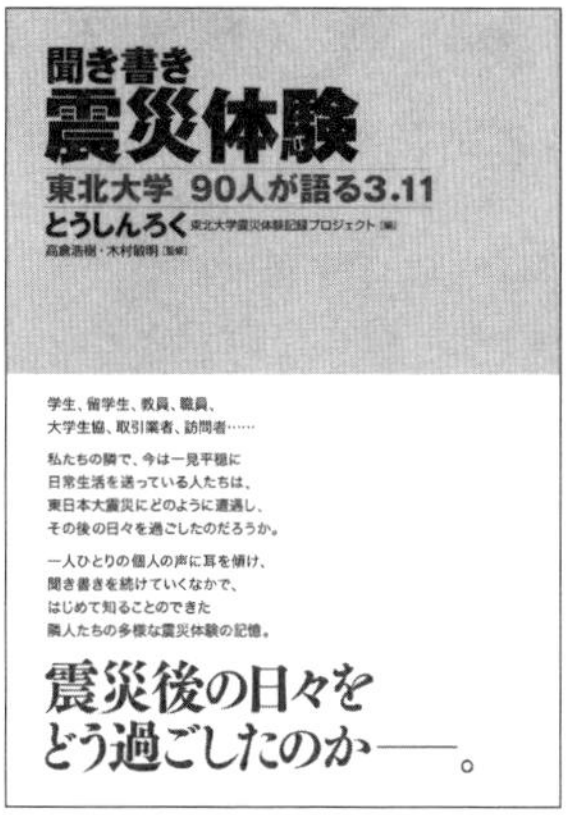

A5判　336頁　定価2,000円＋税
ISBN978-4-7877-1200-4

学生，留学生，教員，研究員，職員，
大学生協，取引業者，訪問者…….

私たちの隣で，
今は一見平穏な日常生活を送っている人たちは，
東日本大震災にどのように遭遇し，
その後の日々を過ごしたのだろうか．

一人ひとりの個人の声に耳を傾け，聞き書きを続けていくなかで，
はじめて知ることのできた隣人たちの多様な震災体験の記憶．

高倉浩樹［編］

極寒のシベリアに生きる
トナカイと氷と先住民

四六判上製　272頁　定価2,500円＋税

地球温暖化の影響を最も受けやすいといわれる北極圏．その極北の地に人類はいつから進出し，厳しい自然環境の中を生き抜いてきたのか．寒冷環境に適応してきた人々の歴史と文化，暮らしと社会の仕組みを見つめる．文系・理系の最先端の研究成果をわかりやすく概説した入門書．

西城戸 誠，原田 峻［著］

避難と支援
埼玉県における広域避難者支援のローカルガバナンス

四六判　288頁　定価2,500円＋税

長期・広域の避難者が多数発生した東日本大震災と福島原発事故．避難者を受け入れた地域ではどのような支援が構築されたのか．避難当事者，自治体，ボランティア，支援団体などによって，数々の実践がなされた埼玉県各地の事例を分析し，避難者支援の課題を明らかにする．

合田純人，森 繁哉［著］

温泉からの思考
温泉文化と地域の再生のために

四六判上製　296頁　定価2,300円＋税

徹底対談「温泉からの復興——東日本大震災と東北の温泉地」．東日本大震災にともなう観光客の激減，原発事故の風評被害など，さまざまな困難に直面するなかで，東北の温泉地は被災者をどのように迎え入れたのか．東北の豊かな湯治文化を見つめ，温泉からの心の復興を語る．